すてきなカウント・ステッチ

クロス・ステッチからハーダンガー刺しゅうまで

The Encyclopedia of Counted Thread Embroidery

JN270687

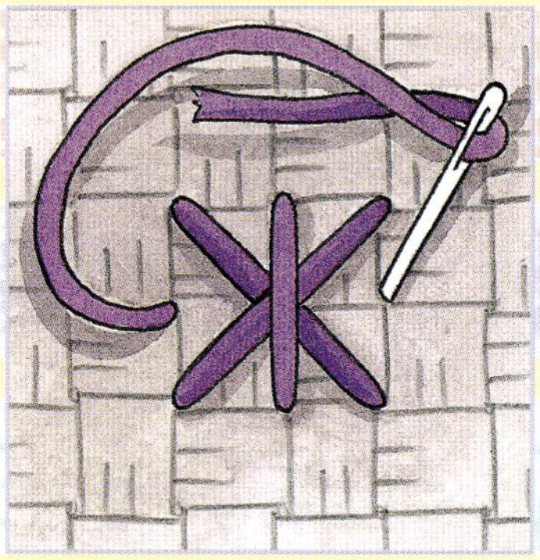

すてきなカウント・ステッチ

クロス・ステッチからハーダンガー刺しゅうまで

The Encyclopedia of Counted Thread Embroidery

ベティ・バーンデン 著　大塚あや子 監修・訳

SHOGAKUKAN

THE ENCYCLOPEDIA OF CROSS STITCH TECHNIQUES

by Betty Barnden

Copyright © 2003 Quarto Inc.

Japanese translation rights arranged with Quarto Inc.

through Japan Foreign-Rights Centre

［写真提供］

The Bold Sheep
141ページ右下・147ページ左上

Bothy Threads
12ページ右上、145ページ右下、147ページ右上・中

Charlotte's Web Needlework
12ページ左上、26ページ左下、142ページ右上・中下、
149ページ中上・左・中下、150ページ中下・中上・右上

Claire Crompton
カバー中右、148ページ左下・149ページ右下、151ページ右下

Coats Crafts UK
42ページ左下、44ページ右下、78ページ下、143ページ右

Daphne Ashby
148ページ右上

Jan Eaton
カバー左上、8ページ右上、9ページ右上、10ページ中上・中右

Joanne Louise Sanderson
146ページ右上、147ページ左下

Jolly Red
カバー右上、140ページ左下・中右、142ページ左上、
145ページ左・右上、146ページ中左・中・下

Leon Conrad
141ページ左・右上、143ページ左、148ページ中・中右

Michael Powell
144ページ左・右上・右下、151ページ左・右上

Textile Heritage Collection™
カバー右下、27ページ右下

Contents

カウント・ステッチの世界へようこそ 8

CHAPTER 1

材料と用具 14

刺しゅう糸 16

布地 19

用具 21

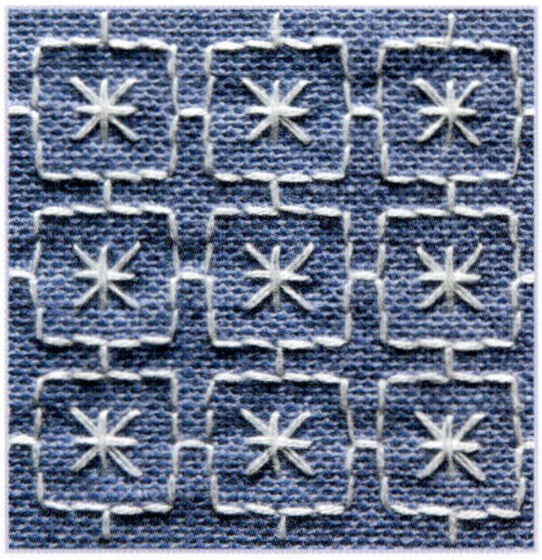

CHAPTER 2

ステッチ・コレクション 24

基本のステッチ 26

いろいろなクロス・ステッチ 32

ブラックワークのフィリング・パターン 36

ハーダンガー刺しゅうのステッチ 42

アルファベット 46

そのほかの便利なステッチ 50

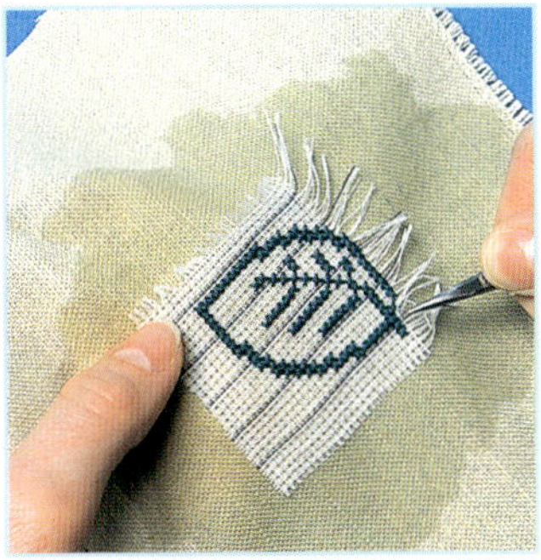

CHAPTER 3

刺しゅうのテクニックABC 56

基本のテクニック 58

図案に合わせてクロス・ステッチ 68

デザインをプリントした布地・キャンバスを使って 72

アッシジ刺しゅう 74

抜きキャンバスを使って 76

ブラックワーク 78

ハーダンガー刺しゅう 82

連続模様を作る 85

模様のアレンジ 88

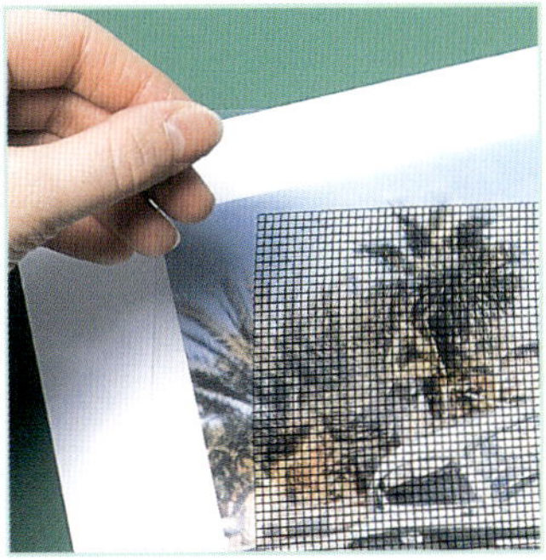

CHAPTER 4

自分だけのデザイン 92

デザインのアイディア探し 94

デザインの手法 95

イメージを形に 96

イメージの図案化 98

図案の転写 99

図案の作成 102

長方形のマス目の図案 108

ハーダンガー刺しゅうの図案 109

連続模様・縁や角の飾り模様の図案 111

CHAPTER 5

刺しゅう作品のアレンジ 112

オリジナルのグリーティグ・カードを作る 114

フレームに入れて飾る 118

壁掛けを作る 120

クッションカバーを作る 124

ピンクッションを作る 126

鏡にフレームを付ける 128

箱を作る 130

フォト・フレームを作る 132

バッグを作る 134

市販のものに手を加える 136

CHAPTER 6

作品ギャラリー 138

伝統的なモチーフを新しい技法で表現する 140

風景をモチーフにした作品 144

動物をモチーフにした作品 146

植物などをモチーフにした作品 148

新しいスタイルを求めて 150

刺しゅう作品の保管と手入れ 152

キーワードで知る刺しゅうのテクニック 154

索引 156

布地のカウントの見方 158

カウント・ステッチの世界へようこそ
Introduction

「カウント・ステッチ」とは、布地の目を数えながら、規則正しく繰り返していく刺しゅうのことで、織り糸の透き間に針を入れ、ひとつひとつのステッチを同じ大きさで刺していく技法です。代表的なステッチが「クロス・ステッチ」とそのバリエーションで、ほかに、「ハーフ・クロスステッチ」「テント・ステッチ」などがあります。また、「サテン・ステッチ」「アウトライン・ステッチ」「チェーン・ステッチ」「ヘリングボーン・ステッチ」などを組み合わせることで、複雑で芸術的な効果を生み出すことが出来るのです。

デザインは、抽象的なもの、写実的なもの、それらを様式化したものなど様々で、刺しゅうの対象もキッチン・クロスやベッド・リネンをはじめ、衣類、生活小物、室内装飾品まで、広範囲にわたります。

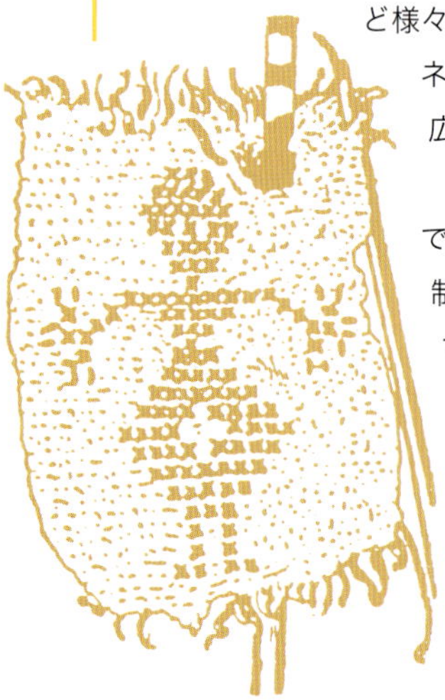

その昔、刺しゅうは、公の場所で使うものかそうでないものかといった、目的や用途に沿った様式で制作されていました。しかし、現在は自由な刺し方で思うままに楽しめばよいのです。ごく一部の人々のものだった材料や用具も、今では豊富に、しかも簡単に手に入れることが出来ます。

「カウント・ステッチ」を始める前に。美しく仕上げるために、布地は1インチ(25mm)あたりの縦糸と横糸の本数が同じで、織り目を容易に数えられるものがよいでしょう。そして、刺しゅう糸はなめらかで摩擦に強いもの、針は織り目に入れやすい、先の丸いクロス・ステッチ針、といった、材料や用具の知識を得ることから始めましょう。

◀ペルーとメキシコの、初期の刺しゅうデザイン。クロス・ステッチなどカウント・ステッチを使った織物装飾技法は、その後世界中に広まった。

▲インドとタイのクロス・ステッチ刺しゅう。幾何学模様を多用している。モチーフをひとつ作ってしまえば、違う色や違う方向で、同じモチーフを繰り返し使うことができる。

刺しゅうの始まり

繊維や糸は風化しやすく、最古の刺しゅうとして現在まで残っているのは、1000年から2000年ほど前のものです。歴史的文献によれば、インド、ギリシャ、中国などでは、2000年以上前から行われていたようですが、その当時の作品が残っていないため、技法、使われた布、糸の種類などはわかっていません。ただ、装飾された陶器や宝石などを生産していた文明社会であったことを考えれば、おそらく「織り」や「刺しゅう」など、飾りを施した布製品が作られていたことでしょう。布、もしくは毛皮、皮革を一定の方法で縫っていくうちに、縫い目そのものが模様に変化し、「交差模様」「ジグザグ模様」「階段状の模様」といった基本形の刺しゅうが生まれてきたものと思われます。

やがて、モチーフが考案され、見本から簡単に複製することが出来るようになりました。そして、同じ模様を繰り返し、配置やコントラストを考えるために、規則正しく織られている布地が必要となりましたが、手織りの麻布、綿、簡易な織機を使った毛織物などが、その条件に合う理想的なものでした。

▶初期の中国刺しゅうは、絹糸と絹の布を使った。東洋の刺しゅうは、古代の交易路を経て西ヨーロッパに伝えられた。

▲アッシジ刺しゅうの縁飾りのついた前掛け。クロス・ステッチとホルベイン・ステッチが鳥のモチーフの周囲を囲んでいる。

これに植物や鉱物で染めた「刺しゅう糸」、動物の骨や鉄で作った「針」があれば刺しゅうが出来ます。古代の歴史文献や考古学的物証（残存する織機の重量、針、植物染料や顔料の痕跡など）を見る限り、こうした材料や用具は、すでに、5000～6000年前から使われていたと考えられています。

エジプト、東ヨーロッパ、ギリシャの島々などでは、16～17世紀頃のものと思われる民間伝承の刺しゅうが断片的に残っています。これらは、ほかの文化からも影響を受け何世紀にもわたって伝えられてきたものです。簡素な用具や材料を使い、見本を複製しながら作られてきたことがわかります。

商品・文化としての刺しゅう

何千年もヨーロッパとアジアを結んできた古代の交易路において、異文化が出会う地点となったのは、地中海沿岸でした。中国・ペルシャ・インドから、絹、綿、麻、毛織物や染料などが、陸路・海路を経て北ヨーロッパへ伝えられていったのです。絹織物は、紀元前400年にはギリシャで生産されていましたが、中国が起源で、生産の技法は長い間、極秘にされていました。しかし、商品の原材料とともに完成品の取引も行われるようになり、布地、絨毯《じゅうたん》、金属細工、陶磁器、ほかにも様々な工芸品が入ってくるようになりました。ほかの分野の職人や名匠たちと同様、刺しゅう職人も、異国の文化や商品から強い影響を受け、東洋のデザインを模倣し、改作や改修を加えて、西洋のスタイルや用途に合わせて取り入れていったのです。中世ヨーロッパとアジアにおいては、裁判や宗教儀式に使われる法衣、祭壇のクロス、壁掛けなどが、刺しゅう工房の職人の手で仕上げられ、そうした工房は裕福な貴族の保護を受けていました。

ルネッサンス時代に入り、交易がますます盛んになると、刺しゅうは裕福な権力者の妻や娘たちが楽しむ娯楽となりますが、衣服や室内装飾の流行が時代とともに変化しても、手縫いの刺しゅう製品はいぜん高級品の地位を保ち続けます。こうした刺しゅうの芸術品は、熟達した職人の手によるもの、家庭で製作されたものを問わず、庶民にも広まり、安価な材料を用いて模倣されながら広まっていきました。

技術の発達と社会への広まり

ムーア人の侵入によって、10世紀頃にスペインに伝えられた金属の加工技術は、銅製品の生産を可能にしました。これによって武器や生活の用具が発達したばかりでなく、強靭《きょうじん》で細い刺しゅう針や、よく切れるハサミなどが出回るようになります。この進歩で、ルネッサンス期の「ブラックワーク」や「カットワーク」など、より手の込んだ技術が加えられていったのです。

◀伝統的なモチーフは、明るい単色の単純な繰り返し模様にもよく使われる。

◀女子生徒の作った活字体アルファベットのステッチ見本。展示や装飾に使うよりも、モチーフを複製するときの見本として使われた。

▲見本を作りながら刺しゅうの技術を習得することは、何世紀もの間、女子教育の重要な要素のひとつだった。

▶繊細に様式化されたレタリング刺しゅうは、家庭用のリネンの装飾としても使われた。写真はスウェーデン製、ガラスを磨く布に刺しゅうされたもの。

「ブラックワーク」は、15世紀から16世紀に、スペインからヨーロッパ全土に広がった刺しゅうで、ムーア人独自の様式的な幾何学模様が、手の込んだ渦巻き模様、花や葉の模様へと変化していき、特に、エリザベス王朝のイギリスで好まれました。

イタリアでは、「クロス・ステッチ」と「ブラックワーク」が融合した「アッシジ刺しゅう」とともに「オープンワーク」が発達していきます。

キャンバス、麻、絹、ほかに必要な布地が、大きな町の専門店で入手出来る時代になると、糸や指ぬき、まち針や刺しゅう針、ハサミ（ときには眼鏡まで！）などの材料や用具は、行商人からも買うことができたのです。

デザインの見本集は16世紀後期に作られるようになりますが、その頃出回っていた植物や動物寓話の書物から、草花、動物などが図案として取り入れられ、身近なものから、異国のものへと写しとられるようになりました。

しかし、書物はまだ希少な品で、ステッチの見本は重要な用具でした。1枚の布（たいていは麻）にモチーフや模様を刺しゅうしておき、お手本として使う教科書のようなものだったのです。裁縫箱の中に巻いてしまっておき、母から娘へ代々伝えられていくものでもありました。女の子が学校の授業で刺しゅうの技術を披露する際は、特にAからZまでの文字を作品にしたのです。大人数の家庭では、麻製品に家族のイニシャルやマークを縫い取っていたことから、こうした技術は、女の子の大切な教養とされていました。

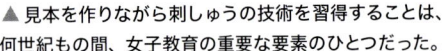

◀ レース付きのトレークロス。シンプルなハーダンガー・モチーフと、サテン・ステッチを組み合わせたもの。

世界的な「刺しゅう」の広まり

世界規模で交易が発達し、未知の大陸が発見された16世紀以降のヨーロッパには、インド、日本、アフリカ、アメリカ大陸などを通して、刺しゅうの見本、プリントの布地、彫刻、陶器、宝石、金属細工、そのほかの工芸品が紹介され、なじみの無い動物、鳥、花、建築物、衣料品なども知られるようになりました。ヨーロッパスタイルの刺しゅうは、さらに絵、書物、装飾品などからも影響を受け、より多くのデザインが衣類や室内装飾品にも用いられるようになったのです。

一方、アメリカに渡った人々は、「クロスステッチ」や「ニードルポイント」、「パッチワーク」などのヨーロッパの伝統技術をその土地へ持ち込み、現地の材料や輸入品を使って応用していきます。様式化されたヨーロッパ大陸の伝統を力強い民族芸術として創り出そうとしたのです。同時にヨーロッパの技術は土地の人々の文化として吸収されていきました。ヘラジカの毛やヤマアラシの針など、古くからある土地の材料を使うことで、独自の刺しゅうが生まれていったのです。

1835年、手で彩色された刺しゅうの図案がベルリンで初めて作られ、その後、まもなくカラー印刷されたものが出回るようになります。こうした図案は、必要な色の毛糸とセットで、デザインに合ったキャンバス地と並べて売られるようになりました。地名から「ベルリン・ワーク」と呼ばれ、豊富な色を使う繊細な刺しゅうとして大流行

▼ 図案や作品の印刷物は、19世紀以降、糸や布地の販売促進のために作られた。

▲A NEW LEAF 新しい葉

シャーロット・ウェブ・ニードルワーク社所蔵
220×289mm、クロス・ステッチと
バック・ステッチ、16/32カウントのリネンと刺しゅう糸使用

単純なクロス・ステッチとアウトライン・ステッチで、限られた色のみを使い、自然界の多様さや驚異を表現している。

◀SUNFLOWERS
ひまわり

ボシー・スレッド社所蔵
312×325mm、
クロス・ステッチ、
14カウントのアイーダ
と25番刺しゅう糸使用

ヴィンセント・ヴァン・ゴッホの大胆で明るい色使いの絵画は、クロス・ステッチのデザインに写し取りやすい。

▼回転式乾燥機が発明されるまで、極寒のスウェーデンでは、家庭の主婦がひと冬のために何組ものシーツを用意していた。そのシーツをひとそろいずつまとめ、刺しゅう入りのシーツバンドで束ねていた。

しました。デザインは、より写実的になり、濃淡にも深みが増したのです。19世紀に合成染料が発達すると、さらに色の幅も大きく広がりました。

19世紀の終わりになってヨーロッパや地中海沿岸に残る民間伝承の刺しゅうが再び注目を集めるようになりました。民間伝承の刺しゅうは、見本が博物館などで収集、分類されていましたが、その様式化された形や鮮やかな色遣い、素朴かつ大胆なデザインが人々の目をひきつけたのです。

同じころ、日本をはじめとする東洋文化の影響で、より単調にデフォルメされ、色を抑えたデザインに回帰する動きも出てきました。工芸刺しゅう

▶THE TILSTOCK PARISH MAP PROJECT
ティルストック教区地図プロジェクト
2860×2000mm

世界各地のコミュニティで、新世紀の到来を記念した刺しゅう作品が作られた。この写真はイギリスのもの。クロス・ステッチとテントステッチのパネルを中心に、そのほかの刺しゅうや裁縫技術を駆使してひとつにまとめられた作品。

の価値が高まり、大きな影響力をもつようになりました。広がる産業化や機械化に対する、強い反動であったかもしれません。

現代の「カウント・ステッチ」

布地や染料、カラー印刷などの急激な発達により、現在私たちが知る「カウント・ステッチ」のデザインや用具は、20世紀にすべて出そろったといえるでしょう。複雑な色で構成した絵画のようなデザインが人気になり、写真から模倣することも行われるようになりました。

そして、古くから現代まで、人々は大切な日や出来事の記念として、刺しゅうを制作してきました。古くは「バイユーのタペストリー」。ノルマンディーの征服を描いた「ヘイスティングの戦い」の図柄は、長さ70メートル以上に及びます。

2000年には、「ティルストックの教区地図」（写真）のように、地域社会の想像力豊かな企画も数多く行われました。こうした作品の多くは、もっとも簡単な「カウント・ステッチ」を組み合わせた技法からできています。少しでも多くの人々が、記念行事に参加できるようにするためです。

歴史が始まって以来、刺しゅうに関わってきた多くの人々は、ほかの芸術家たちと同様、その技術を発展させることに努め、広く大きな影響を与えてきました。伝えられてきた文化は、受け取る人々の個性によって、変化しながら吸収されていきます。

そして現代は、コンピュータの登場。カラー印刷や写真の複写技術の発達のお蔭で、特別な絵画の技術を必要とせずに、自分だけのデザインを簡単に作れるようになりました。伝統的図柄から、抽象的な図柄。あらゆる色、布、糸の中から好きなように選ぶことも出来るのです。この本から「刺しゅう」の奥深い楽しみ、新鮮な驚きを手にしてください。

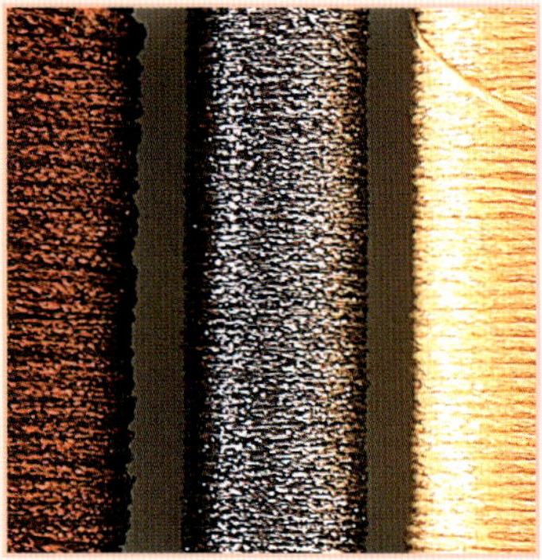

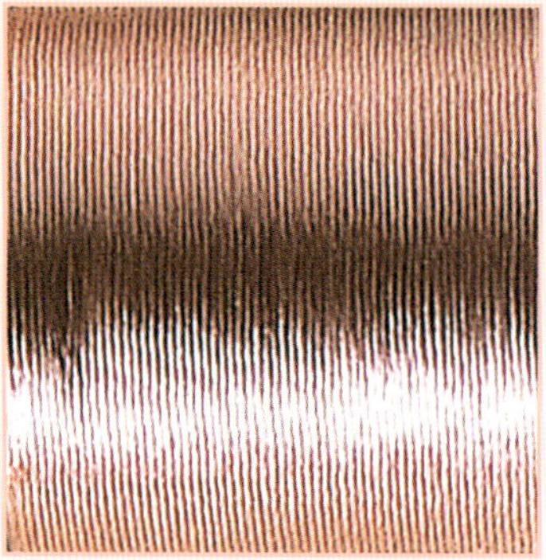
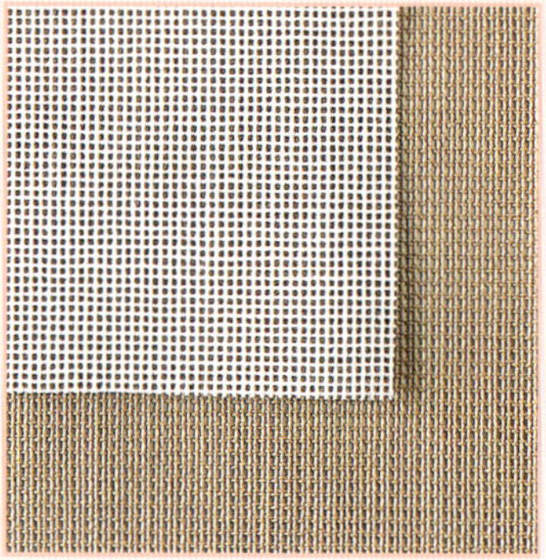

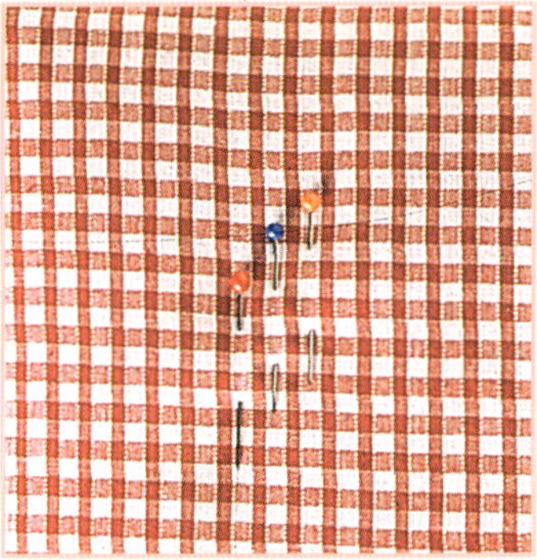

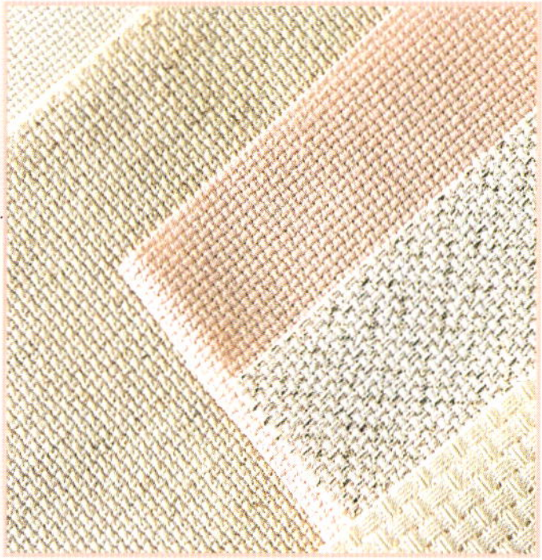

CHAPTER 1

Materials & Equipment

第1章　材料と用具

カウント・ステッチに使われる、基本的な糸、布地、用具を紹介します。今日、多種多様の材料や用具が売られていますから、刺しゅうには費用がかかるというイメージがあるかもしれません。けれども、実際はその逆なのです。この章では、それぞれの作品に必要となる材料や用具を正しく理解し、無駄なくそろえるためのお手伝いをします。経験を積むことで、自分の好みの糸や布地を扱うショップと出会ったり、自分にぴったりの用具を見つけたりすることができるようになるでしょう。

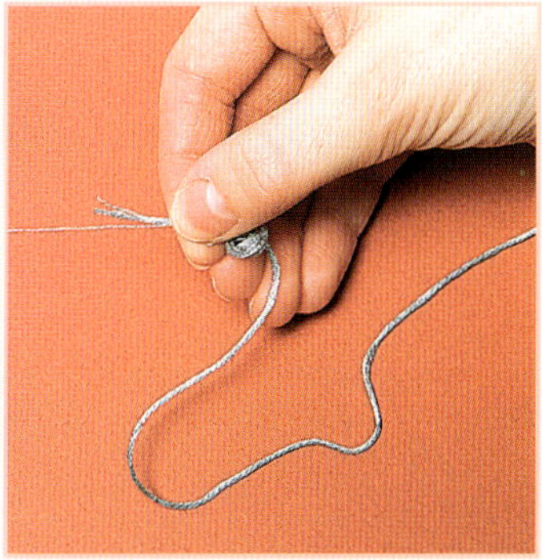

刺しゅう糸
Threads

今日、選ぶのに迷うほど多種多様の刺しゅう糸が売られています。単色や段染め、また、特殊な視覚効果をもつ糸など、実に多彩です。いろいろな技法に用いることのできる用途の広い糸がある一方、用途が限られる糸もあることを知っておきましょう。

25番刺しゅう糸(綿)

▶ここがポイント［TIP］

ほとんどの場合、糸のラベルに色番号(または色名)が記載されています。ラベルを捨てる前に、色番号を書き留めておきましょう。ラベルをノートに貼るか色番号を書き、2〜3cmに切った糸をその横に貼っておくとよいでしょう。

25番刺しゅう糸(綿)

6本の細い糸を軽くよりあわせ、束にしたものです。よりをほどいて必要な本数の糸を使うこともできるため、応用範囲が広く、ほとんどのカウント・ステッチに用いることができます。

パールコットン

しっかりよって光沢仕上げをした糸で、ほとんどの刺しゅうに用いることができます。ただし、この糸は個性的で目立つため、周囲のステッチとなじませたい部分には不向きです。糸の太さは、最も太いNo.3のほか、No.5、No.8、No.12の4種類があります。糸のよりをほどいて使うことはありません。

つや消しコットン糸(アブローダー)

細い糸をよってつや消し仕上げをした糸で、繊細なステッチを刺すことができます。よった糸を分けて使うことはありません。

つや消しコットン糸(ソフト)

アブローダーをソフトな風合いに加工した、抑えた色調の糸で、ボリューム感が出ます。よった糸を分けて使うことはありません。織り目の粗い布地やキャンバスに適しています。

つや消しコットン糸(アブローダー)

パールコットンNo.8

つや消しコットン糸(ソフト)

パールコットンNo.5

25番刺しゅう糸（シルク）

まゆ綿とも呼ばれ、25番刺しゅう糸のように4〜6本の細い糸をより合わせたものです。25番刺しゅう糸と同様に使われますが、シルクのもつ深い色合いと上品な光沢とが、リッチな表情を作ります。

レーヨン刺しゅう糸

光沢の度合いが強く、単体で、または25番刺しゅう糸と組み合わせて使います。1本の糸を糸巻きに巻いたものや、4本以上をよったものがあります。からみやすく、ステッチにむらができるため、引っかかりの強く目の粗いキャンバス（または目の粗い布地）には適していません。

ペルシャン・ウール

2本よりの糸を3本合わせ、さらに甘くよったものです。布地には1本取りでステッチします。キャンバスに刺す場合には、何本かの糸を組み合わせて使用します。ほとんどが輸入品です。

タペストリー・ウール

手編みの毛糸に匹敵するほど太いウール糸ですが、非常になめらかな仕上がりです。よった糸を分けて使うことはありません。主にキャンバスに使用します。

メタリック糸など、特殊な刺しゅう糸

No. 4（細）、No. 8（中細）、No. 12（太）をはじめ、いろいろな太さがあり、メタリック、パール、蛍光色などがそろっています。ほかの糸でステッチしたデザインにアクセントを付けるために用います。

エンブロイダリー・リボン

平らな帯状、またはリボン状のメタリック糸です。デザインを強調したり、細部を表現したりするときに使用します。

ラメ糸

極細い1本の糸で、ほかの糸と一緒に針に通して使用します。メタリック、パール、蛍光効果があります。

糸の扱い方

糸の長さは50センチ程度にすると刺しやすいでしょう。長すぎる糸はからまりやすく、また、特に柔らかい糸はステッチをするにつれて擦り切れることもあるので、糸を長く使うときれいに仕上がりません。

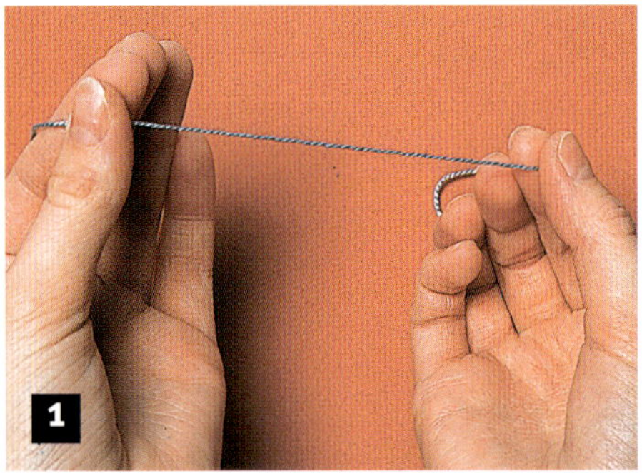

1 糸にはなめらかな方向とそうでない方向とがあります。1本の糸を指先か唇の間で一方向にすべらせます。次に逆方向にもすべらせ、その違いを感じてください。糸を通す際には、ステッチしやすいように、なめらかな方向に通します。

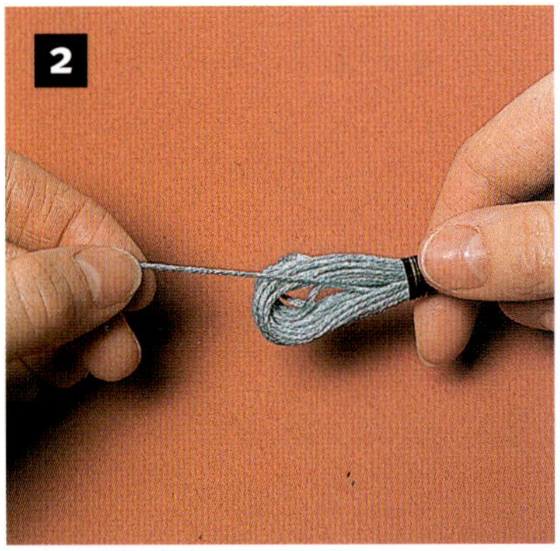

2 たいていの場合、なめらかな方の先端は、ラベルで束ねた内側に入っています。可能であれば、中から先端を引っ張り出してください。糸がからまることなく、ラベルもそのままで糸を引き出せるはずです。

3 25番刺しゅう糸などは、1本の長い糸を輪にし、束ねてあります。輪の一箇所でカットすると、ステッチにちょうどよい長さになります。

糸の分け方

25番刺しゅう糸、シルク糸、ウール糸は、何本かの細い糸をよってありますが、糸同士が完全にからみ合っているわけではありません。糸は簡単に分けられ、1本単位で用いることができます。逆に太い糸を使いたい場合には、糸を2本、3本と合わせることもできます。

1 50センチ程度の長さにカットし、先端から糸を1本ずつ引き抜きます。引き出した糸は、なめらかな方向でそろえて並べます。

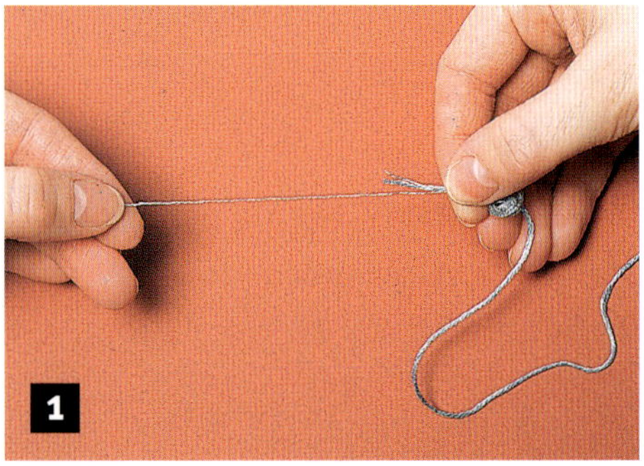

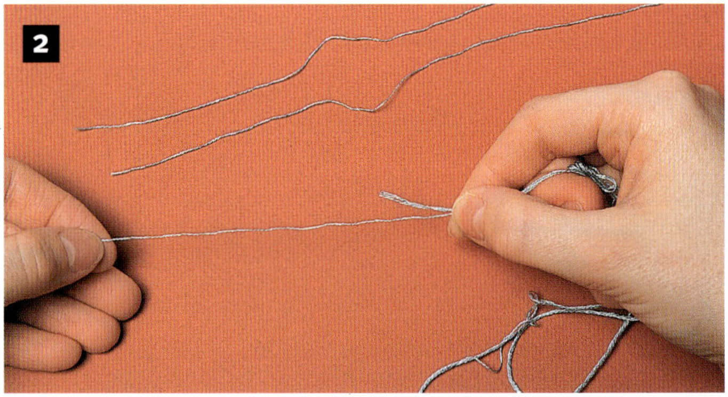

2 2本以上の複数本取りにしたい場合は、必ず糸を1本ずつ分けてから、必要な本数をもう一度そろえます。そうすることで糸はぴったりと寄り添い、美しくスムーズにステッチすることができます。

布地
Fabrics

カウント・ステッチに適している布地またはキャンバスは、数種類あります。アイーダや平織りは、多くの場合、布地の色や質感を生かしたデザインに用いられます。ですから、布地のカラーバリエーションは幅広く、デザインの背景として映えるような無地のものが多く揃っています。キャンバスは目の粗い格子状で、通常は全体にステッチを施すため、色は限られています。

アイーダ

一定の本数の糸を組にし、縦糸と横糸が正確に交差するように織られた布地で、表面は正方形のブロックと小さな透き間とで構成されています。そのため、クロス・ステッチや、カウント・ステッチに用いられるそのほかのステッチを、均等に刺すことができます。多くは木綿ですが、手触りや特殊な仕上げ効果のための合成繊維でできたものもあります。織り目の細かさは「カウント」で表しますが、これは1インチ(25㎜)に織り目がいくつあるかということです。10から18カウントが広く入手可能で、クロス・ステッチで一般的なのは、12か14カウントです。

「カウント」については、158ページを参照してください。

ビンカ(6カウント)

アイーダと同様に織られた布地です。日本ではほとんど流通していませんが、類似の布にジャバクロス、インディアンクロスなどがあります。

ハーダンガー刺しゅう用の布 (22カウント、24カウント)

これもまた、同じ方法で織られています。織り目が細かいので硬く、ハーダンガー刺しゅうに用いられるオープンワークに適しています。

平織り布

縦横の1インチあたりの糸の本数が決まっていて、「カウント」で表します。8カウントは目が粗く、36カウントは非常に細かいといった具合です。アイーダなどとは異なり、織り糸1本1本を数えながらステッチをすることになります。綿、麻、合成繊維があります。

スラブ地
平織り
26カウント

スムース
平織り
26カウント

麻布
平織り
32カウント

アイーダ
18カウント
クリーム

アイーダ
14カウント
ベージュ

アイーダ
14カウント
ピンク

アイーダ
14カウント
ラメ入り

ビンカ
6カウント
ベージュ

ハーダンガー用布
22カウント
白

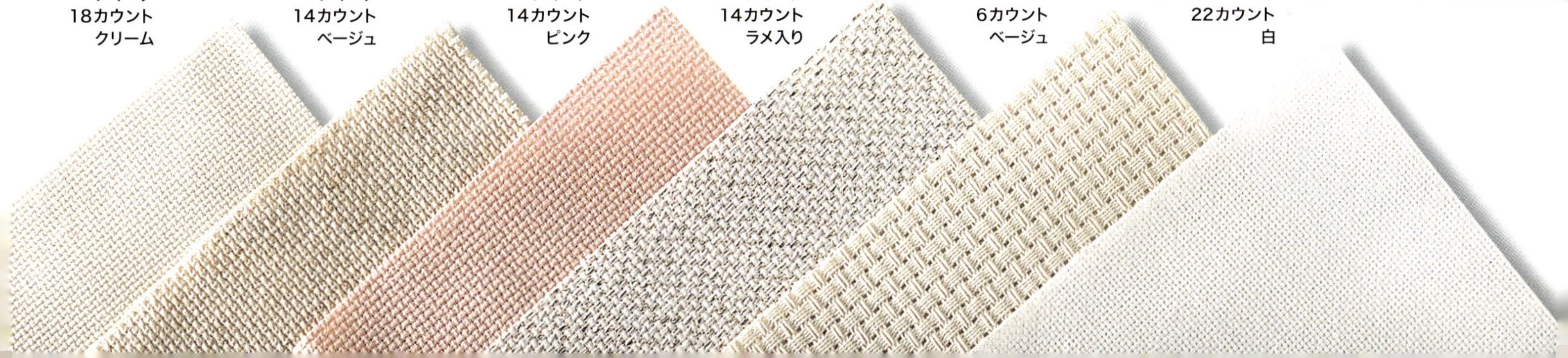

キャンバス

正方形のメッシュ状の布地で、1インチあたり、縦横の織り糸が決められた本数または2本の糸の組み合わせで織られています。1インチあたりの糸の本数は「ゲージ」で表します。布地全体にステッチすることが多く、白地や生成り色が一般的で、多くは木綿か麻で織られています。シングルメッシュのインターロックキャンバスは、クロス・ステッチとテント・ステッチのどちらの作品にも適しています。ダブルメッシュは、2本の糸で織ったものなので（ゲージはマス目ごとに数えます）、マス目は比較的小さく、均整のとれたステッチをしやすくなっています。10から22ゲージのものが一般的です。

プラスチック・キャンバス

シート状に形成されたプラスチックです。安定した形状なので、箱などの立体的な作品に用いられます。様々なバリエーションの色やゲージのものが製造されています。

抜きキャンバス

目数が数えられない布地にカウント・ステッチを施す際に用い、ステッチが完成した後に取り除く、粗く織られたキャンバスです（76～77ページ参照）。水溶性ののりで固めてあるものと、のりを使っていないものとがあります。

布地・キャンバスの裁断のしかた

平らな台の上で作業しましょう。裁ちバサミなど、大きめのハサミを使って、織り目に沿ってまっすぐに切ります。

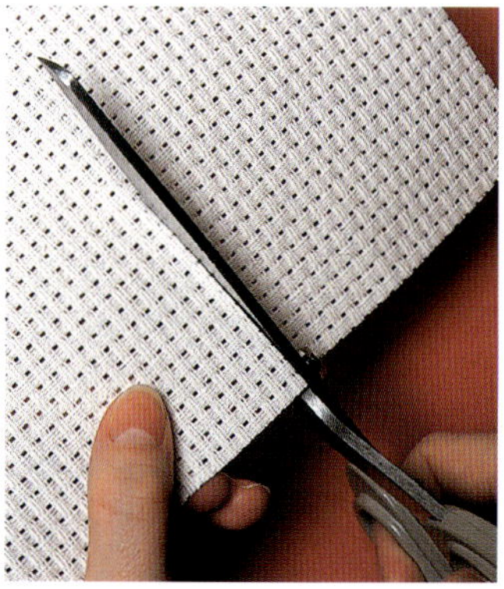

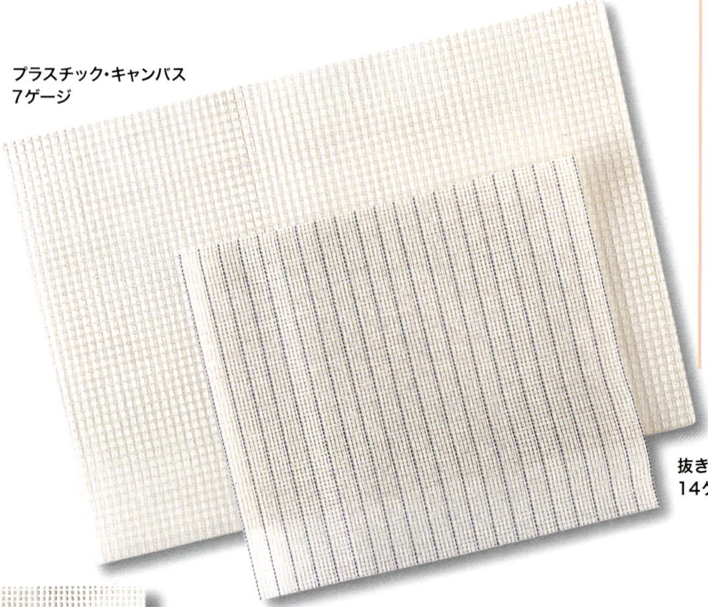

プラスチック・キャンバス
7ゲージ

抜きキャンバス
14ゲージ

シングルメッシュ・キャンバス　14ゲージ

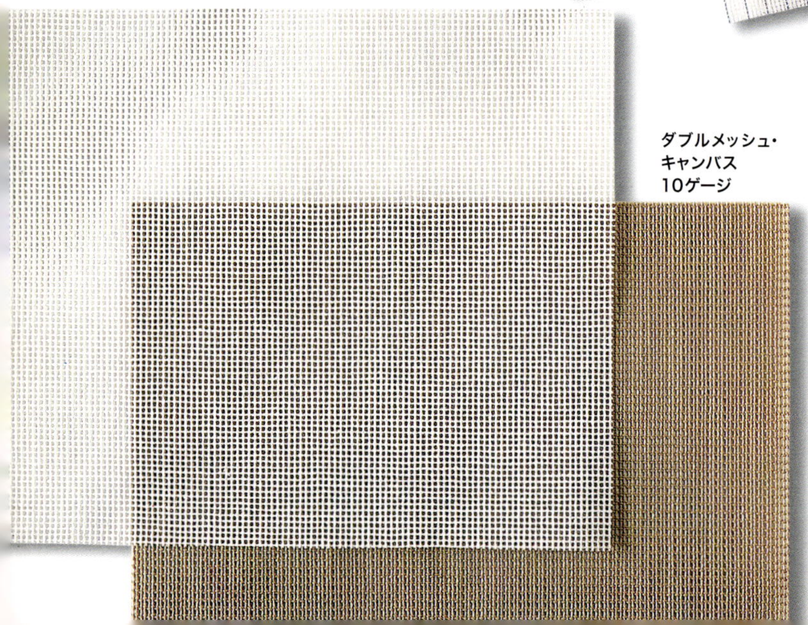

ダブルメッシュ・キャンバス
10ゲージ

▶ ここがポイント
［TIP］

そのほかの材料にも注目してみましょう。正方形のパターンからできているもの、例えばワイヤーのメッシュ（手芸専門店やホームセンターなどで入手できます）なども、カウント・ステッチに向いています。

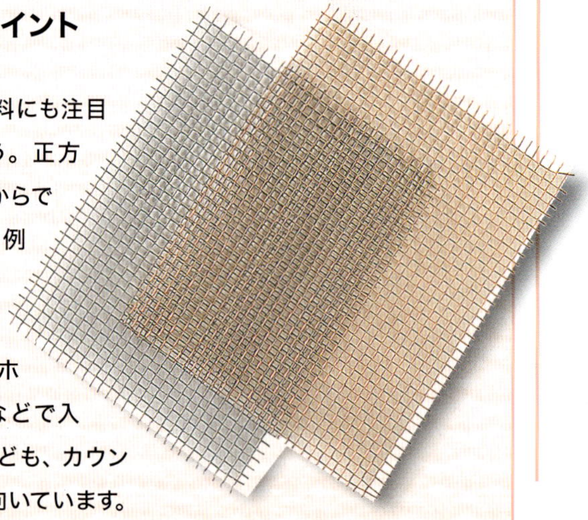

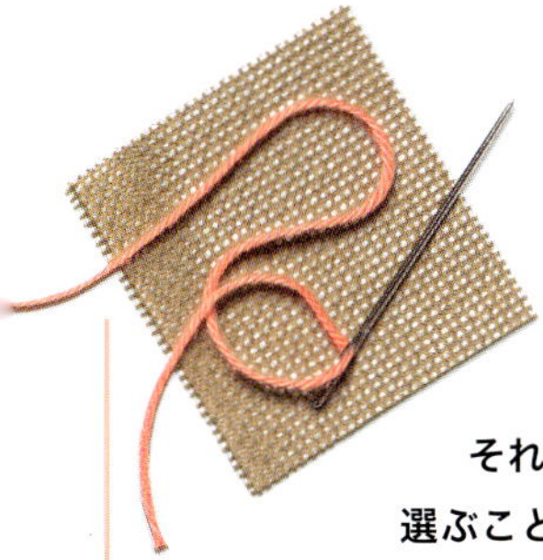

用具
Equipment

それぞれの作品に合った用具を正しく選ぶことで、より美しく仕上げることができます。

針

針の穴は、糸が楽に通る大きさでなければなりません。そういった針を選ぶことで、糸が擦れたりほつれたりすることなく、布地に通すことができます。

針穴が小さすぎた場合、糸を通しにくいことに加え、布地にも通りにくく、糸が切れやすくなります。逆に針穴が大きすぎるとステッチがそろわず、布地の透き間を大きく広げてしまうこともあります。

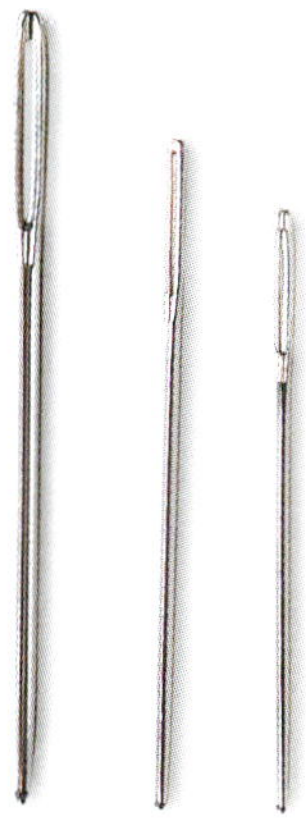

クロス・ステッチ針

太い針先と細長い針穴が特徴です。丸みを帯びた針先は織り糸を割ることなく、織り目に刺しやすいため、カウント・ステッチに用いる最も一般的な針です。アイーダ、平織り布、キャンバスに使用します。糸が楽に通るものの中から、針穴がいちばん小さい針を選びましょう。

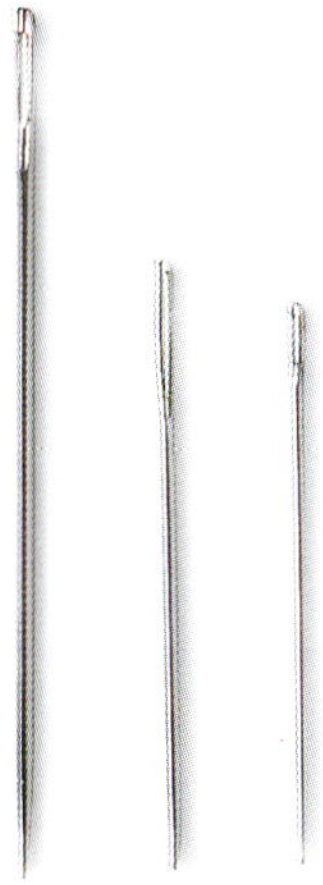

フランス刺しゅう針

目数を数えない自由刺しの場合は、針先がとがった針が必要になる場合もあります。適度な大きさの針穴であれば、糸を通すのも簡単です。

そのほかの用具

糸通し

極細糸やラメ糸を使うとき、また、２本の違う種類の糸を通すときに便利です。太い糸を小さな針穴に無理に通すために使わないでください。

刺しゅう枠(フープ)

プラスチック製、木製があります。プラスチック製の外側の輪は、柔軟性・伸縮性があり、内側の輪を押し込んで布地を固定します(60ページ参照)。そのため、厚い布地には向いていません。木製の輪はネジで調整できるので、様々な厚さの布地に対応できます。

フープにはいろいろなサイズがあります。ステッチし終わった部分にフープをかけると、せっかくのステッチを傷めてしまいますので、作品が完成するまでの間に、フープの位置を変えずにすむ大きさを選びましょう。フープは手で持つ場合もありますし、あるいはスタンドに固定すれば、両手を自由に使うことができます。

プラスチック製
刺しゅう枠

木製
刺しゅう枠

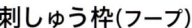

スクロールフレーム（角枠）

手で持って使う小さなものから、スタンドに固定して使うかなり大きなものまで、サイズはいろいろです。上下の2本のローラーに付いている布テープに布地の両端を縫い付け、余分な長さを巻きとってぴんと張ります。布地の左右は、端をフレームの左右のバーに糸などで結び付けるようにします（61ページ参照）。

ハサミ

先がとがった、小さめのハサミが必要です。布地の裁断には大きめのハサミを使います。布地用のハサミで紙を切ると、切れ味が悪くなるので、気をつけましょう。

ピンセット

布地の裏側に出ている不要な糸を切り取った後、糸くずをきれいに取り除くために用います（66ページ参照）。拡大鏡とセットになった特殊なピンセットもあります。

シンブル（指ぬき）

カウント・ステッチに必ずしも必要というわけではありませんが、ひとつあるとよいでしょう。中指にピッタリとあうサイズで、針のお尻をしっかり捉える深い穴のものを選びます。

拡大鏡

いろいろなタイプの拡大鏡があります。多くの刺しゅう家に支持されていることでも、その便利さがわかります。

まち針

布地を傷めないためにも、洋裁用のまち針を使いましょう。ブロッキング（67ページ参照）の工程では、画びょう、マップピンなどの頭が大きい針が必要となります。

照明

ステッチを正確に刺すためにも、そして目が疲れないためにも、適切な照明の下で作業することが大切です。最も適しているのは日光ですが、代わりに卓上スタンドで昼光灯を使うのもよいでしょう。

スクロールフレーム（角枠）

裁ちバサミ

刺しゅう用ハサミ

ピンセット2種（片方は拡大鏡付き）

シンブル（指ぬき）

いろいろなまち針・ピン

▶ ここがポイント
［TIP］

刺しゅう針やまち針は、必ず乾いた場所で保管しましょう。針をさびから守るには、毛糸や綿などの天然素材を詰めたピンクッションがよいでしょう。

しるし付けの用具

一時的に布地にしるしを付けるために使用します。チャコペンシルは、ブラシをかけて消すことができます。水溶性のものや時間がたつと消えるものなど、特殊なペンもあります。実際に布地にしるしをつける前に、布端で試してみましょう。シルクのように、跡がそのまま残ってしまう場合もあります。

定規とメジャー

布地の目数を数えたり、寸法を正しく測ってしるしを付けるために、定規またはメジャーが必要です。

マスキングテープ

布地やキャンバスの裁ち目がほつれないように、マスキングテープを使って保護します(59ページ参照)。デザインを布地に写す工程でも便利です。(99ページ参照)

ブロッキングボード

布地のゆがみを補正するための板です。アイロンでプレスするよりも、ブロッキングボードで補正したほうがよい場合もあります(66～67ページ参照)。小さな作品であればアイロン台で代用できますが、それとは別にブロッキングボードがあると便利なので、必要なサイズのものを作ってみましょう。まず、平らな板の上にキルト芯を一枚かぶせ、端を裏側へ折り返して、接着剤かステープラーで留めます。この上に白地または色落ちしない色の綿布をかぶせ、同様に裏側で留めます。ギンガムチェックの布地であれば、柄のラインをそのまま目安に使って布地補正ができるので、大変便利です。

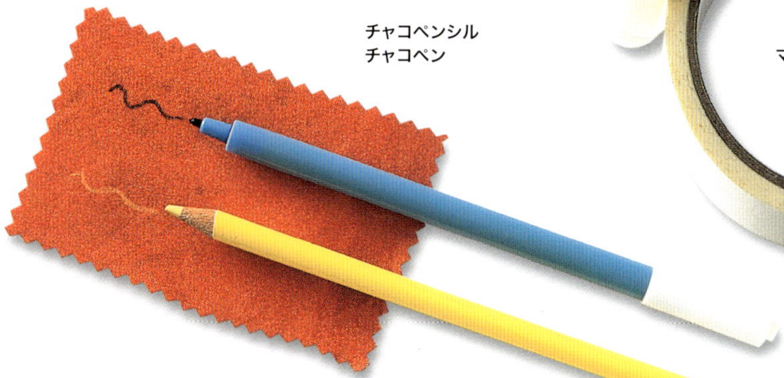

チャコペンシル
チャコペン

マスキングテープ

ブロッキング
ボード

白昼色電球

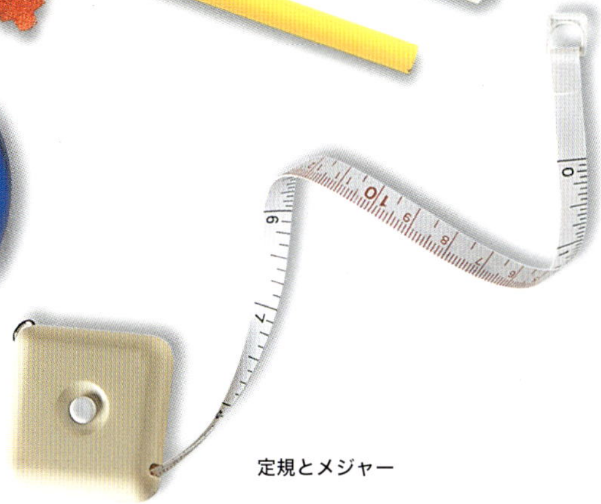

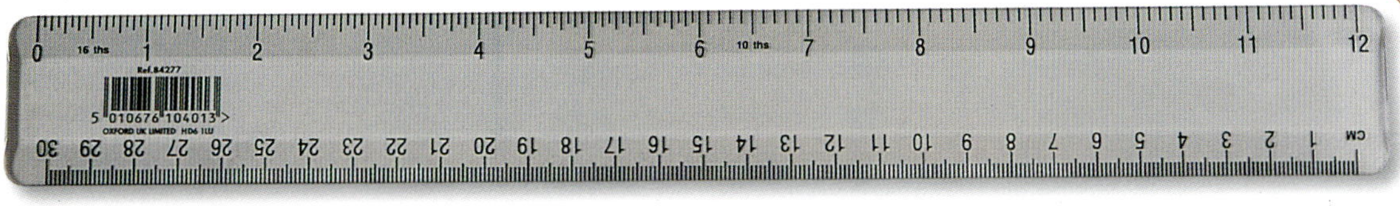

定規とメジャー

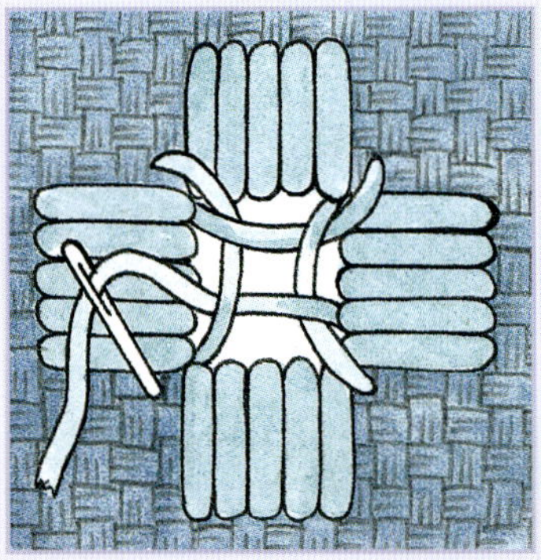

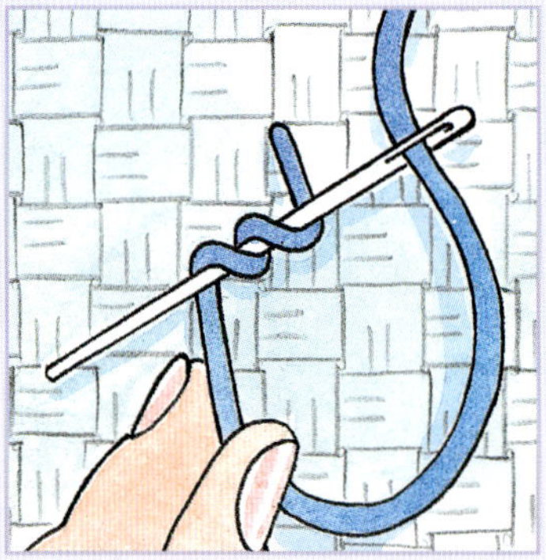

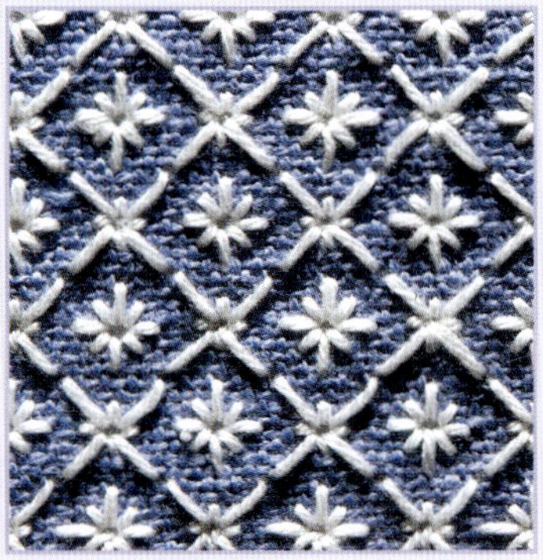

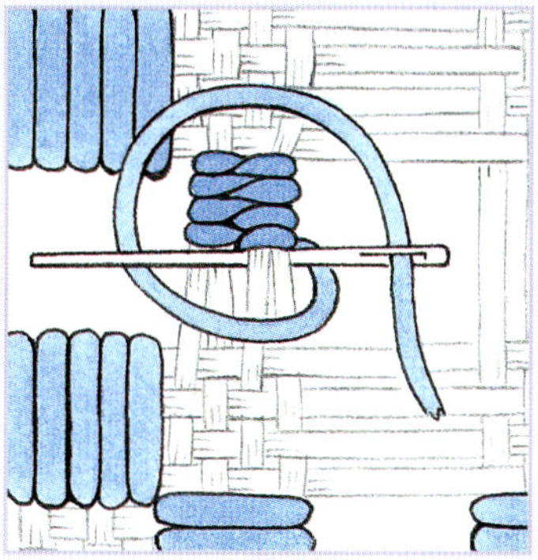

CHAPTER 2

Stitch Library

第2章　ステッチ・コレクション

この章では、クロス・ステッチやブラックワーク、ハーダンガー刺しゅうに使われる、様々なステッチの刺し方を詳しく紹介していきます。そのほかの便利なカウント・ステッチ、アルファベットや数字の図案なども取り入れてみました。刺し方の説明や図案を参考に、新しいステッチにどんどんトライしてみてください。ステッチのレパートリーが増えるたびに、あなたの作品にも深みが増していくことでしょう。

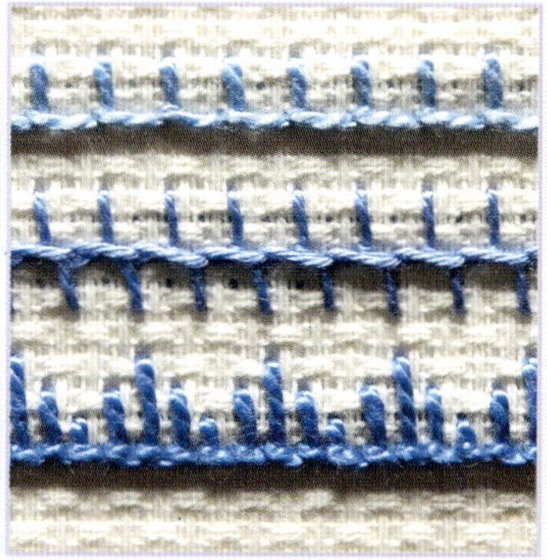

基本のステッチ
Basic Stitches

クロス・ステッチ、ブラックワーク、アッシジ刺しゅうなどに使う基本ステッチを紹介していきます。
ステッチの写真はどれも、アイーダか平織りの布地に刺したものです。図では、アイーダに刺す場合を例にとって説明しています。

アイーダの場合は、織り目ひとつに対してひとつのステッチ、平織り布の場合は、縦横の織り糸２本に対してひとつのステッチを刺していく方法が基本です。ただし、スリークォーター・クロス・ステッチやクォーター・クロス・ステッチのように、アイーダの織り目の中心に刺したり、平織りの織り糸1本だけを使って刺すステッチもあります。

　また、バック・ステッチやホルベイン・ステッチのように線を表すステッチの場合、アイーダの織り目ふたつ分の対角線に刺すことで、絵柄の輪郭に傾きを付けたり、なだらかな曲線を表現したりすることもあります。

◀HEART OF MY HEART
ハート・オブ・マイ・ハート
シャーロッツ・ウェブ・ニードルワーク社所蔵
150×150mm、クロス・ステッチ、14カウントのアイーダと25番刺しゅう糸使用

ハート形のモチーフを単純に繰り返すことで、デザインにパッチワーク・キルトのような印象を与えています。

クロス・ステッチ

かつてはサンプラー（見本用）ステッチとも呼ばれました。単純な模様を繰り返したり、縁飾りを付けたり、様々な色の糸を使って絵のような図柄を仕上げたりと、多方面に応用のきくステッチです。また、ブラックワークの中にも使われます。

　クロス・ステッチは、ステッチをひとつずつ仕上げていく方法と、横もしくは縦方向に連続して刺していく方法があります。ひとつずつ刺す方法を使うと、見た目にもきれいな仕上がりになります。クロスの片方だけを横（または縦）方向にまとめて刺し、折り返してもう片方を刺していく方法なら、広範囲のステッチを効率よく刺すことができます。ただし、同じ色の範囲で横方向と縦方向のステッチを混ぜると、仕上がりに微妙な違いが生じることがあります。

　×の目は、本書のように＼が下、／が上、でもよいし、その逆でも構いません。ただし、ばらつきのない仕上げには、どちらの糸を上にするかを作品全体で統一することが重要です。

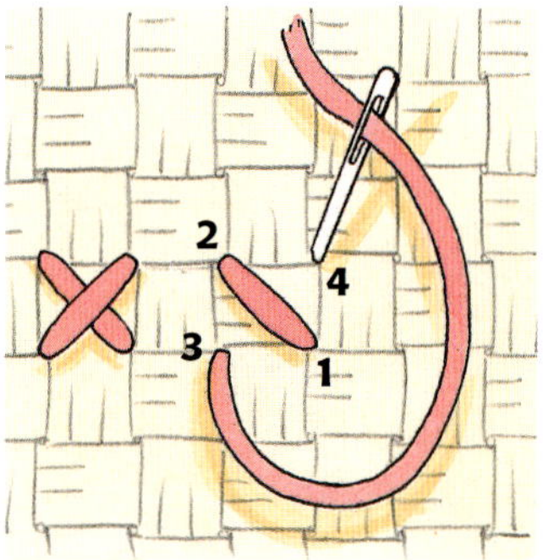

クロス・ステッチの刺し方

1から針を出し、2に刺します。対角線のステッチが右下から左上にできます。

　次に3から針を出し、4に刺します。左下から右上方向のステッチが、最初の対角線と交差します。

　列を連続して刺す場合、最初の1列は右から左へ、2列目は左から右へと刺し、あとは同様に繰り返していきます。

横方向の場合

横に連続して刺す場合は、各列1往復して仕上げます。右端から始めます。

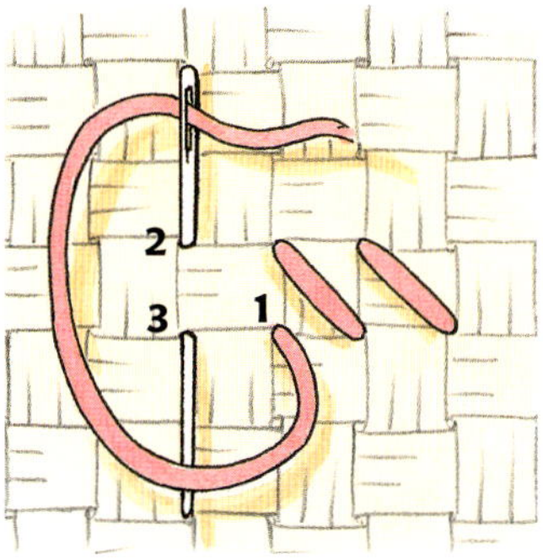

1から針を出し、2に刺して対角線のステッチを作ります。

次に、2の真下の3から針を出して、左方向へ同じことを繰り返していきます。

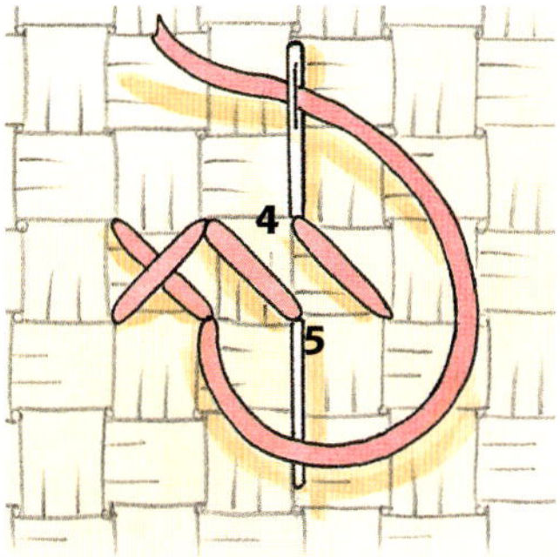

左端まできたら右方向へ折り返して、すでに刺してある対角線のステッチの上に、逆の向きのステッチを加えていきます。4に針を刺し、5の位置から出します。

この方法で、同じ色の範囲を埋めていくことができます。列は上から下へ並べていきましょう。

縦方向の場合

縦に連続して刺す場合も、各列1往復で仕上げます。上端から始めます。

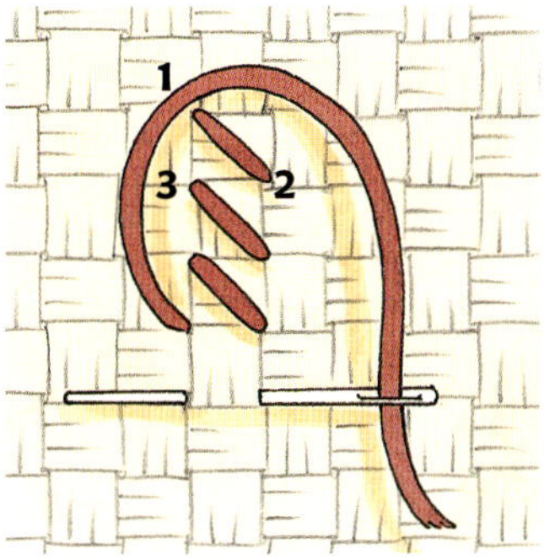

1から針を出し、2に刺して対角線のステッチを作ります。

次に、1の真下の3から針を出して、下方向へ同じことを繰り返していきます。

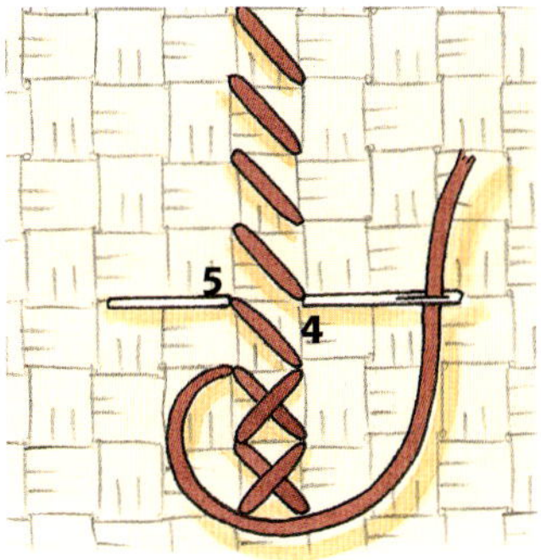

列の終わりまできたら上方向へ折り返し、すでに刺してあるステッチの上に、逆の対角線のステッチを加えていきます。4に針を刺し、5から出します。

この方法で、同じ色の範囲を埋めていくことができます。列は右から左へ並べていきましょう。

▼FUCHSIAS BOOKMARK AND LAVENDER SACHET
フクシアのしおりとラベンダーのにおい袋

テキスタイル・ヘリテージ・コレクション所蔵
180×50mm(右)、90×90mm(左)、クロス・ステッチ、14カウントのアイーダと25番刺しゅう糸使用

縁取りにはバック・ステッチ、花の雄しべの部分にはストレート・ステッチが使われています。

スリークォーター(3/4)・クロス・ステッチとクォーター(1/4)・クロス・ステッチ

どちらも分数ステッチと呼ばれるものです。これらのステッチをアイーダに刺す場合は、針をブロックの中心にも刺すことになります。糸を割って針を刺すので、慣れるまで注意して刺しましょう。

　平織り布の場合は、ひとつのステッチに縦横の織り糸2本分を使うので、当然のことながら織り糸と糸の間に刺すことになります。

スリークォーター・クロス・ステッチ

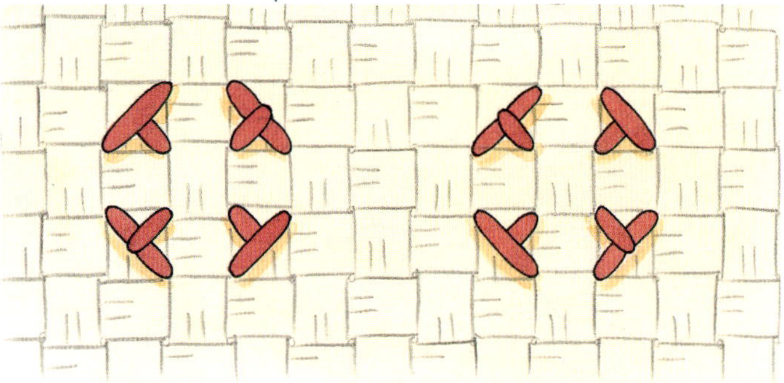

スリークォーター・クロス・ステッチは、通常、図柄の縁どりに使われます。曲線や斜線部分をきれいに仕上げるためです。

　デザインに応じて4方向どのステッチでも使えますし、どちらの糸を上にするか、周囲のほかのクロス・ステッチに合わせて決めることもできます。

　まず最初に、図柄の輪郭に沿ってステッチ(ハーフ・クロス・ステッチ)を刺します。次に、ステッチの角にあたる部分から針を出し、織り目の中心を刺して、半分の長さのステッチ(クォーター・クロス・ステッチ)を加えます。

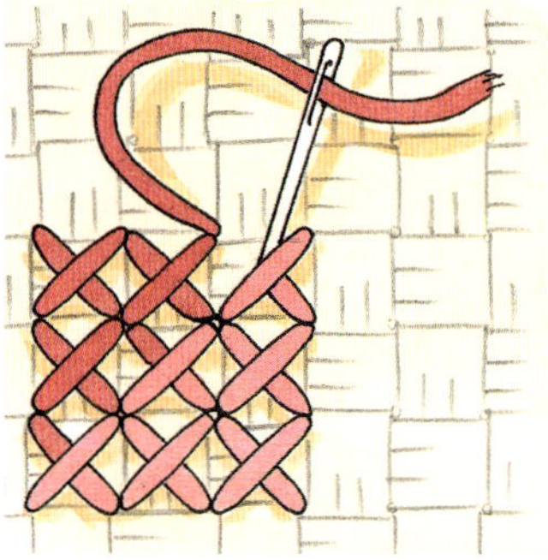

クォーター・クロス・ステッチ

スリークォーター・クロス・ステッチを刺した箇所で、残りの1/4を違う色の糸で埋めたいときなどに使います。

　ステッチの角から針を出して、織り目の中心に刺します。

ハーフ・クロス・ステッチ

背景などの広い範囲に刺すとき、色調をおさえた効果が出せるステッチです。糸の量もあまり使いません。クロス・ステッチのように布地を完全に覆ってしまわないため、布地の色と刺しゅう糸の色を混ぜたような印象を与えることもできます。縦・横、どちらの方向へも刺すことができますが、同じ色の範囲の中で縦方向と横方向のステッチを混ぜると、違いが目立つので避けたほうがよいでしょう。

　布地は刺しゅう枠などを使って張りを持たせ、ゆがまないように気を付けます。慎重なブロッキング(67ページ参照)も必要かもしれません。

横方向の場合

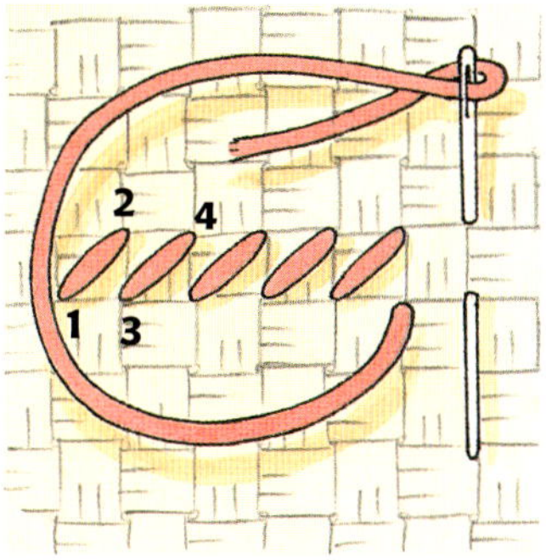

左から右へと刺していきます。1から針を出し、2に刺します。次に3から針を出し、4に刺します。列に沿ってこれを繰り返します。列の終わりまできたら布地を逆さまにし、次の列も同様に左から右へ刺していきます。ステッチはすべて同じ方向に並ぶようにします。

裏側

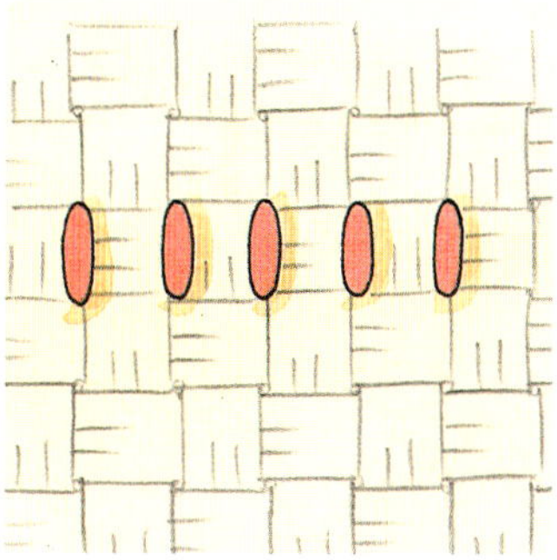

布地を裏に返すと、縦方向の短いステッチが並んでいるはずです。

縦方向の場合

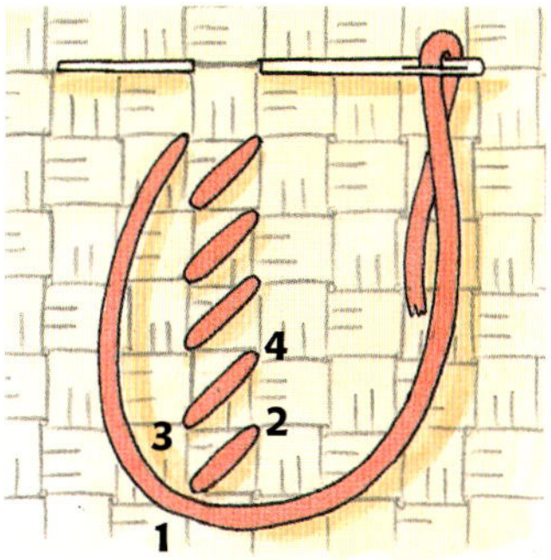

下から上へと刺していきます。1から針を出し、2に刺します。次に3から針を出し、4に刺します。列に沿ってこれを繰り返します。列の終わりまできたら布地を逆さまにし、次の列も同様に下から上へ刺していきます。

布地を裏に返すと、横に短いステッチが並んでいるはずです。

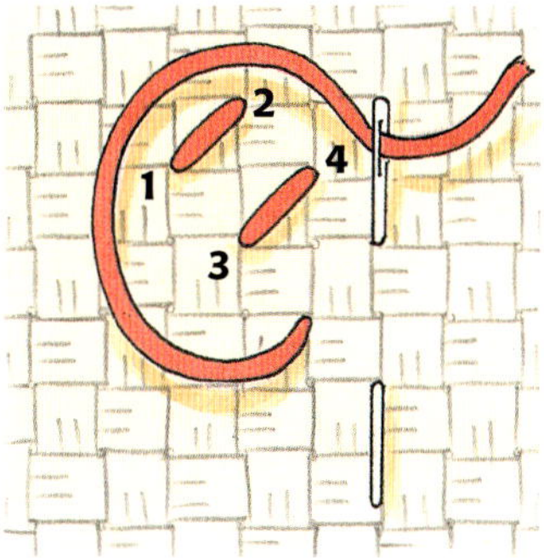

テント・ステッチ

見た目はハーフ・クロス・ステッチに似ていますが、テント・ステッチのほうが布地がゆがみません。ただし、使う糸の量は、ハーフ・クロス・ステッチより多くなります。

デザインに合わせて、斜め方向、縦方向、横方向のいずれの方向へも刺せますが、同じ色の範囲の中でばらばらの方向に刺すと、違いが目立つので避けたほうがよいでしょう。

◀テント・ステッチを斜め方向に刺す場合

左上から右下へと、図の示す順に刺していきます。

1から針を出し、2に刺します。次に、織り目ふたつ分下へ移動し、針を3から出して4に刺します。これを右下方向へと繰り返していきます。

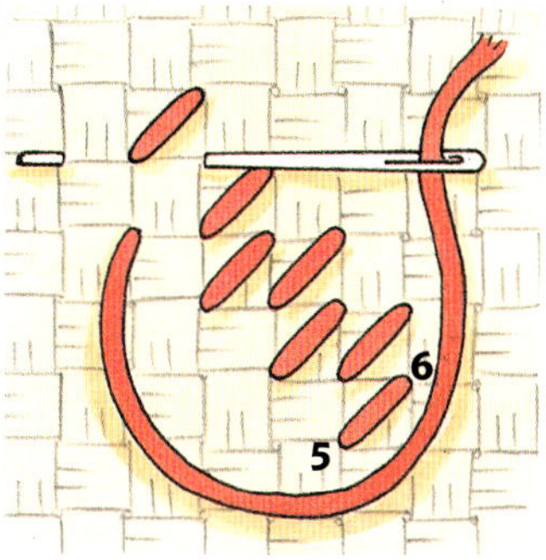

列の終わりまできたら、次の列の最初のステッチの下(5の位置)から針を出し、6に刺します。同じようにして左上方向へと刺していきます。この2列の作業を必要に応じて繰り返します。

裏側

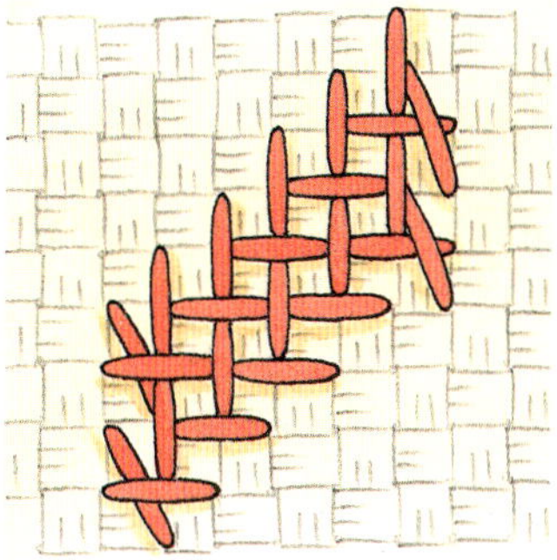

布地を裏に返すと、バスケットの編み目のような模様ができているはずです。布地がゆがみにくいのはこうした刺し方をしているためです。

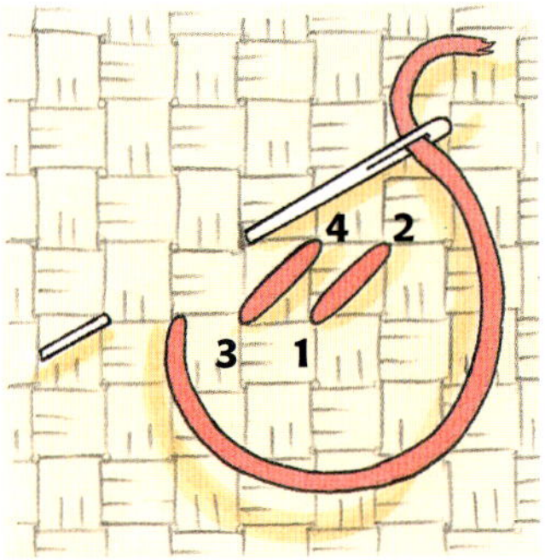

横方向の場合

右から左へと刺していきます。1から針を出し、2に刺します。次に3から針を出し、4に刺します。これを列の終わりまで繰り返します。

表側

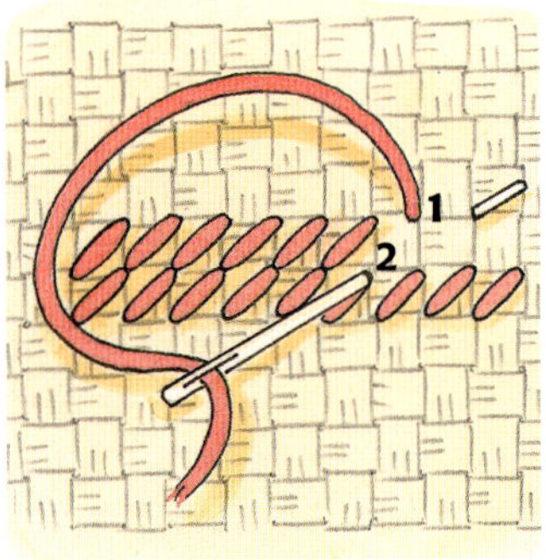

裏側

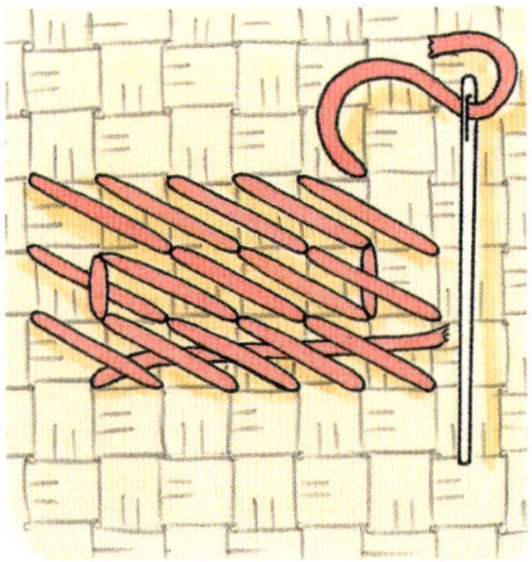

布地を逆さまにできない場合は、次の列は左から右へと、反対方向に刺していきます。図のように、1から針を出し、2に刺します。布地を逆さまにできるなら、次の列も前の列と同様に、右から左へと刺していくことができます。

布地を裏に返すと、右上図のように、長い斜線状のステッチが同じ方向に並んでいるはずです。

縦方向の場合

上から下へと刺していきます。

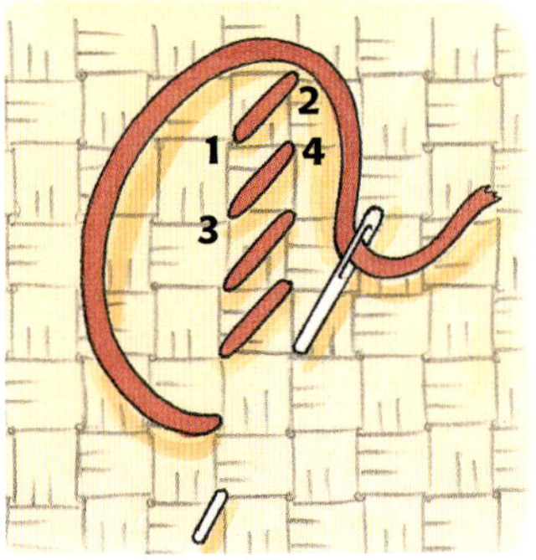

1から針を出し、2に刺します。次に3から針を出し、4に刺します。これを列の終わりまで繰り返します。

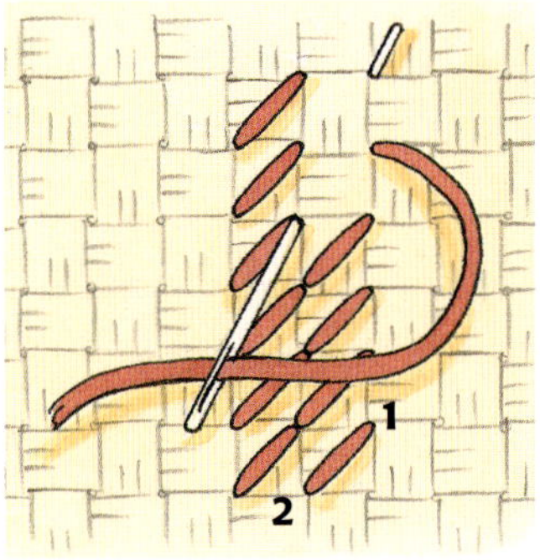

布地を上下逆さまにできるなら、次の列も前の列と同様に、上から下へと刺していきます。もし布地を逆さまにできない場合は、次の列は上方向に刺していきます。図のように、1から針を出し、2に刺します。

バック・ステッチ

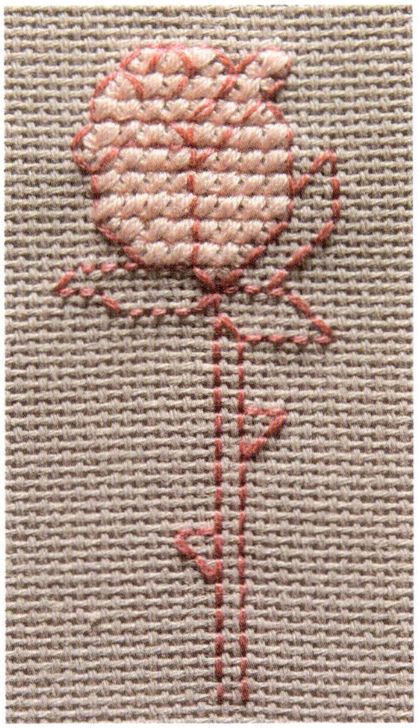

バック・ステッチは、輪郭線を付けたり、色や模様にアクセントや表情を加えるためのステッチで、よく濃い色の糸が使われます。直線もしくは階段状に刺したり、斜線をつなげて曲線を表現できます。

ステッチは、通常、織り目ひとつ分の1辺か、織り目の対角線に沿って刺します。織り目ふたつ分を使った長い対角線のステッチにすることもあります。

バック・ステッチは、図案上では直線で描かれ、刺す位置が正確に明示されているのが普通です。クロス・ステッチ（26ページ参照）やブラックワーク（36～41ページ参照）では、ほかのステッチがすべて完成した後に、バック・ステッチを使って輪郭や細部を整えます。

アッシジ刺しゅう（74〜75ページ参照）では、背景の刺しゅうを始める前に、バック・ステッチでモチーフの輪郭を刺します。

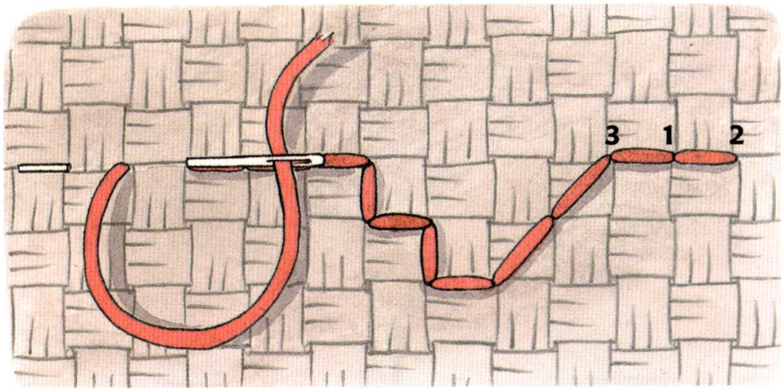

右から左へと刺していきます。1から針を出し、織り目ひとつ分右に戻って2に刺し、次に3から針を出します。次のステッチに進むには、もう一度1（前のステッチの端）に針を刺します。これを繰り返します。

ホルベイン・ステッチ

ダブルランニング・ステッチとも呼ばれ、バック・ステッチと同じように輪郭線やディテールに使われるステッチです。通常は、ほかのステッチが完成してから、仕上げに使います。直線もしくは階段状に刺したり、斜線で曲線を描けるのも、バック・ステッチと同じです。

ホルベイン・ステッチの長所は、刺しゅうの裏側の糸があまりかさばらないということです。リバーシブルにすることも可能です。布地の裏側では、ステッチのない箇所に糸が渡らないので、目の粗い布地に濃い色の糸を使っても、裏側の糸が透けることがありません。

輪郭線に限らず、上の写真の小枝模様のようなデザインにも使ってみるとよいでしょう。

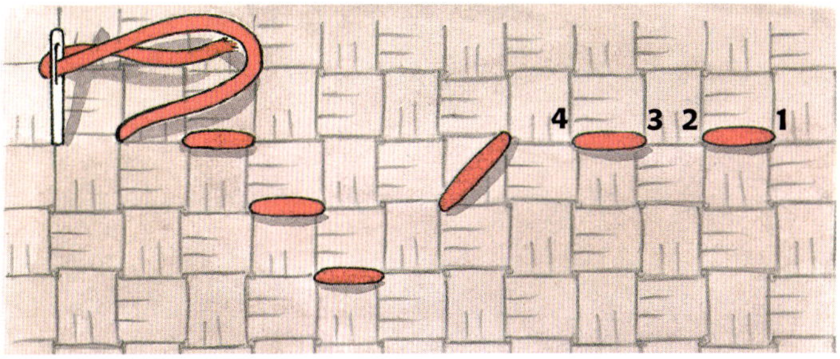

1本の線につき1往復の作業で仕上げます。

1から針を出し、2に刺します。次に3から針を出し、4に刺します。ランニング・ステッチの要領で繰り返します。必要に応じて、横方向、縦方向、斜めの方向などに刺していきます。

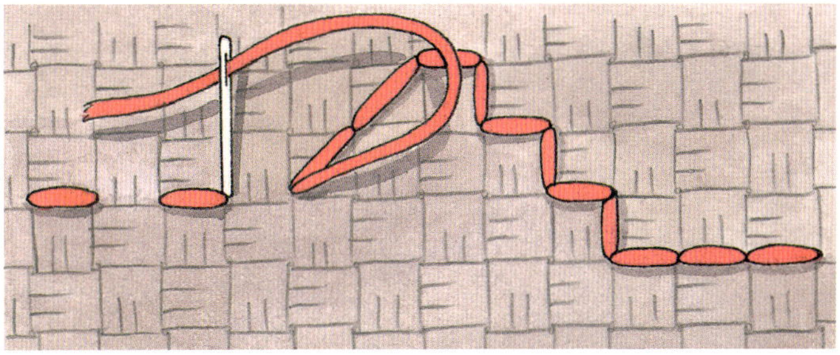

布地を逆さまにし、線に沿って反対方向に刺していきます。針は必ず、先に刺しておいたステッチと同じ位置に刺すようにして、ステッチとステッチの間を埋めていきます。最初のステッチの糸を割らないように気をつけましょう。きれいな仕上がりにするには、針を出すときに、最初のステッチの糸の上へ出し、刺すときには糸の下に刺すようにします（逆のやり方でもかまいません）。

戻りのステッチのときに、異なる色の糸を使うこともできます。

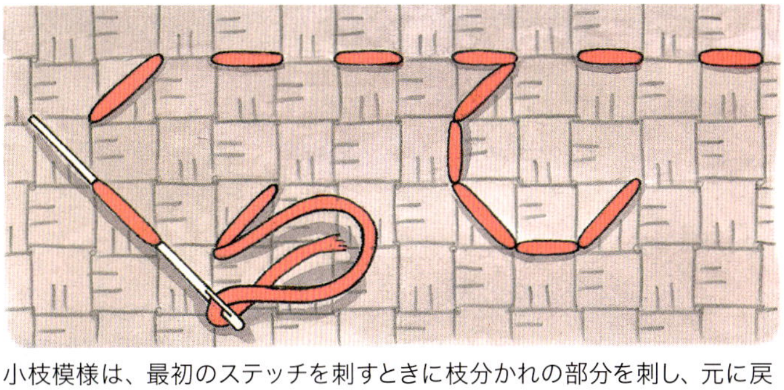

小枝模様は、最初のステッチを刺すときに枝分かれの部分を刺し、元に戻りながら仕上げます。

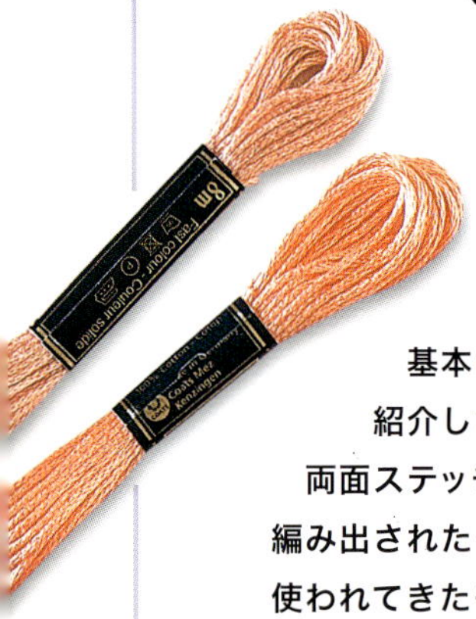

いろいろなクロス・ステッチ
Special Cross Stitches

基本のクロス・ステッチのバリエーションを紹介します。寝具にマークを付けるための両面ステッチなど、特別な用途に合わせて編み出されたもの、あるいは装飾の目的で使われてきたものなど、クロス・ステッチには様々な種類があります。

ヘリングボーン・ステッチ

ロシアン・クロス・ステッチとも呼ばれます。装飾模様や縁どり線などに使うステッチです。ヘリングボーン・ステッチの列を並べていくことで、織り柄のような模様を生みだすこともできます。

ヘリングボーン・ステッチは、下図のように、織り目ふたつ分の対角線に沿った長いステッチを使いますが、大きさは必要に応じて変えることができます。写真にあるように、模様の目が粗いものから細かいものまで、様々な刺し方ができます。

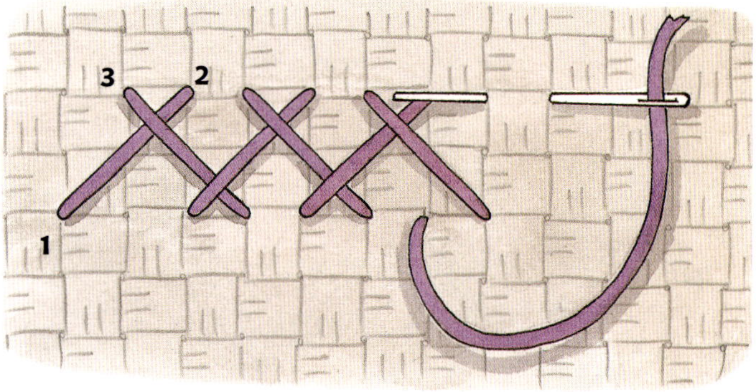

常に左から右へ刺していきます。

1から針を出し、織り目ふたつ分の対角線沿いに糸を渡して、2に刺します。次に、2から織り目ひとつ分左に離れた3から針を出します。

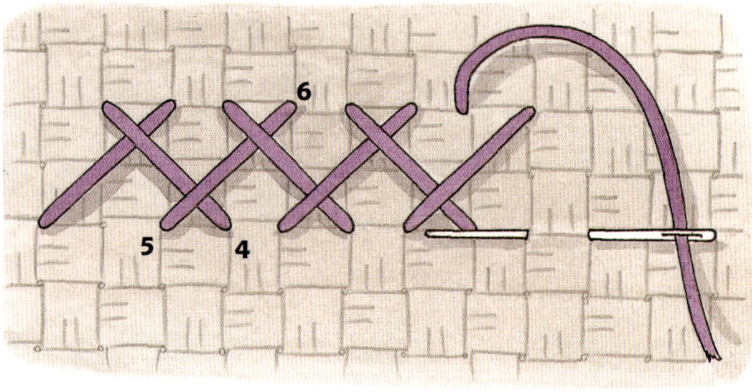

再び織り目ふたつ分の対角線に糸を渡し、4に針を刺します。次に、4から織り目ひとつ左の5から針を出し、また織り目ふたつ分右上の6(2からは織り目ふたつ右)に刺します。これを右方向へ繰り返します。

マーキング・クロス・ステッチ

リバーシブルのステッチです。表はクロス・ステッチ、裏は四角形のステッチになります。もともとこのステッチは、家族のイニシャルやシンボルマークを、寝具などに刺しゅうするために使われてきたものです。裏から見た文字は逆に見えますが、それでも十分わかりやすいものです。シンボルマークとして、王冠やハートなどの左右対称のものを選ぶこともできます。シーツにアイロンをかけて保管するときなど、ステッチを見るだけでどちらが裏かわかるのも便利でした。

このステッチの場合、ステッチの列の方向を変えるときに、同じ場所に何度も針を刺さなければなりません。このため、文字やマークの角が分厚くならないように、昔から細い糸が使われてきました。かつては麻布を使うのが普通でしたが、ここではアイーダに刺す場合を例にとります。

上から下に向かって刺す場合

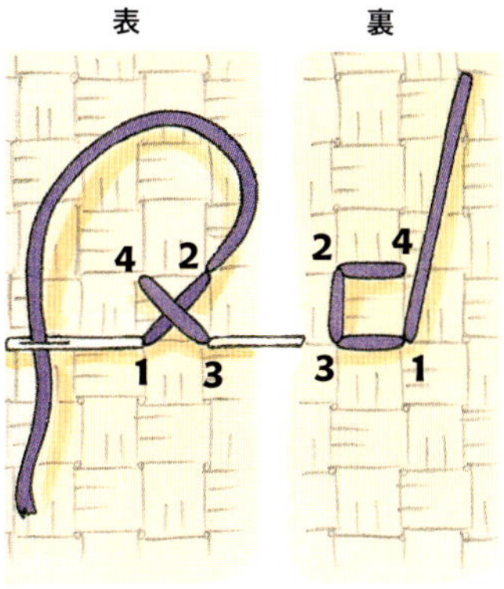

捨て玉留め（63ページ参照）で始めます。針を1から出しますが、糸の端は少なくとも5cm裏側に残しておきます。この糸は、あとで裏側に最初の四角形のステッチを作るために使います。

2に針を刺して対角線のステッチを作り、3から針を出し、4に刺します。これで表にはクロス・ステッチができます。今度は2から針を出し、1に刺します。

次に3から針を出します。ここで布地を裏に返せば、最初の四角形のステッチのうちの3辺までができあがっているはずです。

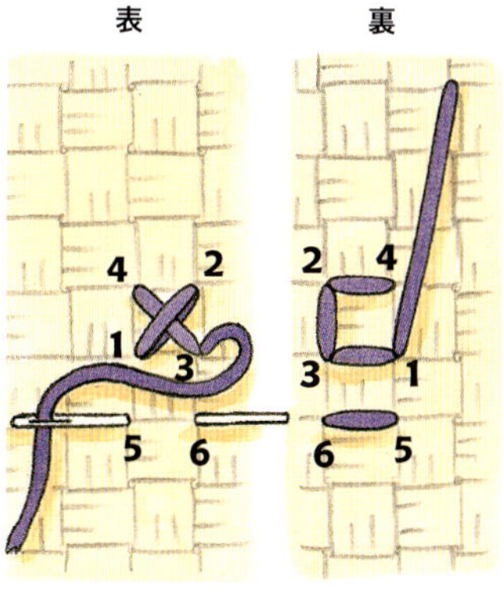

1から織り目ひとつ分下に針を移動して5に刺し、3からひとつ分下の6から針を出します。

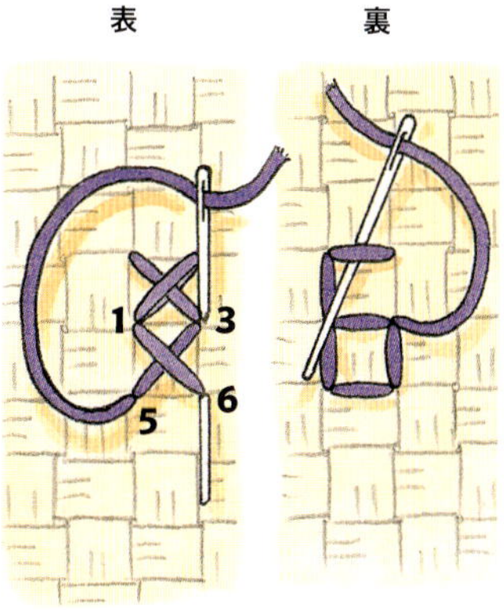

再び1に針を刺し、5から出し、3に刺します。さらに、次のステッチの始点となる6から針を出します。これでふたつめのクロス・ステッチが表側に、ふたつめの四角形のステッチが裏側にできました。あとはこの繰り返しです。

ステッチの列の方向を変える場合に、忘れてはいけない作業ルールがあります。布地の表側に見えるステッチは常に対角線方向、裏側のステッチは常に四角形の辺に沿ったものでなければいけません。同じ位置に何度かステッチを繰り返しながら、次のクロス・ステッチが始まる正しい位置に針を出せるようにしましょう。必要に応じて布地を逆さまにして、常に上から下へとステッチを刺していきます。

完成したら、最初に裏に残しておいた糸の玉結びを切り、その糸を針に通します。左下の図にあるように、裏側に刺した最初のステッチにその糸を縫い込んで整えます。

ダブルサイド・クロス・ステッチ

このステッチを使うと、布地の表裏に同じクロス・ステッチができるので、リバーシブルにしたい作品に便利です。アッシジ刺しゅうでは、例えば旗などの、両面を同じ模様で飾りたい場合に使います。イタリアン・クロス・ステッチと呼ばれることもあります。

ダブルサイド・クロス・ステッチは、薄手の布地や半透明の布地など、裏側の糸が表に透けてしまうような素材に、線模様を刺したいときにも使われます。ステッチの列の終わりや列の方向を変えるとき、対角線の半分のステッチを何度か繰り返し刺す必要があるので、その厚みが目立たないようにするには、できるだけ細い糸を使ったほうがよいでしょう。

表でも裏でも、常に対角線もしくは対角線の1/2を刺すのが、このステッチのルールです。

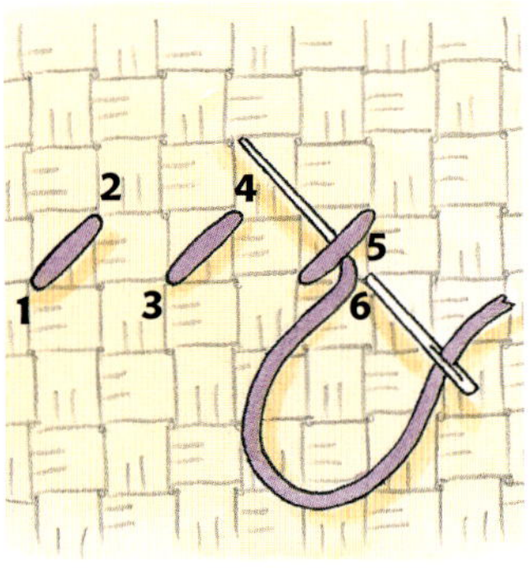

最初に左から右へと刺していき、ステッチ1列につき2往復の作業で仕上げます。1から針を出し、2に刺し、織り目ひとつ分の対角線ステッチを作ります。次に3から針を出します。このとき布地の裏でも対角線のステッチができています。針を4に刺します。これを列の右端まで繰り返します。最後のステッチの中心、5から針を出し、6に刺します。再び5から針を出します。必ず同じ位置から針を出すようにしましょう。

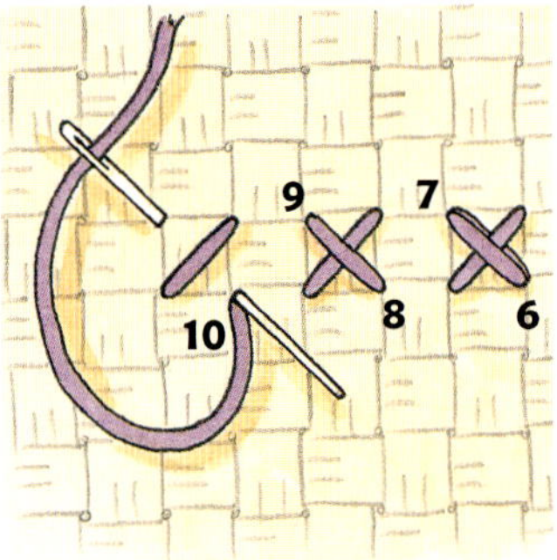

7に針を刺して、もう半分のステッチを加えます。その針を6から出し、7に刺して、右端のクロス・ステッチを完成させます。こうすると表裏両側にクロス・ステッチができ、半分の対角線のステッチは初めのステッチの下に隠れます。

そのまま右から左へと刺していきます。8から針を出すと、裏側にクロス・ステッチがひとつできているはずです。9に針を刺し、表側のクロス・ステッチをもうひとつ完成させます。これを列の左端まで繰り返します。左端のクロス・ステッチができたら、針を10から出しておきます。

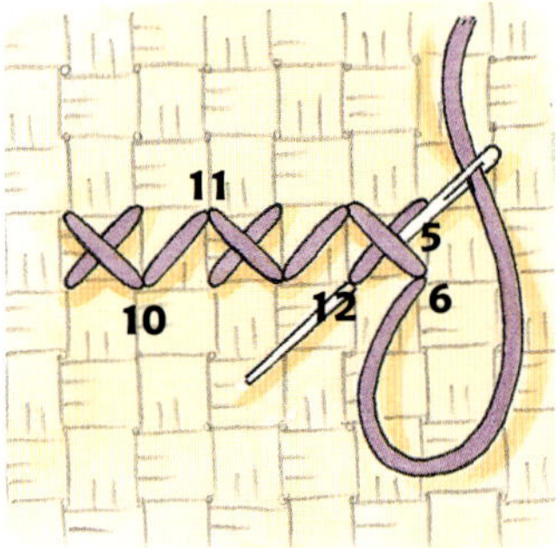

再び左から右へと刺していきます。11に針を刺し、織り目ひとつ分のステッチを作ります。同様にして、間の織り目を埋めながら、列の右端まで進めます。右端にきたら、先ほどと同じように、針を6から出し、5に刺します。このステッチは、前のステッチの下に隠れるように刺してください。そして、12から針を出し、再び右から左へと刺していきます。先ほど作っておいた対角線のステッチに、逆の対角線のステッチを加えて、クロス・ステッチを完成させていきます。これで表裏両側とも同じようにできあがっているはずです。

ダブル・クロス・ステッチ

スター・ステッチ、デビル・ステッチの名でも知られるシンプルなステッチで、単独でも列に並べても使うことができ、その形をアレンジしたり、飾りとしてばらばらに配置したりすることもできます。ブラックワークにもよく使われ、縁飾りとして用いられることもあります。

　アイーダに刺すときは、基本的にふたつまたは4つなど、複数の織り目にまたがって刺します。平織り布の場合でも同様に、複数の織り糸にまたがって刺します。ただしどちらの場合も、織り目、織り糸の数は必ず偶数でなければいけません。

まずクロス・ステッチを作ります。1から針を出し、2に刺し、3で針を出し、4に刺します。

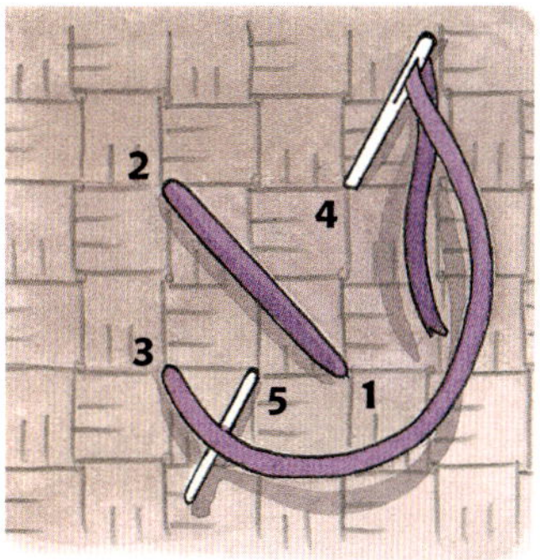

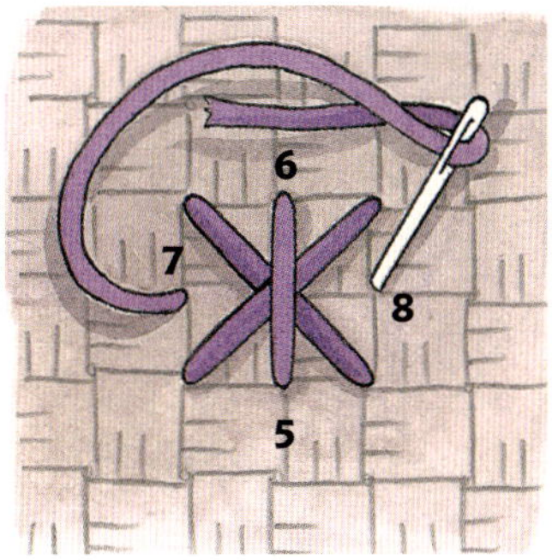

1と3の中間、5に針を出します。ここからアップライト・クロス・ステッチを重ねて星の形を作ります。6に針を刺し、2と3の中間の7から針を出し、最後に8に刺します。必要に応じてこれを繰り返します。

アップライト・クロス・ステッチ

セントジョージ・クロス・ステッチと呼ばれることもあります。クロス・ステッチが使えるデザインや模様なら、このステッチに応用できますが、ステッチが織り目を完全に覆ってしまわないのが特徴です。単独でも列に並べても使うことができ、ばらばらに配置したり並べることで、ブラックワークのフィリング（36ページ参照）にすることもできます。

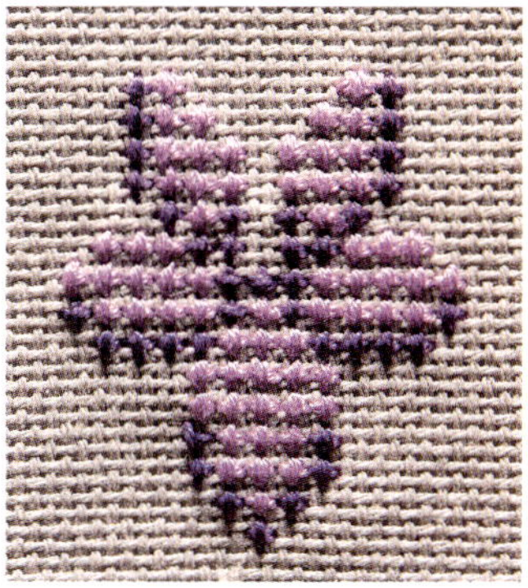

アップライト・クロス・ステッチの刺し方

1から針を出し、2に刺します。横方向のステッチが、織り目ふたつ分になります。次に3から針を出し、4に刺して、縦方向のステッチを加えます。必要に応じてこれを繰り返します。

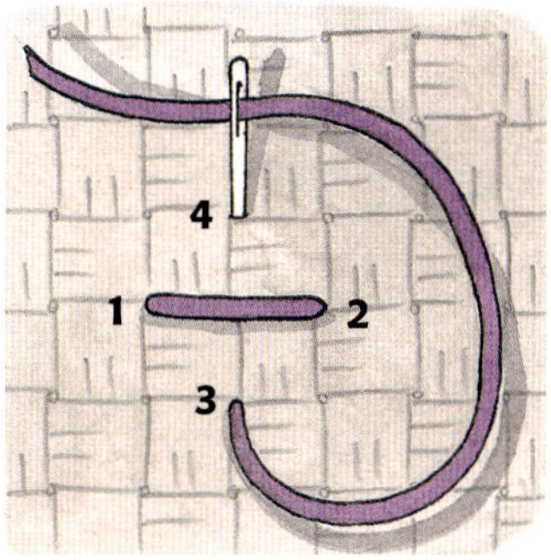

アップライト・クロス・ステッチを列に並べる

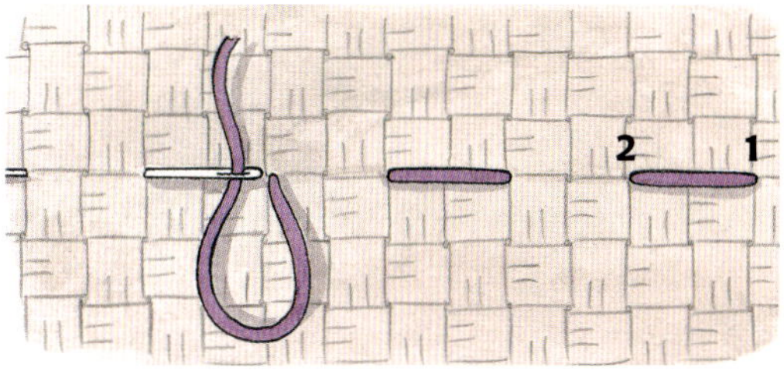

まず右から左へと刺していきます。1から針を出し、2に刺して、横方向のステッチを作ります。これを必要なだけ繰り返します。

次に左から右へと刺していきます。3から針を出し、4に刺します。これで横方向のステッチに縦方向のステッチが加わってひとつのステッチが完成します。右方向にこれを繰り返していきます。

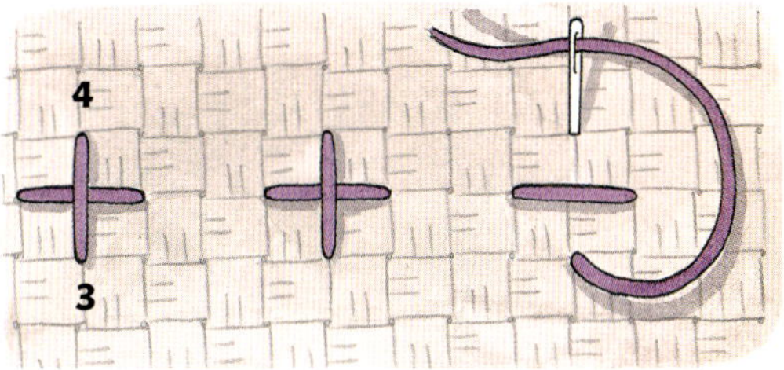

ブラックワークのフィリング・パターン
Blackwork Filling Patterns

ここで紹介するステッチは、ブラックワーク（78～81ページ参照）で一定の範囲を埋めるために使われます。このように「埋める」ことを「フィリング」といいます。ブラックワークのフィリング・パターンには膨大な種類がありますが、ここではその一部を紹介しています。1種類のステッチ（31ページのホルベイン・ステッチなど）で仕上げるパターンもあれば、複数のステッチを組み合わせる場合もあります。

ブラックワークのフィリング・パターンは、大小の繰り返し模様で構成されます。きちんとしたパターンに仕上げるためには、ひとつひとつの模様を、常に同じ順序で刺していくことが大切です。

薄手の布地に濃い色の糸を刺す場合、ステッチのない場所に裏糸を渡すと、表に透けてしまうことがあります。このため、薄手の布地や目の粗い布地を使うときは、バック・ステッチよりもホルベイン・ステッチのほうが適していますし、ほかのステッチと離れた位置に糸を渡してステッチするのは避けたほうがよいでしょう。ただし、糸を渡す代わりに、すでに刺してあるステッチの裏側の糸に糸をからめるようにして、次のステッチの位置へ移動することはできます。

伝統的なブラックワークは黒い糸を白い麻布に刺したものですが、ほかの対照的な色の組み合わせでも問題はありません。ここに紹介している写真の多くは平織りの布地に刺していますが、アイーダのものも含まれています。図に示されたブロックは、アイーダの織り目ひと目分にあたります。図案は必要に応じて変形させることもできます。方眼紙を使いながら、じっくりデザインを考えるとよいでしょう。

■1種類のステッチで刺すパターン

ホルベイン・トレリス
［格子模様］

右端から刺し始めます。ホルベイン・ステッチ（31ページ参照）で最初の1列を右から左へと刺していき、2列目は左から右へ刺します。この2列の組み合わせを繰り返して、模様を完成させます。

1列目

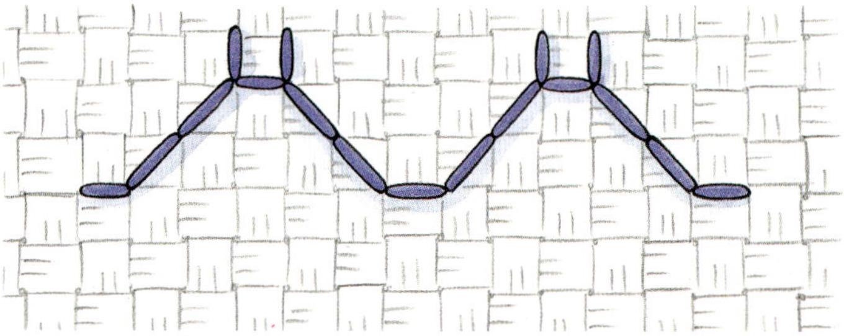

2列目

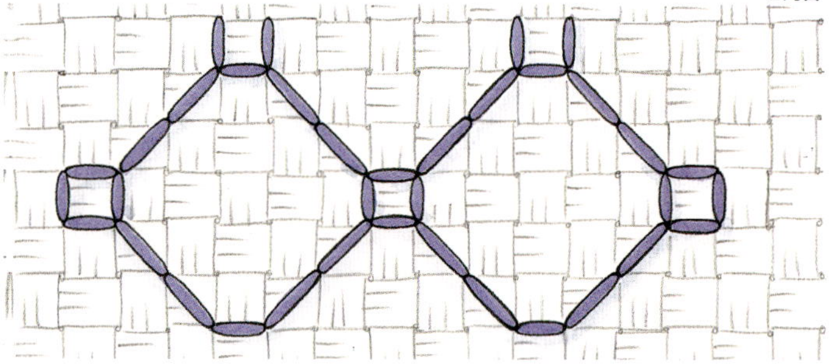

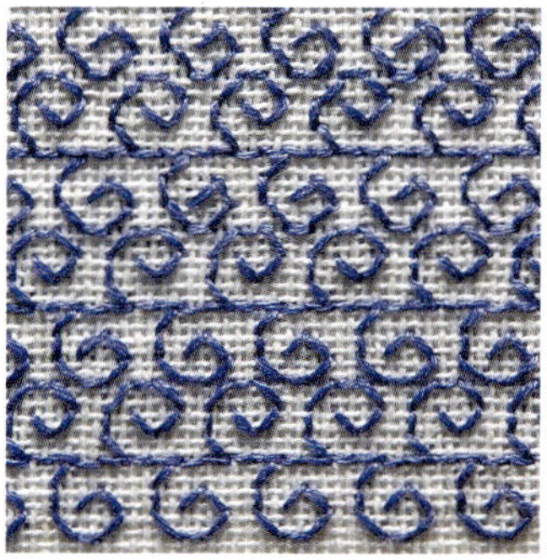

ホルベイン・スプリグ
［小枝模様］

ホルベイン・ステッチ（31ページ参照）で刺していきます。初めの段は右から左へと刺していきます。そのとき、小枝模様をひとつずつ加えて、列の左端まで進みます。右方向に引き返しながら、横のラインを完成させます。

あとは図のように、列を繰り返します。

ダーニング・ブロック

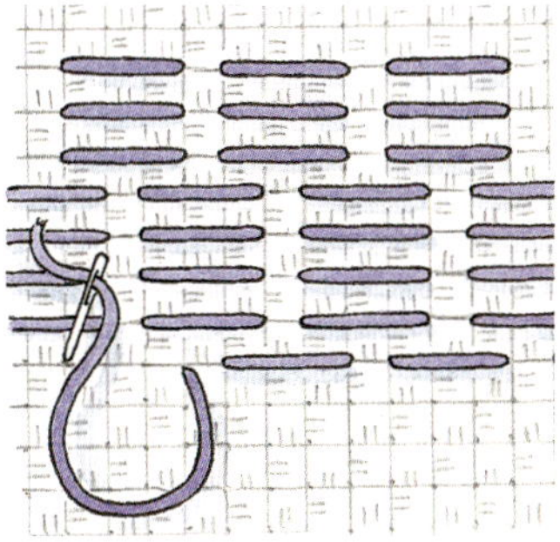

右端から刺し始めます。ダーニング・ステッチ(52ページ参照)で最上段の1列を右から左へと刺していき、折り返して2列目を刺します。必要な段ひと組を繰り返します。

ダーニング・アワーグラス［砂時計模様］

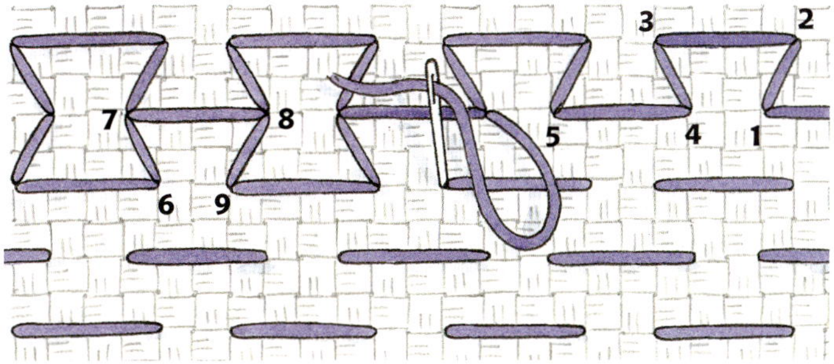

このパターンはジャパニーズ・ダーニングと呼ばれることもあります。

最上段の右端(2の位置)から刺し始めます。初めに横方向のダーニング・ステッチ(52ページ参照)だけを刺していきます。ダーニング・ブロックと同じ要領です。

ダーニング・ステッチの間に斜めのステッチを加えます。1から針を出し、2に刺し、3から出し、4に刺します。再び5から同じように繰り返し、左端まで刺したら折り返します。6から針を出し、7に刺し、8から出し、9に刺します。これを右端まで繰り返します。この2列の組み合わせを繰り返して、模様を完成させます。

ダーニング・ジグザグ

最上段の右端から刺し始めます。初めの列は横方向のダーニング・ステッチ(52ページ参照)だけを刺していきます。次に、斜めのステッチを加えます。1から針を出し、2に刺し、3から出し、4に刺します。これを左端まで繰り返したら、折り返して右へ刺します。5から針を出し、6に刺し、7から出し、8に刺します。同様に右端まで繰り返します。

このダーニング・ステッチ2列の組み合わせを繰り返して、模様を完成させます。

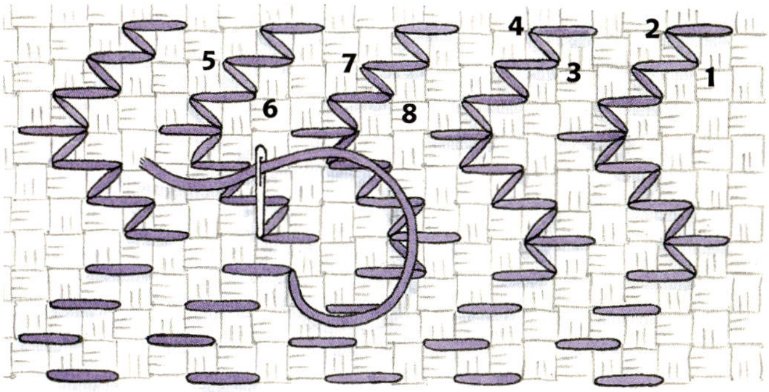

アップライト・クロス・フィリング

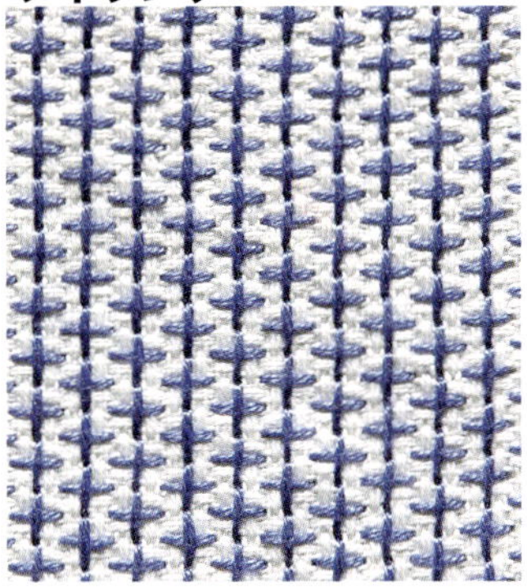

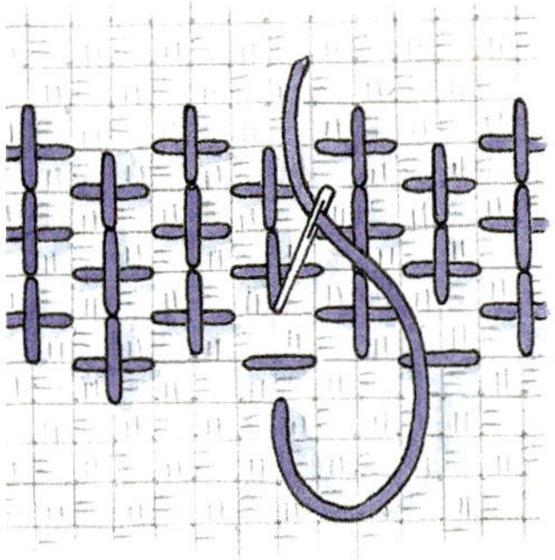

アップライト・クロス・ステッチ（35ページ参照）の横方向のステッチを右から左へと刺していき、折り返しながら縦方向のステッチを加えます。2列目は、図に示すようにクロスを配置してきます。この2列を必要に応じて繰り返します。

アルジェリアン・アイ・フィリング

右上から刺し始めます。アルジェリアン・アイ・ステッチ（52ページ参照）を右から左へと刺していきます。2列目は図のようにステッチを配置しながら、左から右へと刺します。ひとつの模様を作る8本のステッチは、どれも必ず同じ順序で刺すようにします。この2列を必要に応じて繰り返します。

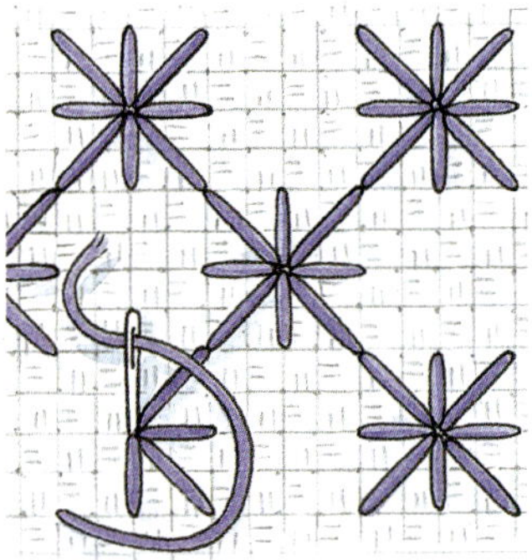

サテンステッチ・フラワー

ひとつのフラワーは4つのブロックから成り、1ブロックは3本のサテンステッチ（51ページ参照）でできています。

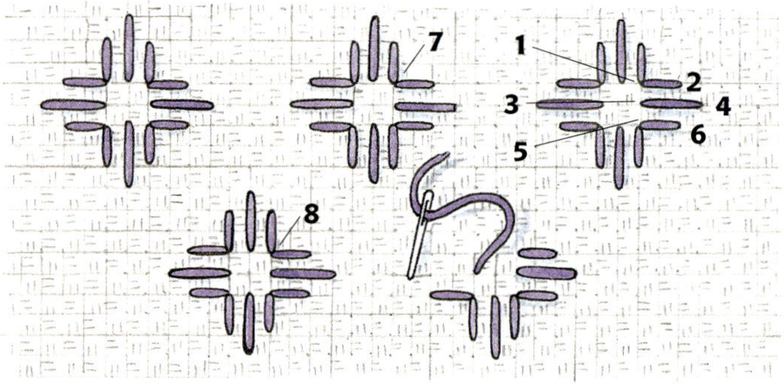

右上のフラワーの右端のブロックから刺し始めます。1から針を出し、2に刺します。同様に、3から4、5から6と、図のとおり横向きにサテン・ステッチをします。これを時計回りに進めます。5からもう一度針を出して、縦方向のステッチをし、下側のブロックを作ります。同じように、左側のブロック、上側のブロックと刺していきます。糸を上側のブロックの裏糸に通し、針を7に出して、次のフラワーを刺していきます。これを左方向へと繰り返します。2列目は左から右へ進めます。8から針を出し、1列目のフラワーと同じ順序でステッチを刺していきましょう。これを右方向へと繰り返します。

必要に応じて、この2列の組み合わせを繰り返します。

■複数のステッチを組み合わせて刺すパターン

ホルベイン・ステッチとダブルクロス・ステッチ

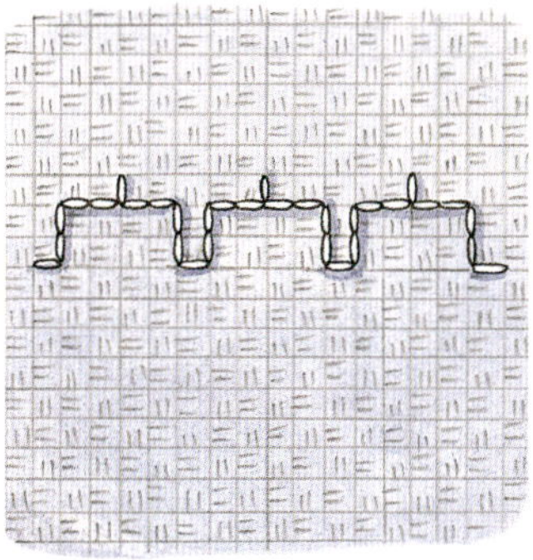

ホルベイン・ステッチ（31ページ参照）の最初の1列を右から刺し始め、左端で折り返して戻り、図に示すような列を作ります。

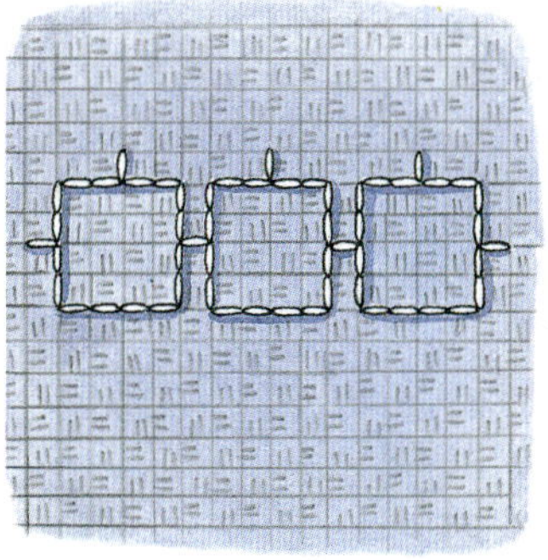

2列目も加えて、正方形部分を完成させます。これを繰り返します。

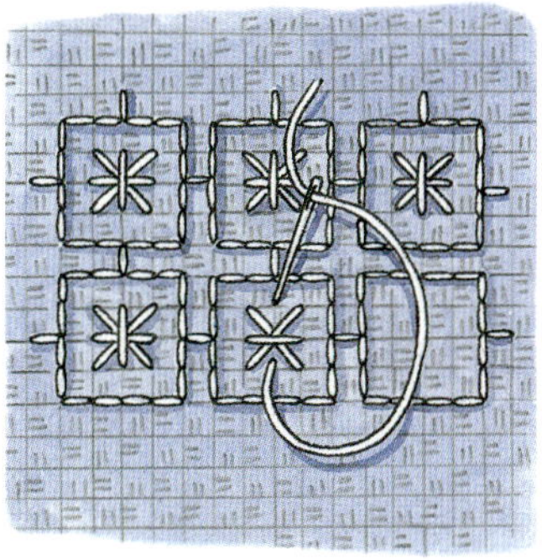

次に、右上に戻り、図のように、それぞれの正方形の中にダブル・クロス・ステッチを刺していきます。ダブル・クロス・ステッチを構成する４本のステッチは、いつも同じ順序で刺すようにしましょう。

クロス・ステッチとアップライト・クロス・ステッチ

右から左へと刺していきます。1から針を出し、2に刺し、3から出し、4に刺します。これで大きめのクロス・ステッチができます。

　次に5から針を出して、6に刺し、7から出して、8に刺します。小さいアップライト・クロス・ステッチができます。これを左方向へ繰り返していきます。

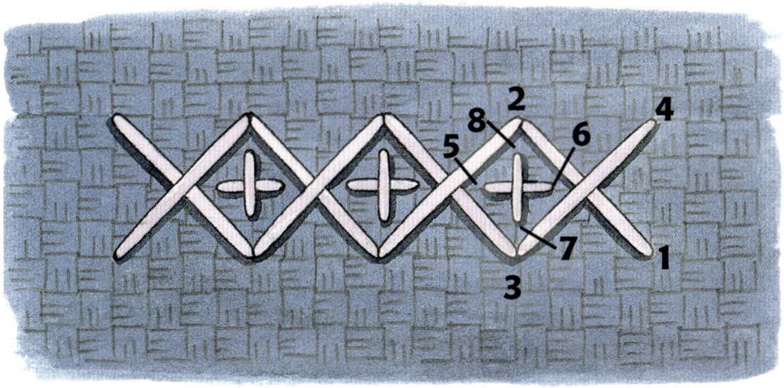

次の列は左から右へと刺していきます。図のように、アップライト・クロス・ステッチだけを刺します。この2列の組み合わせを繰り返します。

　上の写真の下半分のような空白の多いパターンにしたいときは、2列目のアップライト・クロス・ステッチを省きます。

バック・ステッチとアルジェリアン・アイ・ステッチ

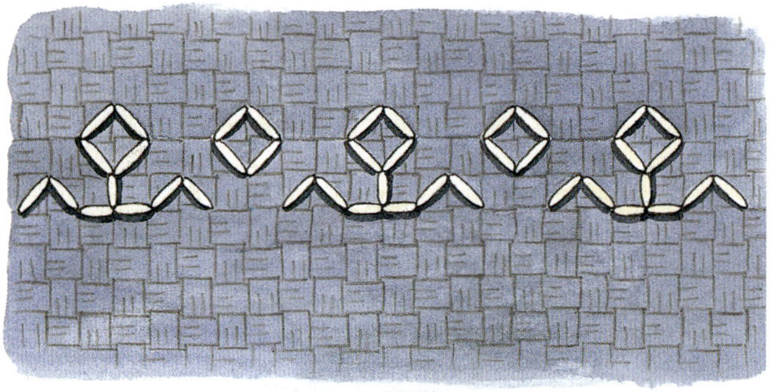

右から刺し始めます。バック・ステッチ（30ページ参照）を左方向へ繰り返していきます。

ベースのバック・ステッチを刺したら、モチーフの間にアルジェリアン・アイ・ステッチ（52ページ参照）を刺していきます。上の写真下半分のようなパターンにしたい場合は、アルジェリアン・アイの対角線のステッチを長くします。次の項で説明するアルジェリアン・アイ・バリエーションもこれと同じです。

アルジェリアン・アイ・バリエーション

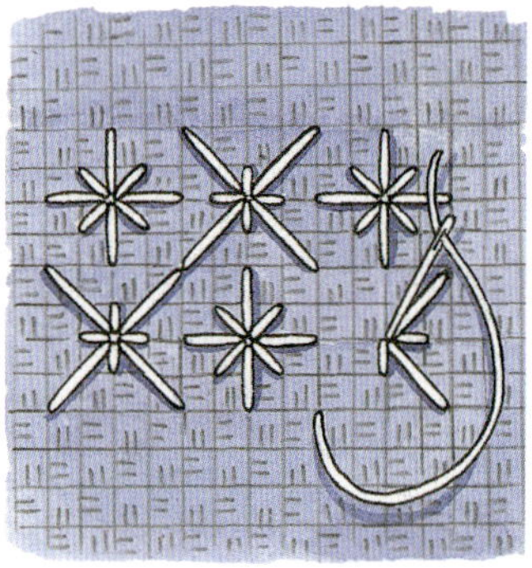

アルジェリアン・アイ・ステッチの2種類のバリエーションを使ったパターンです。いちばん右上の模様は、縦と横のステッチを長くしたもの。その左隣のアルジェリアン・アイは対角線部分のステッチを長くしたものです。最初の1列は右から左へ、2列目は折り返して刺していきますが、どのアルジェリアン・アイもすべて同じ順序で刺すようにしましょう。この2列の組み合わせを必要に応じて繰り返します。

ダーニング・ステッチとアップライト・クロス・ステッチ

初めに、横方向のダーニング・ステッチ（52ページ参照）を一定の間隔ですべて刺し、斜めの列を作ります。次にアップライト・クロス・ステッチ（35ページ参照）を加えていきます。ダーニング・ステッチの間に、右上から左下へと刺し、折り返します。最初のクロスは1から2、3から4の順に刺し、針を5から出して次のクロスを刺します。

アップライト・クロス・ステッチの横方向の糸が縦方向の糸の上にあるのは、ダーニング・ステッチの模様と合わせるためですが、違う印象にするために、縦方向の糸を上にしてもよいでしょう。

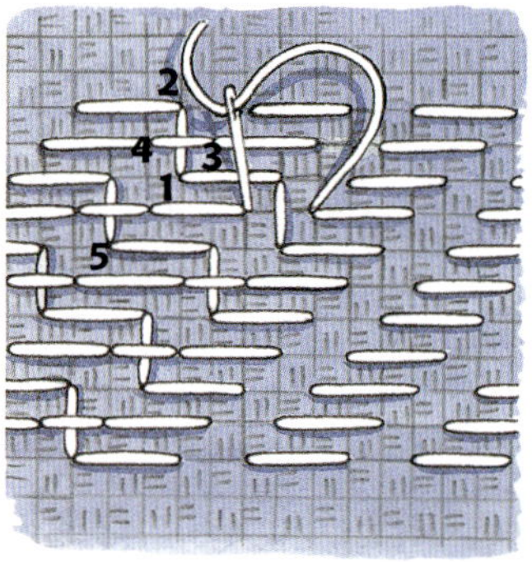

ホルベイン・ステッチとクロス・ステッチ

ホルベイン・ステッチの最初の1列を右端から刺し始めます。4つの三角形からなるパターンです。

1から針を出し、2に刺し、3から針を出し、再度1に刺します。次に針を2から出し、3に刺します。次の三角形を作ります。針を4から出し、同様にして、時計回りに4つの三角形を刺していきます。これを左方向に繰り返して刺していきます。

次に、折り返しながら、クロス・ステッチを刺していきます。1から針を出し、2に刺し、3から針を出し、4に刺します。これを右方向へ繰り返します。この2列の組み合わせを必要に応じて繰り返します。

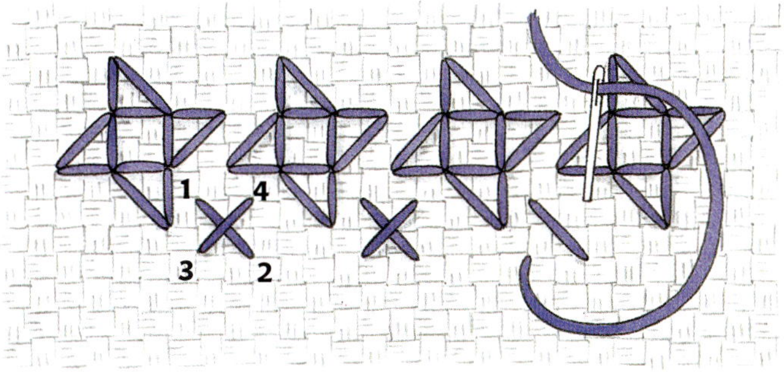

サテン・ステッチとバック・ステッチ

右端から刺し始めます。1から針を出し、2に刺して、縦方向のサテンステッチ（51ページ参照）を1本を作ります。これをあと4回繰り返して、5本のステッチのブロックにします。次に、バックステッチで正方形を作ります。針を3から出し、4に刺し、5から出し、再度3に刺します。続けて6から針を出し、5に刺し、4から出し、6に刺します。7から針を出して、同じ様に左方向に繰り返していきます。

2列目は左から右へと刺していきます。それぞれのブロックの下に正方形を、正方形の下にブロックを配置していきます。8から針を出し、9に刺し、10から針を出し、再度8に刺します。続けて11から針を出し、10に刺し、9から出し、11に刺して、正方形を作ります。12から針を出し、13に刺して、横方向のサテンステッチを1本作ります。これをあと4回繰り返して、ブロックにし、右方向に進めます。

この2列の組み合わせを繰り返していきます。

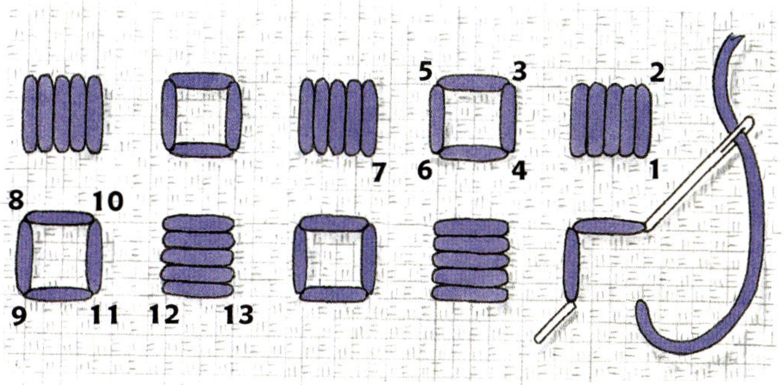

ハーダンガー刺しゅうのステッチ
Hardanger Stitches

ここに紹介するステッチは、82～84ページのハーダンガー刺しゅうによく使われるものです。ハーダンガー刺しゅうでは、布地の織り糸の一部を切って引き抜きますが、その作業の前に、ほつれ止めをする必要があります。それが、クロスター・ブロックという技法です。また、糸を抜いて残った織り糸を装飾する、オーバーキャスト・バーまたはウォーブン・バーといった技法もご紹介します。これらの技法は、空間の装飾も兼ねています。

◀**TRADITIONAL ANTIQUE BAND SAMPLER**
伝統的なアンティーク・バンド・サンプラー
コーツ・クラフト社所蔵
480×250mm、クロス・ステッチ、バック・ステッチ、サテン・ステッチ、オーバーキャスト・バー、ヘリンボーン・ステッチ
ハーダンガー布にアブローダー使用

シンプルな帯状の布に、伝統的なサンプラー同様、様々なモチーフが並んでいます。

クロスター・ブロック

クロスター・ブロックは、ハーダンガー布の織り目縦横4つ分の正方形に、5本のサテンステッチを刺して構成します。ブロックは、直線に並べることもあれば、階段状に並べることもあります。それぞれのクロスター・ブロックの配置を正確に定めることは、ハーダンガー刺しゅうではたいへん重要です。サテンステッチの位置に沿って、織り糸を切って抜く場合に、反対側にもうひとつのクロスター・ブロックがなければいけません。つまり、糸を切ってできた空間は、クロスター・ブロックではさまれていることになります。通常はかなり太い糸（パールコットン5番など）を使い、布地をしっかりと補強し、切った織り糸の端を隠します。ひとつのブロックから次のブロックへ移るときに、渡した裏糸が透けてしまわないように、ブロックは正しい順序で刺すことが大切です。糸の終わりは、複数のブロックの裏糸にくぐらせ、しっかりと留めましょう。初めに、何針か余分なバックステッチを刺しておきます（このステッチはあとでほどいて、糸の終わりを裏糸に縫い込んで始末をします。83ページ参照）。針を1から出し、織り目4つ分をまたいだ2に刺して、サテンステッチを1本作ります。これを3から4、5から6、7から8、9から10とあと4回繰り返します。次に11から針を出し、次のブロックを作ります。これを繰り返します。

直線に並べるクロスター・ブロック

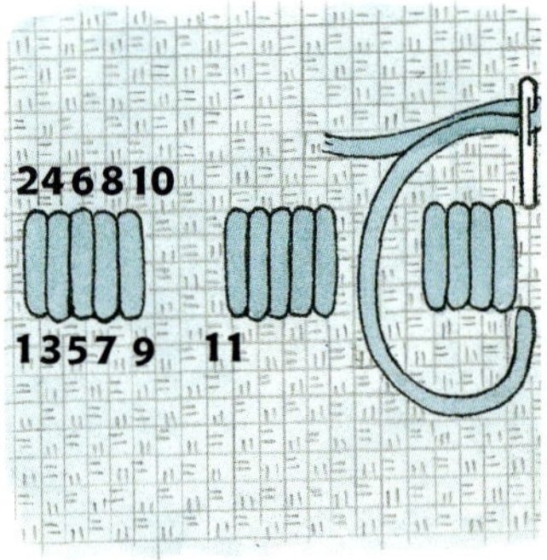

階段状に並べるクロスター・ブロック

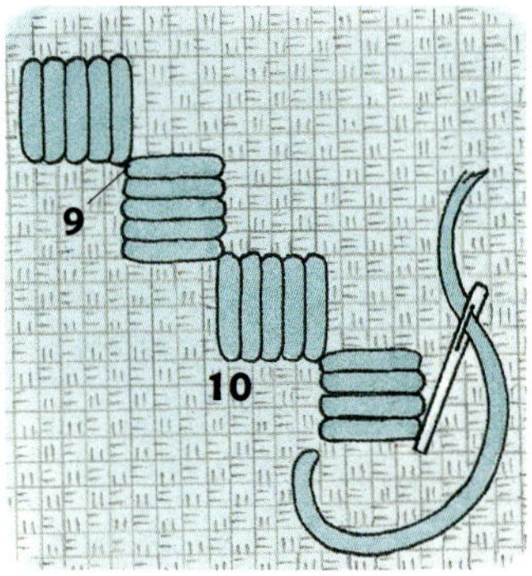

左上から右下へと刺していきます。最初のブロックは、直線に並べる場合と同じです。次に9から針を

出して、横方向のステッチでブロックを刺していきます。

2番目のブロックができたら、最後に針を刺した場所から織り目4つ分下に針を移動し、10から針を出して、次のブロックを作ります。ステッチの方向を交互に変えながらこれを繰り返し、階段状に並べていきます。

布地の糸を抜く

クロスター・ブロックの列を完成させたら、布地の織り糸を切って抜き出すことができます(83ページ参照)。切らずに残した織り糸は、オーバーキャスト・バーまたはウォーブン・バーなどで装飾し、糸を抜いた空間もいろいろな技法を使って仕上げることができます。44～45ページの詳しい解説を参考にしてください。

オーバーキャスト・バー

このバーは、織り糸を引き抜いて、残った織り糸の束をひとつに巻きながら束ねて作ります。

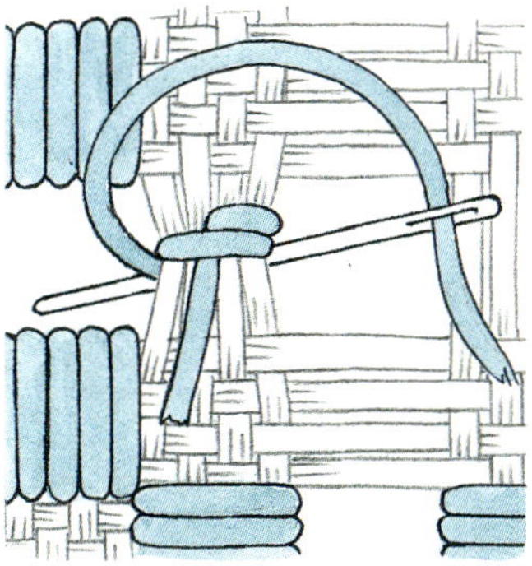

かがる糸端を、織り糸の束に沿って指で押さえておき、織り糸の束を一周するように、針を右から左へとくぐらせます。

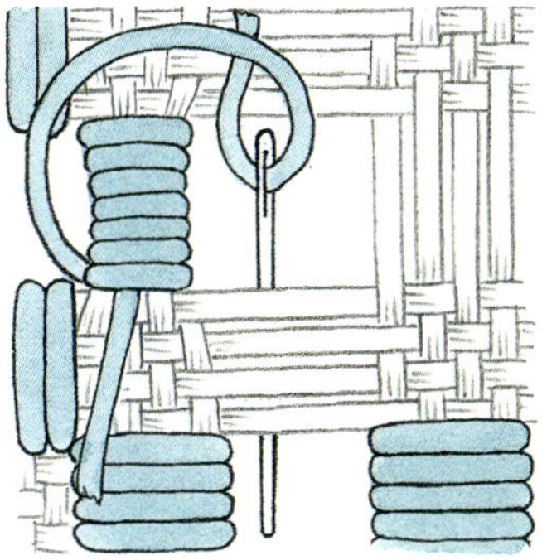

織り糸の束が完全に覆われるまで、上から下へ繰り返し糸を巻きつけていきます。初めの2、3回糸を巻いたら、一度糸を強く引きます。針の先で糸を整え、糸がきちんと並んで見えるようにします。織り糸の束を完全に巻いたら、初めの糸端をゆっくりと引いて、はみ出した糸を切ります。次に、針を右下の織り糸の束の下にくぐらせ、同じようにして糸を巻きつけていきます。最後は、糸がゆるまないように、針を裏側の糸にくぐらせておきます。

ウォーブン・バー

織り糸の束をまとめるほかの方法に、ウォーブン・バーがあります。写真右のようにピコットをつけることもできます(44ページ参照)。

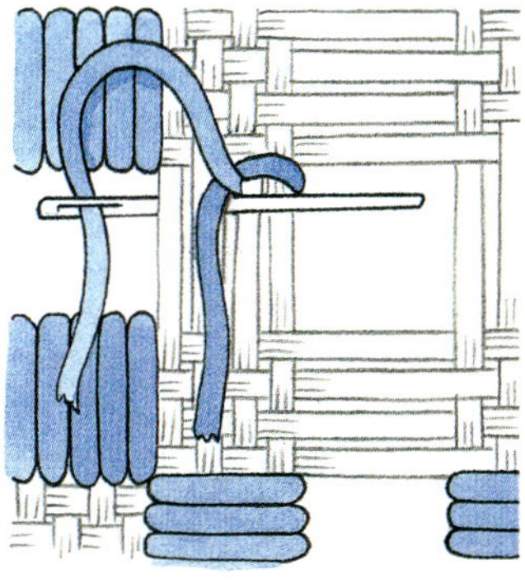

基本のウォーブン・バー

かがる糸端を織り糸の束に沿って指で押さえておき、針を織り糸の束の下にくぐらせ、束の中央で表に出します。

続けて、針を糸の束の下にくぐらせ、同様に8の字を描くように束の中央で針を表に出します。初めの糸端は、織り糸の束と一緒に糸で巻き込むようにします。

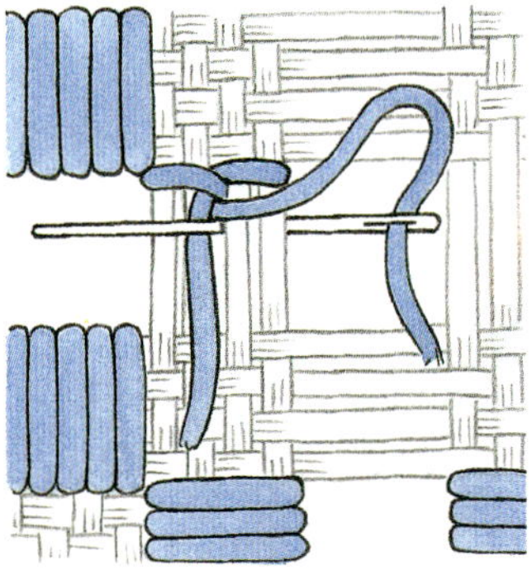

これをバーの上から根元まで繰り返します。

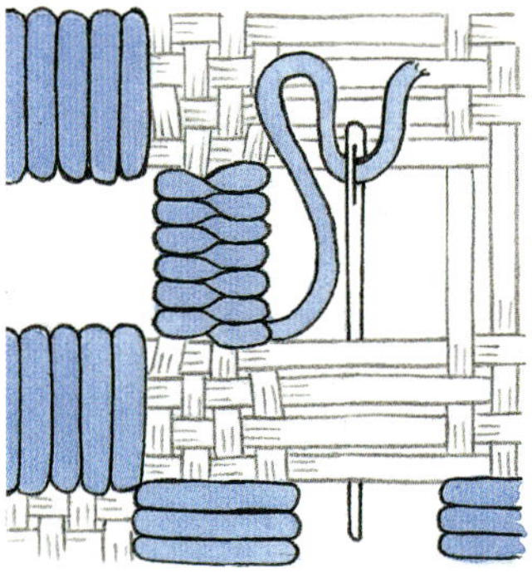

針の先で糸を整えながら、左右きちんと並んで見えるように、織り糸の束を完全に覆っていきます。次に、オーバーキャスト・バーと同様に、針を右下に移動し、次の織り糸の束も糸で巻き込んでいきます。織り糸の束が完全に覆われたら、初めの糸端をゆっくりと引いて、はみ出した糸を切ります。最後は、糸がゆるまないように、針を裏側の糸にくぐらせ、糸を切ります。

ピコットのついたウォーブン・バー

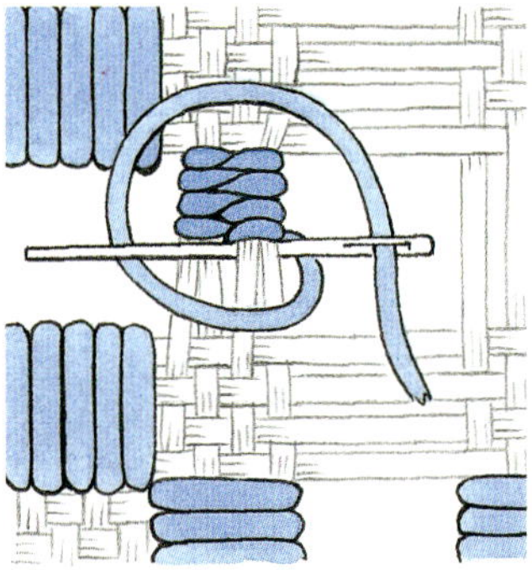

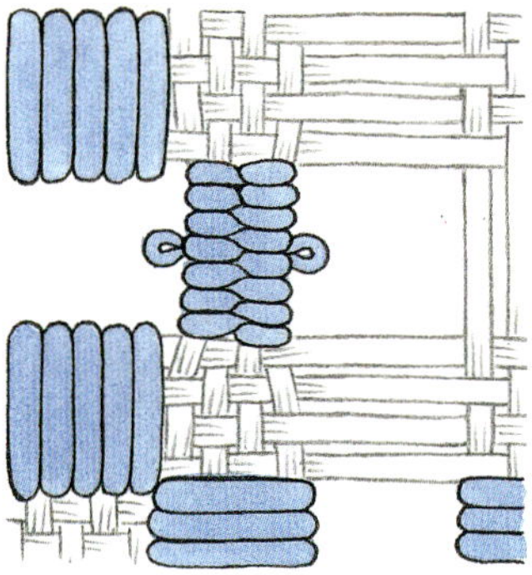

図のようにバーを半分まで完成させたら、針をバーの下から右半分にくぐらせ、糸を針の下に渡して輪にします。そのまま針を右側に引いて、右のピコットをひとつ作ります。

同様にして、バーの左側にもピコットをひとつ作り、続けて下半分のバーを仕上げます。

ストレート・ループステッチ・フィリング [七宝かがり]

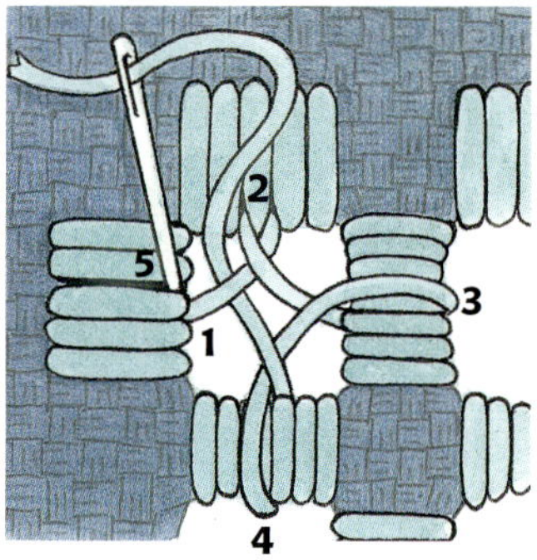

針を1から出します。クロスター・ブロックに糸を渡すときは、ステッチの中心の2の糸に針を通します。オーバーキャスト・バーでは、針は3のバーをくぐらせます。針を前のループの下から上に出して、3、4と繰り返します。針を初めのループの下にくぐらせ、ウォーブン・バーでは針を中央の糸5に刺します。さらに裏の糸に針をくぐらせ、次のフィリングへと移動します。

◀**LAVENDER SACHET BAG**
ラベンダーのにおい袋
コーツ・クラフト社所蔵 160×160mm、クロス・ステッチ、バックス・テッチ、ウォーブン・バー、ダブズアイ・フィリング

ハーダンガー布にパールコットン、25番刺しゅう糸を使用
ハートの形になるよう、周囲をステッチで仕上げています。

ダブズアイ・フィリング

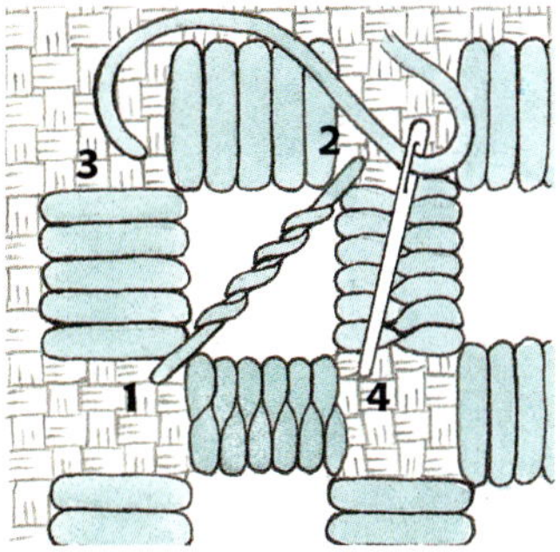

針を1から出し、対角線上の2に刺します。糸はきつめに引いておきます。針を布地の裏側から出し、初めに渡した糸に数回きっちりと巻きつけ、1まで戻ったところで再び針を刺し、ステッチの裏側の糸に糸をからめながら3へ移動します。3から針を出し、4に刺します。この糸もきつめに引いておきます。同様に糸を巻きつけながら中央ま

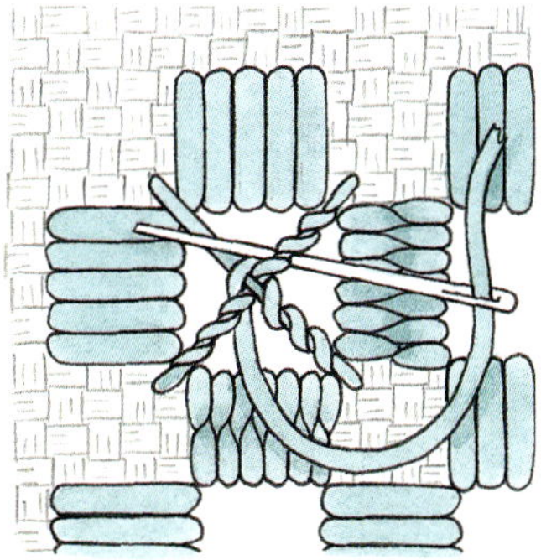

で進み、交差した糸に交互に針を通しながら、必要な大きさの渦巻きを作ります。渦巻きの最後の糸は3の方向にします。そこから残り半分に糸を巻きつけ、3に戻って針を刺します。ほかにフィリングをする箇所があれば、針をステッチの裏の糸に通しながら移動します。

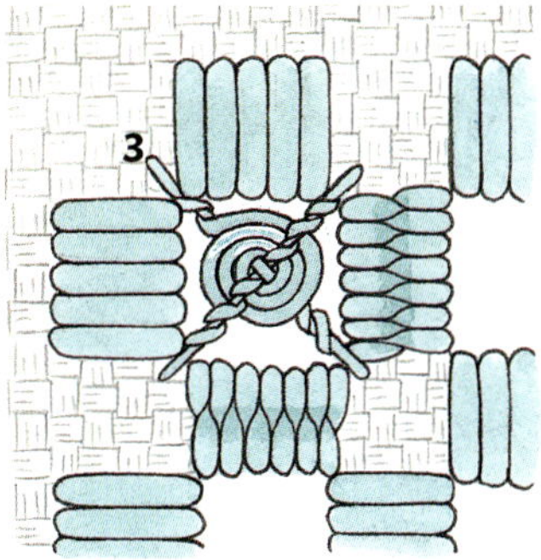

オブリーク・ループステッチ・フィリング

フィリングをつける周囲のステッチは、クロスター・ブロック、オーバーキャスト・バー、ウォーブン・バーのどれでもかまいません。

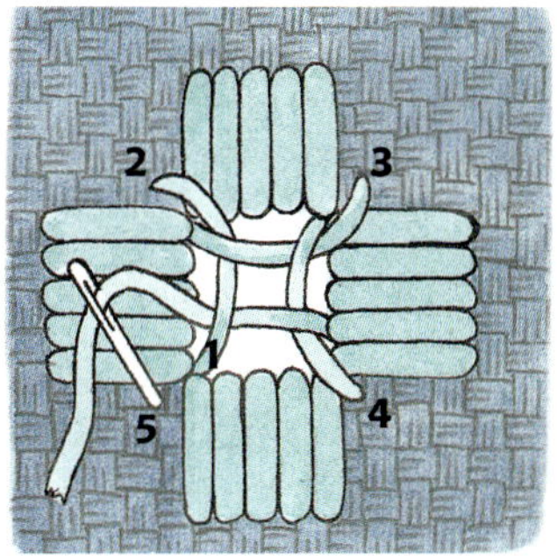

針を1から出します。2に針を刺し、ループ状になった糸の内側から出します。3、4でも同様にします。針を初めのループの下にくぐらせて、5に刺します。ほかにフィリングをする箇所があれば、針を裏の糸にくぐらせて移動します。

アルファベット
ALPHABETS

文字のサンプルを使って、自分の作品に
イニシャルや日付を入れたり、お気に入りの言葉、
ときには詩まで入れることもできます。ここに何種類かの
アルファベットの図案を紹介しますので、
好きなものを選んで刺してみてください。

アルファベット 1

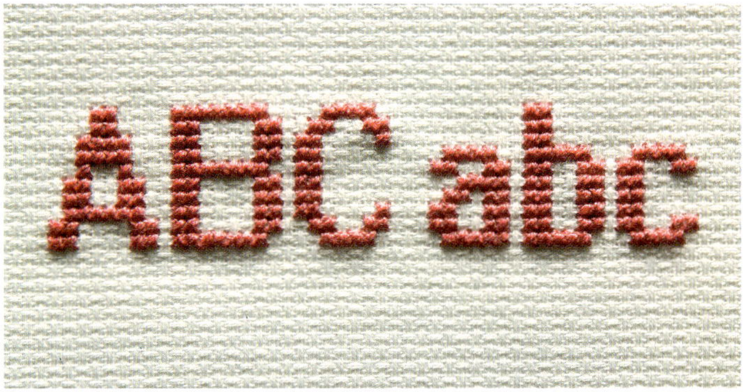

すべてクロス・ステッチ（26ページ参照）で刺したアルファベットです。大文字の縦は、織り目10目分を使っています。14カウントの布地であれば約19mm弱の大きさ、18カウントであれば13mmより少し大きいぐらいです。

アルファベット 2

バック・ステッチ(30ページ参照)かホルベイン・ステッチ(31ページ参照)を使ったアルファベットで、小文字の「i」や「j」の点の部分にはフレンチ・ノット(50ページ参照)を使っています。縦長の文字は、織り目6目分を使っています。14カウントの布地であれば約11mm、18カウントの布地であれば約9mmの大きさになります。

▶ここがポイント[TIP]

- 図案に文字を加えるときは、必要な文字を方眼紙に写し、文字全体でどれだけの織り目が必要か数えます。こうしておくと、文字を図案の中央に置きたい場合などに、計算もしやすくなります。
- 仕上がりをきれいにするには、次の文字を刺す前に、いったん糸を切り、新たな糸で次の文字を刺し始めるようにしましょう。

アルファベット 3

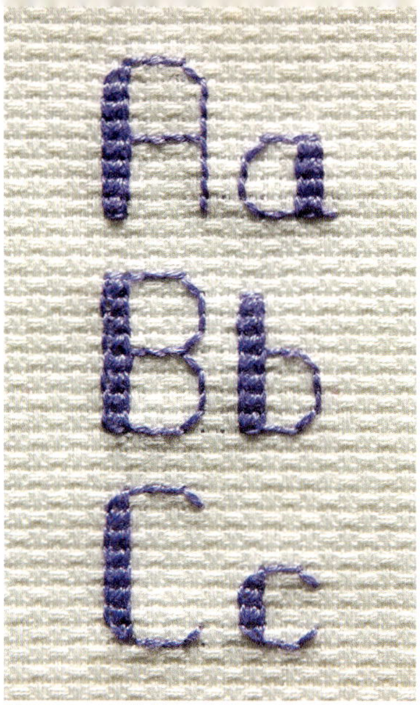

バック・ステッチ（30ページ参照）またはホルベイン・ステッチ（31ページ参照）で輪郭をとり、クロス・ステッチ（26ページ参照）とクォーター・クロス・ステッチ（28ページ参照）で太い線を埋めるアルファベットです。このバリエーションとして、クロス・ステッチとクォーター・クロス・ステッチを使わず、輪郭線だけのアルファベットにするのもよいでしょう。

いちばん大きな文字は、布地の織り目8目分を使っています。14カウントの布地であれば15mm弱、18カウントの布地であれば12mm程度の大きさになります。

アルファベット 4

装飾的なデザインには、大文字のためだけに作られたものもあります。このアルファベットはスウェーデンの伝統的なデザイン文字で、テーブルクロスなどの家庭用品に使われてきたものです。

「Q」以外はどの文字も、布地の織り目13目分を使っています。14カウントの布地であれば約24mm、18カウントの布地であれば約18mmの大きさになります。

そのほかの便利なステッチ
Other Useful Stitches

ここでは、細かい模様を付けたり、輪郭や縁取りに使うためのステッチをご紹介します。

フレンチ・ノット

フレンチ・ノットは、デザインの絵柄に描かれた人や動物の目、アルファベットの「i」や「j」の点、ピリオドなどによく使われます。また、いくつかのフレンチ・ノットを集めて、小さな花を表現することもできます。デザインの一部または全体に様々な色のフレンチ・ノットを使えば、デザインに量感を与えることができます。ノットは結び目のことです。

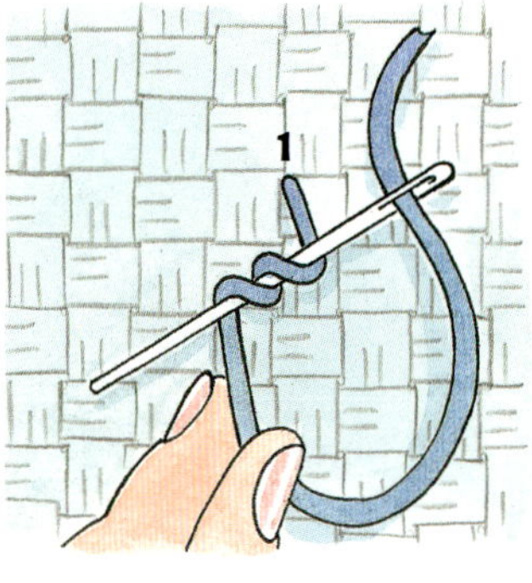

1から針を出し、針先に2回糸を巻きつけます。

巻いた糸をピンと張ったまま、1から少しずらした2の位置に針を刺します。針を布地の裏側に引き出す間は、糸を張ったままにしておいてください。フレンチ・ノットが2の位置にできあがります。

▶ここがポイント［TIP］

- 針に3回以上糸を巻きつけると、ノットの形が崩れやすくなります。大きめのノットを作りたい場合は、糸を太いものに替えるとよいでしょう(25番刺しゅう糸の場合は、糸の本数を増やしましょう)。
- アイーダのブロックの中心にフレンチ・ノットを作りたいときは、織り目から出した針を、ブロックの中心に刺すようにします。
- アイーダのブロック間の穴の上にフレンチ・ノットを作りたいときは、ブロックの中心から出した針を、穴に刺すようにします。ノットが穴の中に入ってしまう場合には、糸を太いものに替えてください。
- 平織り布の場合、図の1と2の間は、織り糸1～2本分の間隔をあけるようにします。

サテン・ステッチ

サテン・ステッチは、比較的太めの糸を使い、ひと針ひと針の透き間をあけずに布地を塗りつぶすように刺すステッチです。ブラックワークでは、細部をしっかりと仕上げるために、小さなサテン・ステッチの模様がよく使われます。ハーダンガーの基本になるクロスター・ブロック（42ページ参照）も、サテン・ステッチの模様の一種です。

カウント・ステッチに使われるサテン・ステッチは、横方向か縦方向、もしくは対角線方向に刺します。

縦方向に刺すサテン・ステッチ

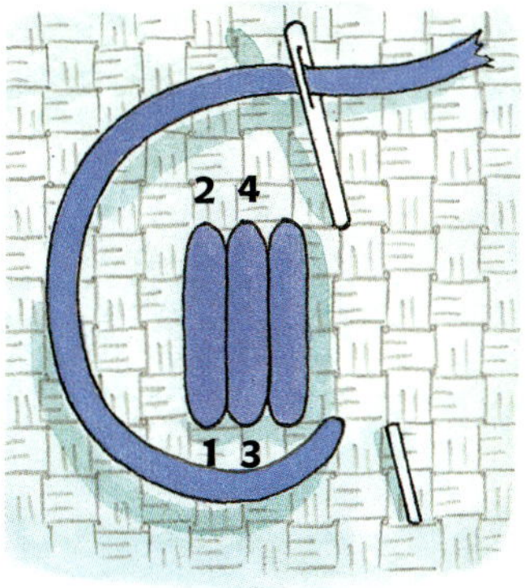

左端から刺し始めます。1から針を出し、2に刺し、次に3から出して4に刺します。右方向へこれを繰り返していきます。

対角線方向に刺す サテン・ステッチ

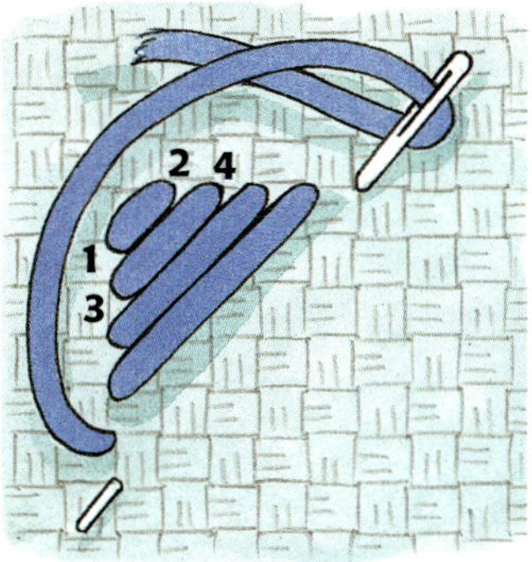

左上から刺し始めます。1から針を出し、2に刺し、次に3から出して4に刺します。右下方向へこれを繰り返していきます。

▼SEA VIEW
海の風景
ベティ・バーンデン所蔵
300×200mm、サテンステッチ・タペストリー。キャンバス地にウール糸を使用

様々な幅のサテン・ステッチ（ロング・ステッチとも呼ばれる）は、作品の仕上げによく使われます。デザインの背景や、クロス・ステッチのモチーフの間を埋めるのにも便利です。

アルジェリアン・アイ・ステッチ

アルジェリアン・アイ・ステッチは、星形をした装飾ステッチです。糸を強く引きながら刺せば、中心の目を大きく目立たせることもできます。一つひとつ独立した模様として使うこともできますし、並べて縁飾りにもできます。ブラックワークのフィリング・パターンにも使います(36～41ページ参照)。

1から針を出し、2(アイの中心になる場所)に刺します。次に針を3から出し、再び2に刺します。あとは4、5、6、7、8、9と、それぞれの位置から針を出しては2に刺すという繰り返しです。

アルジェリアン・アイをいくつも並べる場合、ひとつのアイを作る8本のステッチは、必ず同じ順序で刺すようにしましょう。糸がそろってきれいな仕上がりになります。

ダーニング・ステッチとそのバリエーション

ダーニング・ステッチは、ステッチそのものは簡単ですが、いろいろな変化を楽しめます。ダーニング・ステッチを列に並べて、ブラックワークのフィリング・パターンに使うこともできます(36～41ページ参照)。1本または複数本のダーニング・ステッチを別の糸で刺せば、縁飾りにもできます。

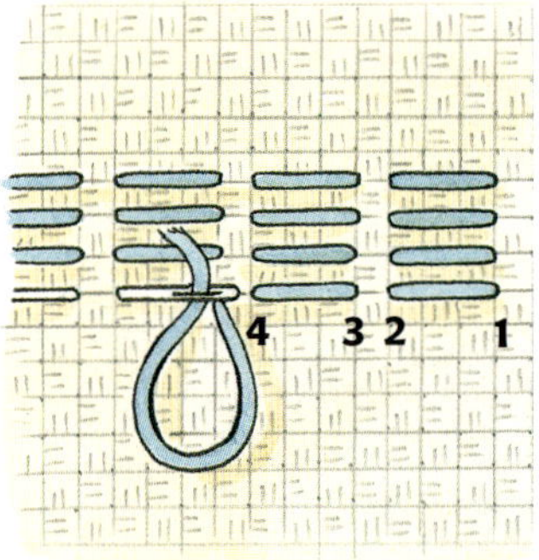

右端から左に刺していきます。1から針を出し、2に刺し、3から出し、4に刺します。これを左方向に繰り返します。

ステッチを複数の列にしたい場合は、左端まで刺したら布地を上下逆さまにして、常に右から左へと刺していきます。

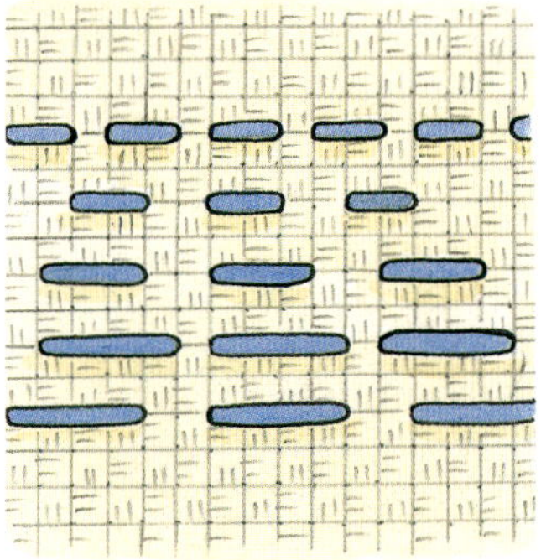

ステッチの長さや間隔は必要に応じて変えられますが、それぞれの間隔はステッチそのものより短くするのが普通です。上の写真や37、40ページのサンプルのように、ステッチの位置をアレンジすることで、変化に富んだデザインを作ることができます。

レース・ダーニング

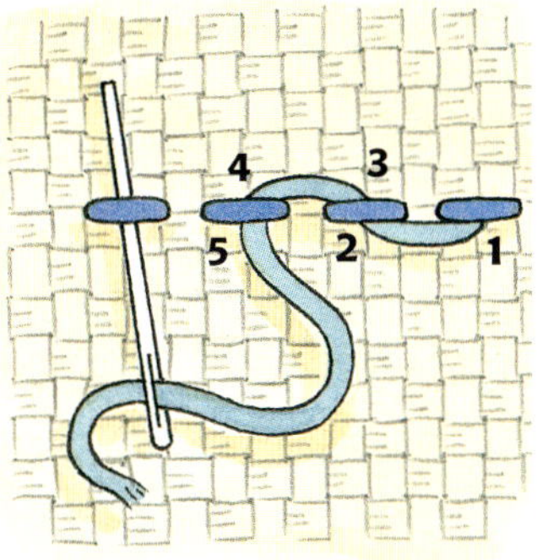

まずダーニング・ステッチを1列刺します。次に、先の丸い針に替え、新しい糸を通して、1から出します。布地を刺さないように、2番目のステッチの下に針をくぐらせ、2から3へと通します。さらに、3番目のステッチの下に針をくぐらせ、4から5へと通します。これを左端まで繰り返します。最後のステッチまできたら、針をステッチの下の中心に刺して、布地の裏側に出します。

これと同じ方法を使って、横方向に並んだ複数のダーニング・ステッチに糸を通していくこともできます（左ページ写真右参照）。

ホイップ・ダーニング

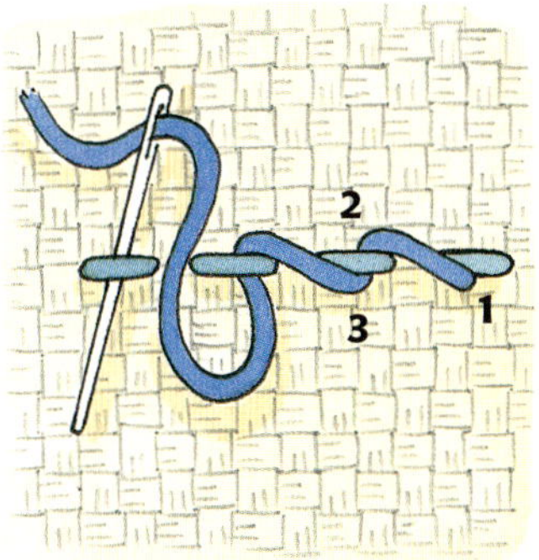

まずダーニング・ステッチを1列刺します。次に、先の丸い針に替え、新しい糸を通して1から出します。布地を刺さないように、次のステッチの下に針をくぐらせ、2から3へと通します。これを左端まで繰り返します。最後のステッチまできたら、針をステッチの下の中心に刺して、布地の裏側に出します。

ブランケット・ステッチ

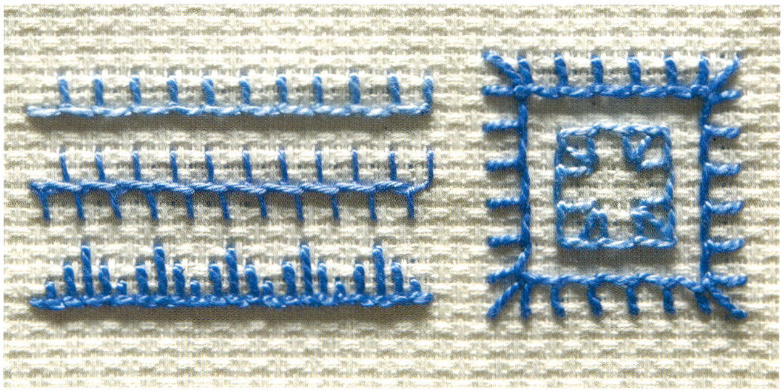

ブランケット・ステッチは、1列で細かい装飾に使うこともできますし、アレンジした列をいくつも組み合わせて、縁飾りにすることもできます。縁飾りの角は、ステッチを放射状に刺し、扇を開いたような形にします。

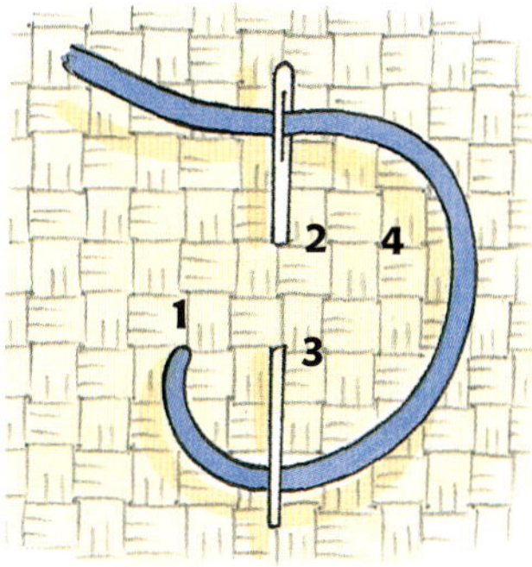

連続するステッチを下側に作る場合は、左端から右へと刺していきます。まず、1から針を出します。次に針を2に刺し、3から出し糸を針にかけて、そのまま糸を引き出します。続けて針を4に刺し、同様にして右方向に繰り返していきます。

右端まできたら、最後のループを留めておきます。

上の写真のように、2列のブランケット・ステッチを背中合わせに刺すことで、有刺鉄線のような形も作れますし、ステッチの長さを規則的に変えることもできます。縁取りに使う場合、連続するステッチの位置を外側にするか内側にするかによって、違った印象になります。

アウトライン・ステッチ ［ステム・ステッチ］

アウトライン・ステッチは、輪郭線によく使われます。ブラックワークの輪郭線のように、より自由な方向に刺すこともできます。先の鋭い針を使えば、曲線を描くこともできます。ただし、アイーダや平織りの布地で織り目を数えながら刺す場合、ステッチのラインは横方向か縦方向、あるいは斜線となり、いずれも常に直線です。

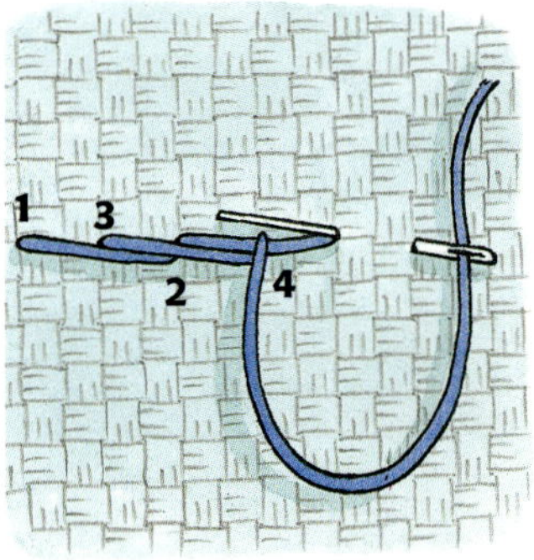

左端から右へと刺していきます。1から針を出し、2に刺します。初めのステッチの上側、3から針を出し、4に刺します。再び2の位置に戻って針を出し、前のステッチの上側から針を出します。これを右端まで繰り返します。

　ステッチの幅は必要に応じて決めますが、全体に渡って同じ幅でそろえるようにしましょう。

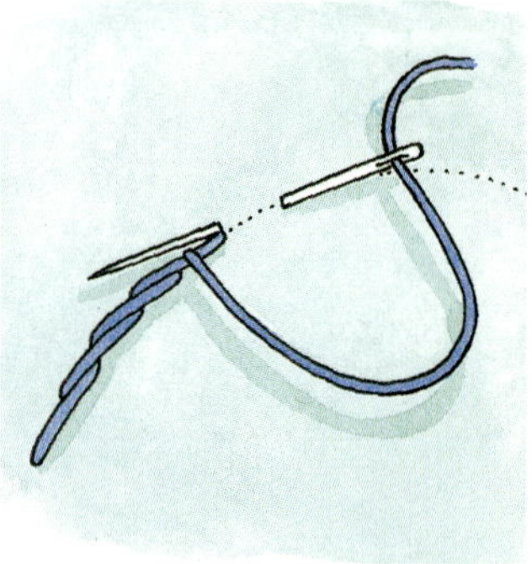

自由なラインを作りたい場合は、先の鋭い針を使います。ステッチを刺す場所に、あらかじめ等間隔の点線でしるしを付けておくと便利です。カーブのきつい線を刺すときは、ステッチを細かく刺すようにすると、見た目がきれいになります。

チェーン・ステッチ

チェーン・ステッチは、横方向、縦方向、対角線方向などの直線にも使うことがあり、縁取りにもよく登場します。

　また、曲線・直線を自在に描くこともできます。自由なラインを刺し、ブラックワークの輪郭線に使うこともあります。

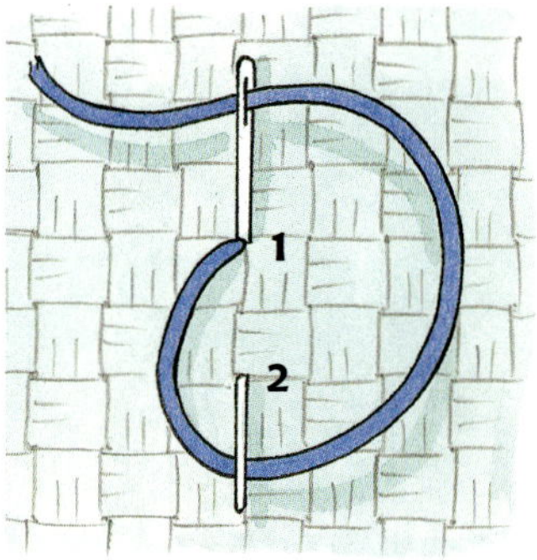

上から下へと刺します。まず、針を1から出します。もう一度1に針を刺し、糸をループ状にして、内側の2から針を出します。そのまま糸をゆっくり引き出します。

これを下方向に繰り返します。針は必ず前のループの内側から刺すようにしましょう。

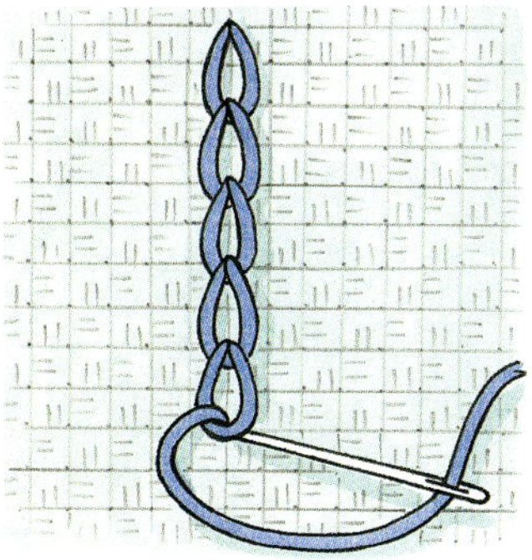

最後のひと目は、同じ位置に針を入れ、ループをそのまま引いて留めておきます。

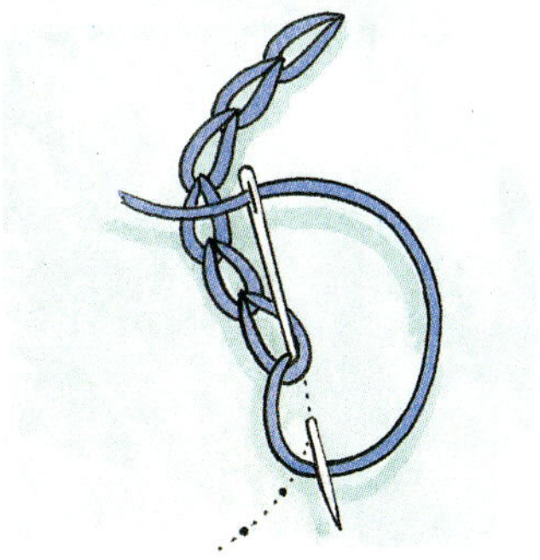

自由なラインを刺す場合は、先の鋭い針を使います。ステッチの線を、あらかじめ等間隔の点線で描いておくと便利です。

コーチング・ステッチ

装飾用に太い糸を使う場合は、コーチング・ステッチにするとよいでしょう。このステッチは、自由な刺し方で曲線を描くこともでき、ブラックワークの輪郭線にすることもできます。

コーチング・ステッチでは、布地に寝かせる太いほうの糸を「レイド・スレッド（横たわる糸）」、留めつける細い糸を「タイイング・スレッド（留めつけ糸）」、「コーチング・スレッド」などと呼びます。

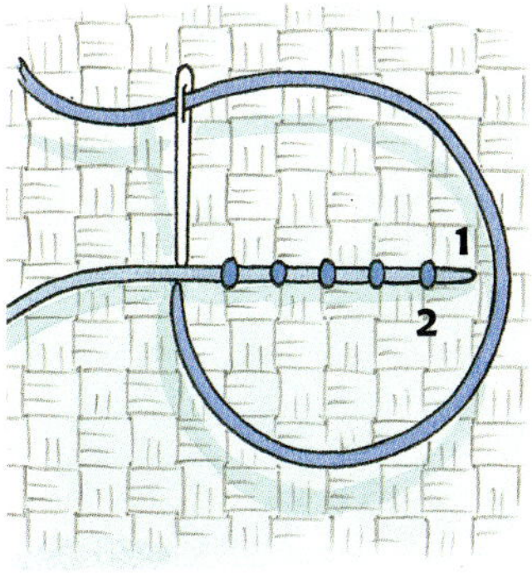

右端から左へと刺していきます。太めの針を使い、レイド・スレッドを1から出します（あらかじめ糸を出す位置を針先で広げておくと通しやすくなります）。次に細い糸を通した針に替え、タイイング・スレッドを2から出し、レイド・スレッドの上に渡して、2に針を戻して刺します。これを左端まで繰り返します。最後までできたら、タイイング・スレッドは布地の裏側に出しておいたまま、レイド・スレッドを最初に使った太めの針で、布地の裏側に通します。ステッチの裏糸に沿って折り返し、タイイング・スレッドを使って裏の糸に留め付け、25 mmほどの長さで糸を切ります。

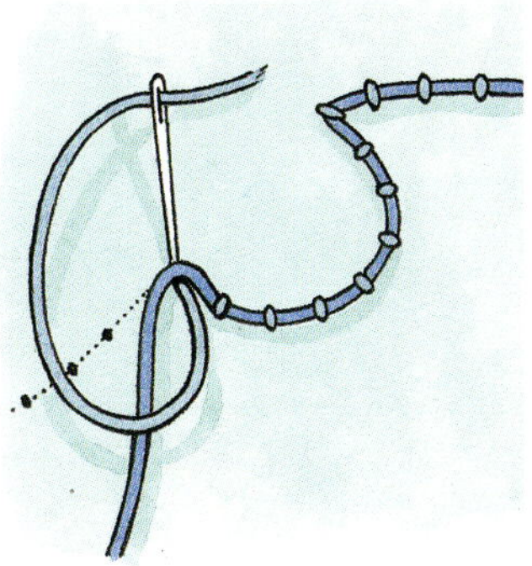

曲線を描く場合は、先の鋭い針を使います。タイイング・スレッドは、レイド・スレッドに対して直角に刺すのが基本ですが、必要に応じて角度を変えて刺しましょう。この場合、必ずしも同じ位置に戻さなくても構いません。場合によってはステッチ幅を長めにしてもよいでしょう。ステッチの線を、あらかじめ等間隔の点線で描いておくと便利です。

角度のきつい箇所では、角の部分にタイイング・スレッドがくるように、ステッチの間隔を調節しながら刺しましょう。

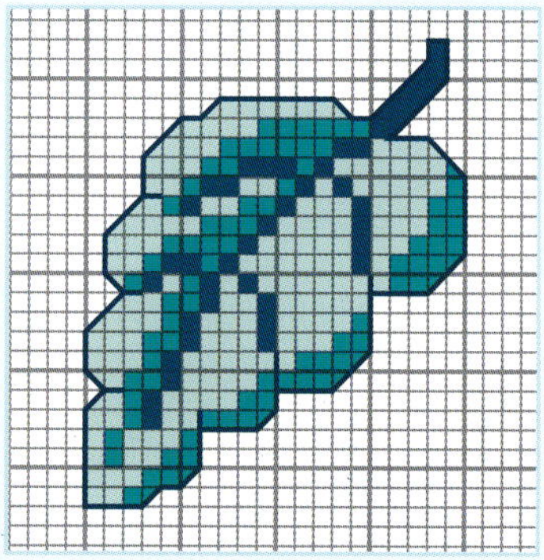

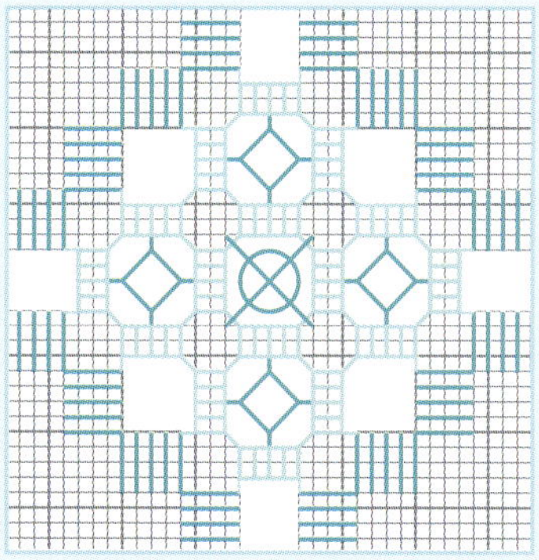

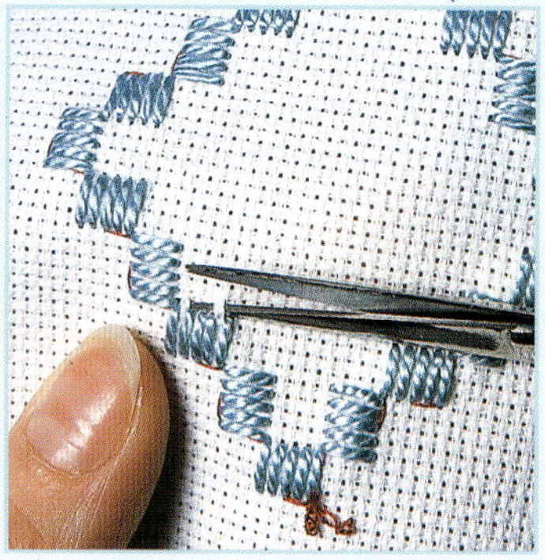

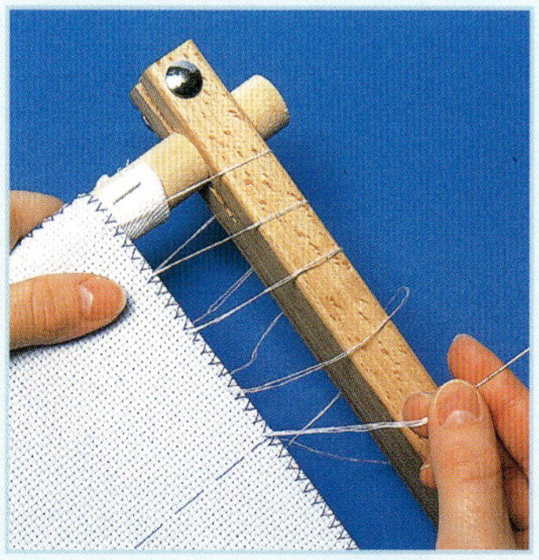

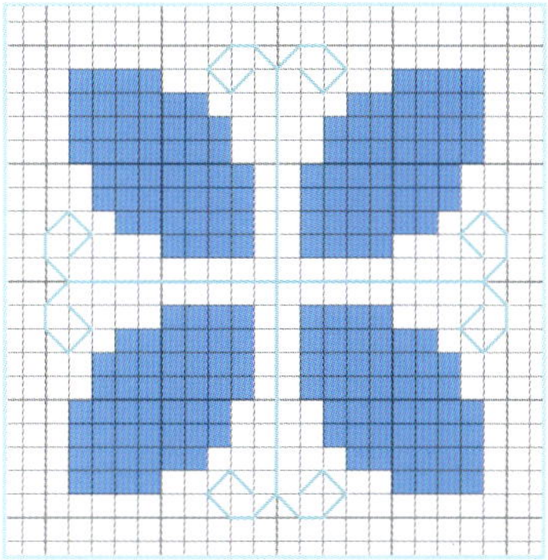

CHAPTER 3

Working Practice

第3章　刺しゅうのテクニックABC

この章では、実際に刺しゅうをするうえで必要なことを学んでいきましょう。材料や用具を選ぶことから始め、ステッチをし、最後にはアイロンや布地補正で仕上げをするところまでの刺しゅうの全体像がわかります。
クロス・ステッチ、アッシジ刺しゅう、ブラックワーク、ハーダンガー刺しゅうなどのテクニックと共に、パターンを繰り返して図案を作る方法も詳しく解説していきます。
章の最後では、図案を様々にアレンジする方法や、刺しゅう用以外の布を使う技法についても紹介します。

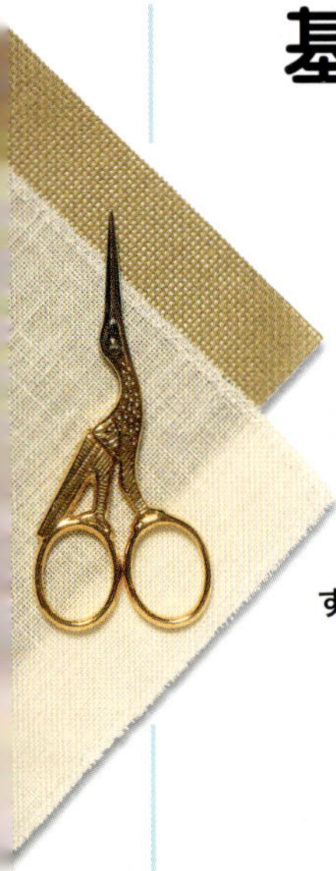

基本のテクニック

General Guidelines

どのようなカウント・ステッチにも共通するテクニックがあります。布地またはキャンバスを正しい方法で準備し、適切な針と糸を選び、きちんとステッチを刺し、アイロンでのプレスやブロッキングの仕上げをするまでを学んでください。

布地・キャンバスを準備する

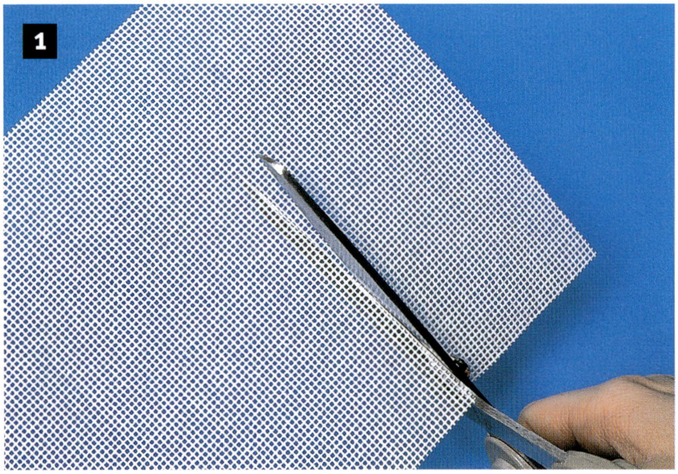

1 必要なサイズの上下左右それぞれに25mm以上の余裕をもたせて、布地・キャンバスを裁断します。刺しゅう枠を使用する場合には、もうひとまわり大きくカットします。

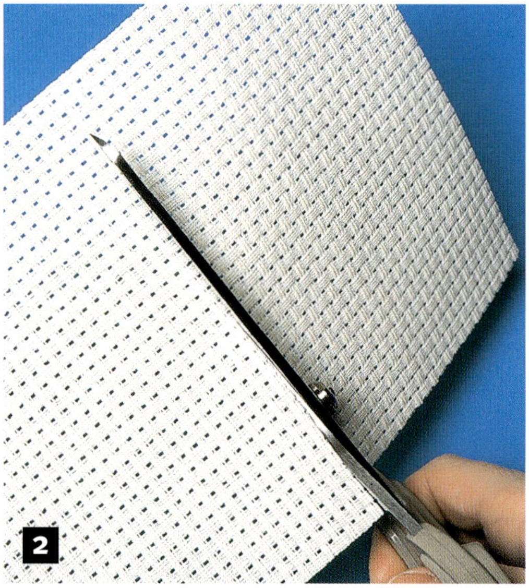

2 必ず、布地の織り目に沿ってまっすぐに裁断します。

3 布地・キャンバスの裁ち目に合った処理をしないと、ステッチをしている間にほつれやすくなります。裁ち目がほつれると刺しゅう糸に引っかかり、きれいに仕上がりません。裁ち目をほつれにくくするにはいくつか方法がありますが、縫い糸でかがるというのもひとつの方法です。

4 ミシンで裁ち目かがりをしてもよいでしょう。

5 マスキングテープで裁ち目をくるむという方法もあります。

中心線にしるしを付ける

図案をステッチする前に、布地やキャンバスの中心にしるしを付けます。図案に合わせてしるしを付けることで、正しい位置にステッチすることができます。

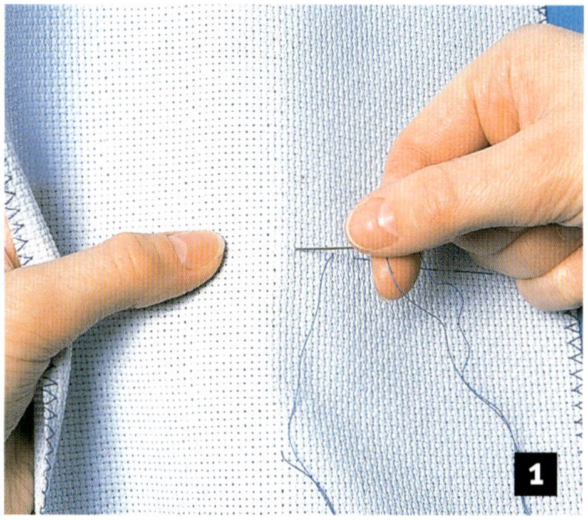

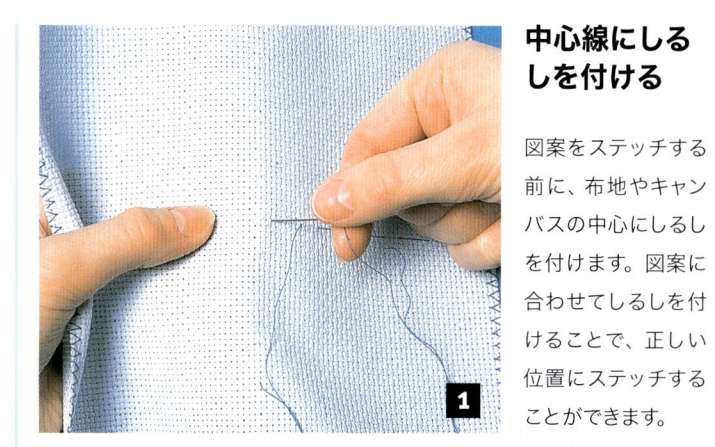

1 織り目に沿って、布地を半分に折ります。縫い糸を通したクロス・ステッチ針で、ホールに針を通しながら、折り目にしつけ縫いをします。

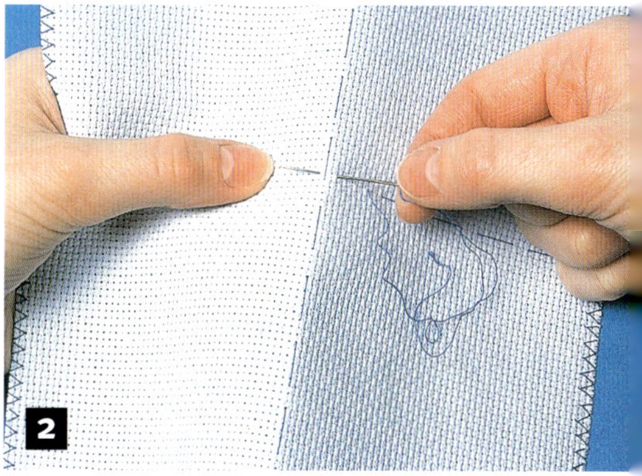

2 もう一方の中心線にも、同じ方法でしつけ縫いをします。2本のしつけ糸が交わった位置が、図案の中心となります。

3 キャンバスの場合もまったく同じ要領で、中心線のしるしを付けます。

刺しゅう枠を使う

刺しゅう枠（フープ・21ページ参照）に収まる図案であれば、フープを利用するのが一般的です。刺し終わったステッチの上に、フープを移動させるのは避けましょう。大きめの作品には、スクロールフレーム（22ページ参照）をおすすめします。布地幅がフレーム内におさまっていれば、縦方向の余分な布地はローラーに巻きとることができます。硬い、または厚いキャンバスには、フープよりスクロールフレームのほうがよいでしょう。

1　布地が平らになるよう、アイロンをかけます。適切な温度にセットし、しわをきれいに消してください。アイーダや平織りの布地には、スチームを弱くかけてもよいでしょう。キャンバスにはふつうアイロンをかけませんが、もし、かけるなら、スチームは使わないでください。キャンバスが柔らかくなり、伸縮してしまいます。

▶ここがポイント
[TIP]

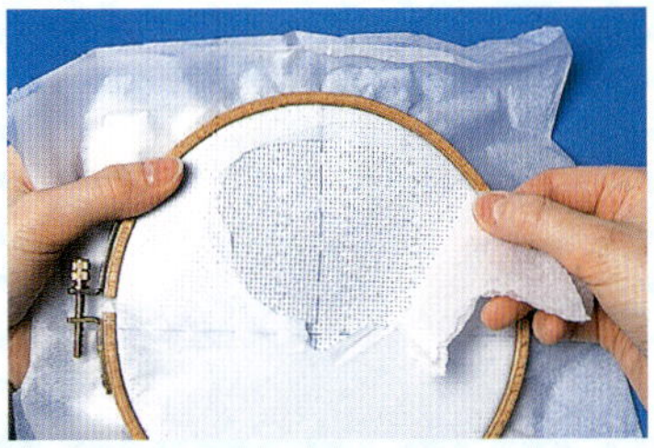

デリケートな布地の場合は、2、3枚重ねたティッシュペーパーを布地の両面にあてがいます。フープをはめてから、ステッチ部分のティッシュを表裏とも取り除きます。

フープを使う

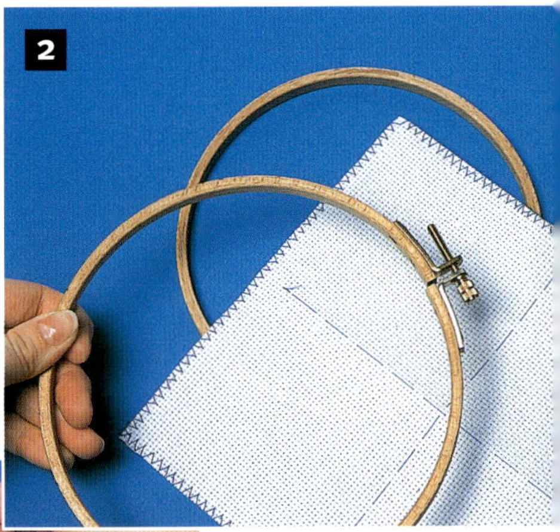

2　内側の枠に合うように、外側の枠の大きさを調節します。平らな台の上に内側の枠を置き、その上に布地をかぶせます。ネジを少しずつゆるめながら、外側の枠を押し込みます。

布地がぴんと張るように、枠をしっかりはめましょう。外側の枠をはめた状態でネジを締めるのは布地を傷めるので避けてください。

3　両方の親指で内側の枠を押せば、フープから布地が外れます。しばらく作業をしないときには、フープから作品を外しておきましょう。はめたままだと、アイロンでも消えないようなフープの跡が残ってしまうことがあります。

スクロールフレームを使う

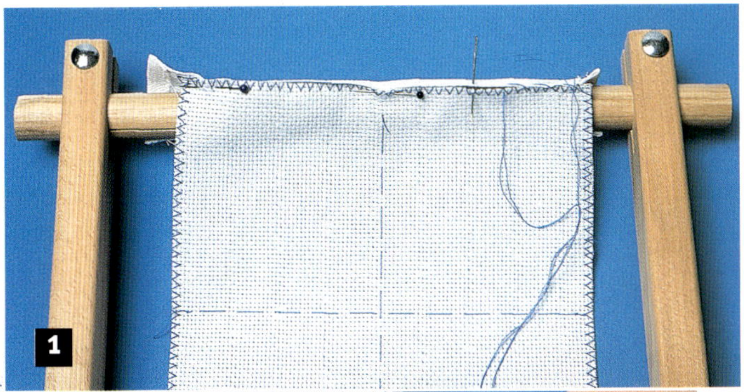

1 ローラーについている布テープの中心にしるしを付けます。このしるしと布地またはキャンバスの中心を合わせ、布テープにピンで留めます。

2 フランス刺しゅう針と縫い糸を使って、布地を布テープにしつけ縫いします。大きな布地の場合には、中央のしるしからそれぞれ左右に縫ってください。

3 ステッチする範囲が中央になるようにローラーを巻いてから、ローラーのネジを締めて固定します。

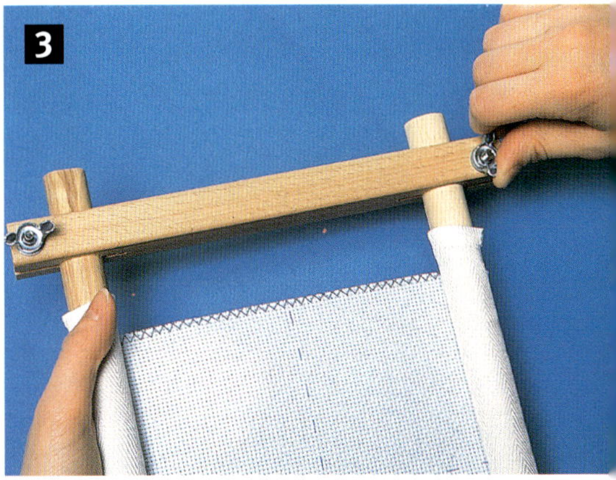

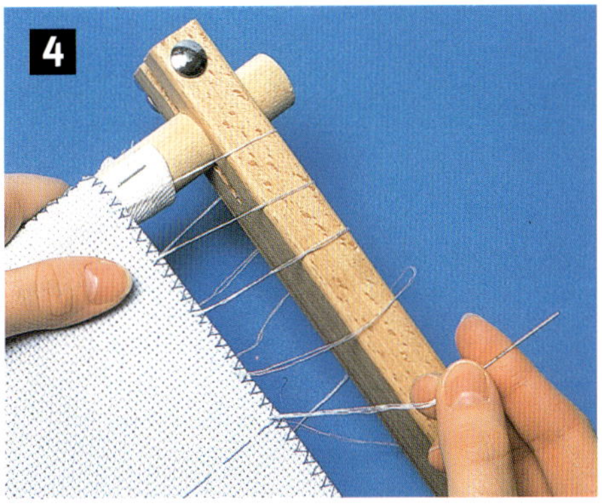

4 大きな布地の場合、裁ち目を横の枠に固定したほうがよいでしょう。必要に応じて、裁ち目に綿テープを縫い付けて補強してください。丈夫な糸とクロス・ステッチ針を使用します。ステッチの範囲がフレームより大きければ、一方の端から作業を始めることになります。その場合、固定した糸をほどいてローラーで布地の位置を調整し、横の枠にもう一度固定してから残りのステッチをします。

さあ、これでステッチを始める準備が整いました。

針と糸を選ぶ

カウント・ステッチに多く用いられるのは、針先が太く、織り目に通しやすいクロス・ステッチ針（21ページ参照）です。糸が楽に通るサイズの中から、いちばん細いものを選びます。糸と針の組み合わせの目安は次のとおりです。

25番刺しゅう糸	パールコットン	ペルシャンウール	針のサイズ
1本または2本どり	12番		26号
3本どり	8番		24号
4本どり		1本どり	22号
6本どり	5番	2本どり	20号
	3番	3本どり	18号

（＝タペストリーウール）

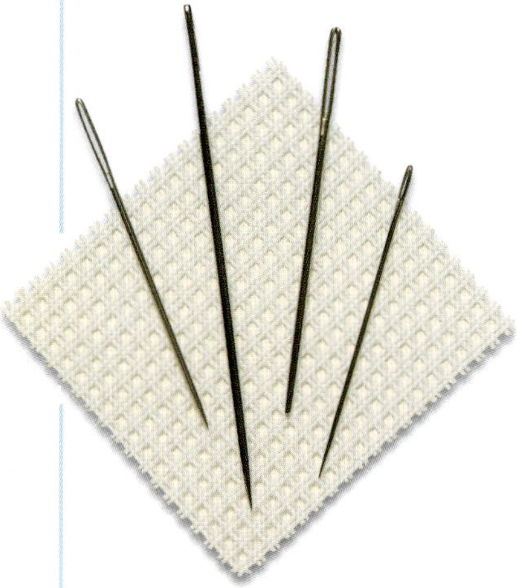

美しいステッチにするためには、布地に合った太さの糸を選ぶことが大切です。特に、キャンバスには注意が必要です。糸が細すぎると、透き間が空いた不ぞろいのステッチになってしまいます。太すぎる糸では、表面がでこぼこになってしまいますし、刺しにくいという欠点もあります。布地の端や、同じ布地の端切れにステッチをいくつか刺して試してみましょう。

細すぎる糸

太すぎる糸

針に糸を通す

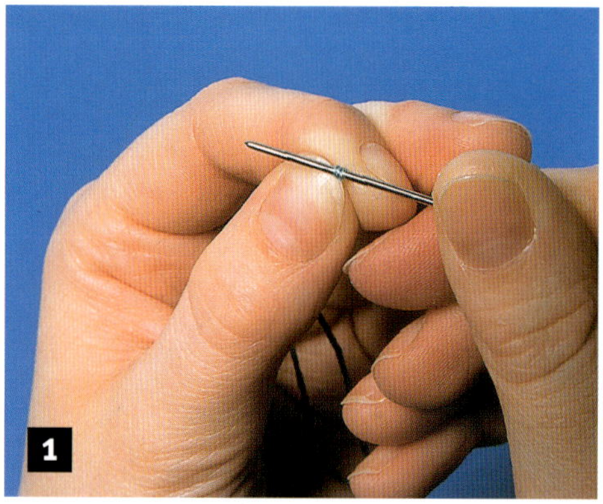

1 糸の長さは50cm前後にします。最初に刺す色の糸を切り、複数本よりの糸は必要に応じて分けておきます。糸端を針にかけて折り、指先でしっかりと押さえます。

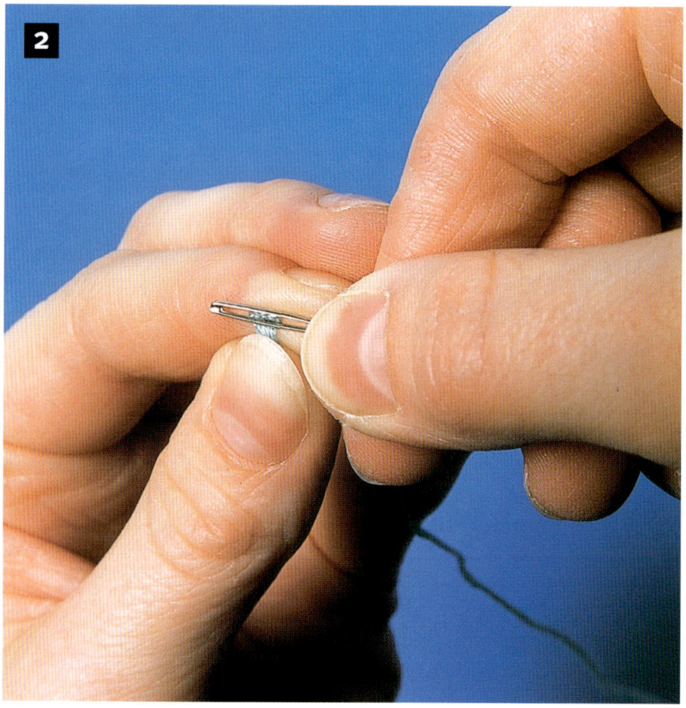

2 糸を押さえたまま針から外し、輪の部分から針穴に通します。

ステッチを始める

図案の中心、またはその近くからステッチを始めます。こうすると、ステッチを数え間違えることがないからです。どの部分からステッチを始めるかを決めてください。

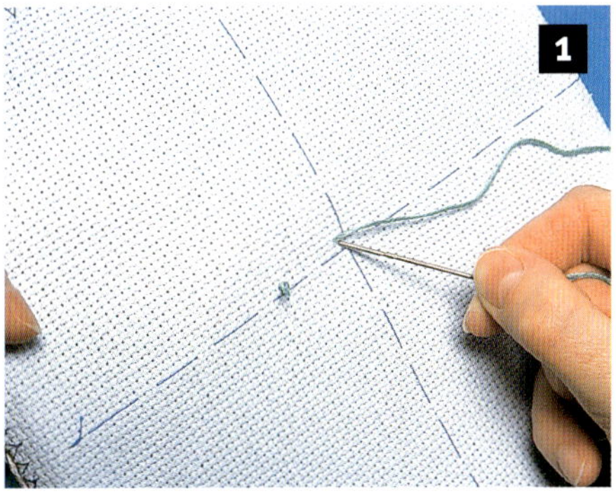

捨て玉どめ

1　糸端に玉結びを作ります。刺し始める位置から25 mmほど離れたところに針を刺し、裏から針を出します。このとき、布地の裏側に渡った糸が、最初の数ステッチに重なるように針を出してください。

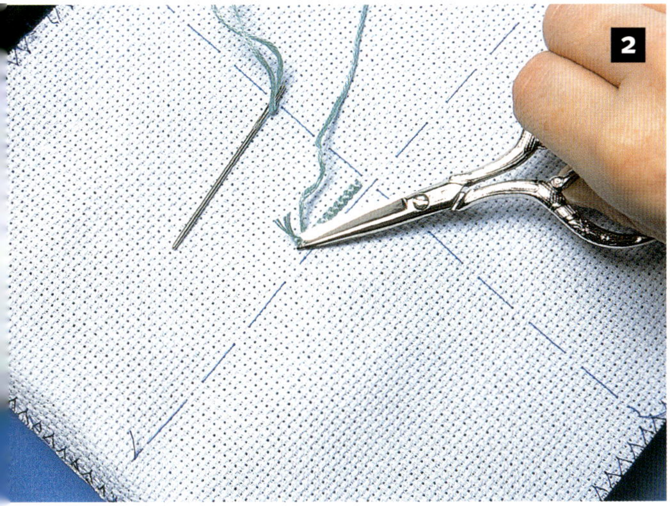

2 裏側に渡った糸を巻き込む要領で、玉結びの手前まで最初の数ステッチを刺してから、玉結びを切り取ります。

刺し終わりの始末

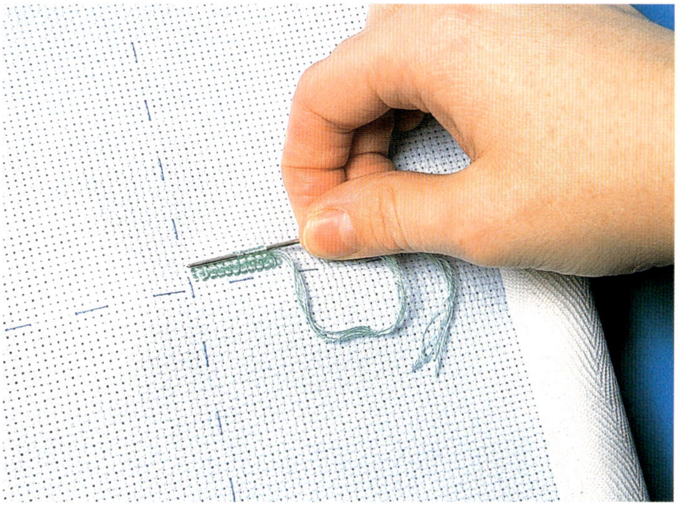

布地を裏に返して、同色の糸に針をくぐらせ、余分な糸をカットします。糸の端が出ていると、ステッチを続けるうちに絡まるので注意しましょう。

糸の色を替える

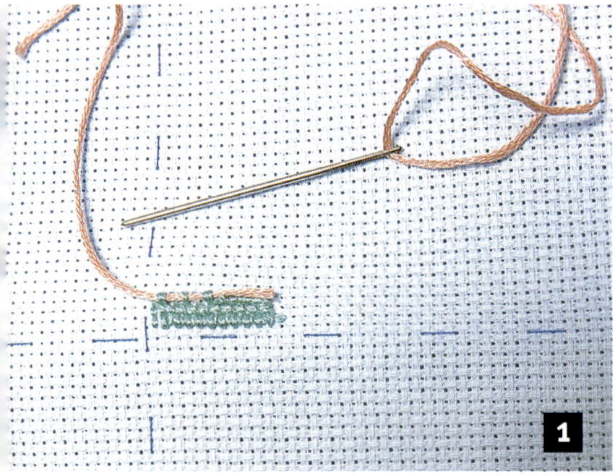

1 前の色を刺し終えたら、布地を裏に返します。新しい色の糸を通した針を前の色の糸に数ステッチ分通して、差し始めの位置まで糸をくぐらせます。

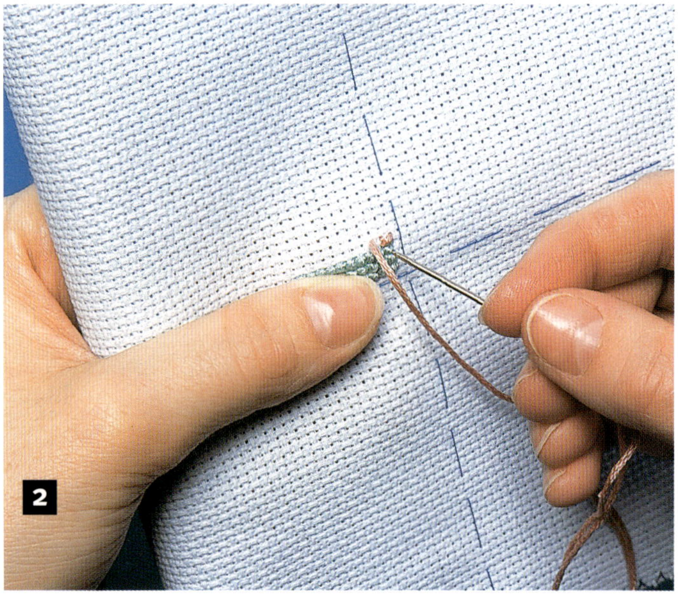

2 針を表側に出し、裏側でくぐらせた糸端が動かないように指で押さえながら、数ステッチ刺します。

垂直に刺す技法

1 刺しゅう枠を使うときに最も適した方法です。針先を使って、布地の裏側から適切な位置を探します。次に針をまっすぐ上に出し、糸を完全に引き出します。

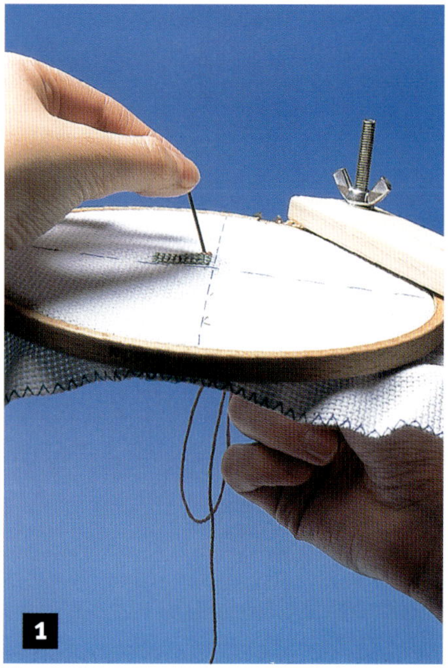

2 次の位置に針を刺し、糸を裏側へと完全に引き抜きます。このように、布地に対して針を垂直に刺していきます。

3 この方法では時間がかかるように思われるかもしれませんが、正確できちんとした仕上がりとなります。刺しゅう枠をスタンドに固定すれば、両手を自由に使うことができます。練習を重ねることで、布地の表と裏で両手を使って刺せるようになり、ステッチを早く進めることができます。

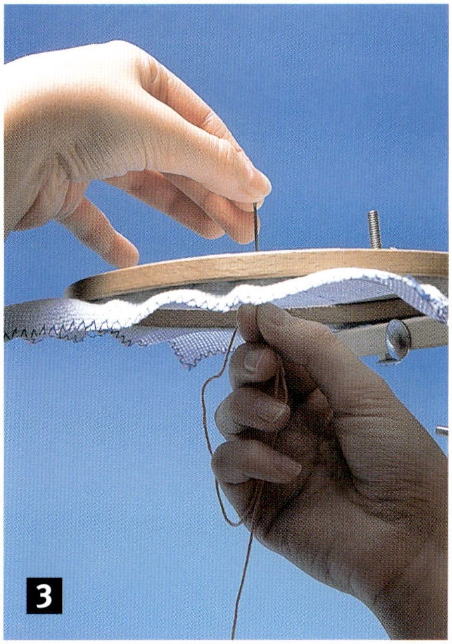

すくって縫う方法

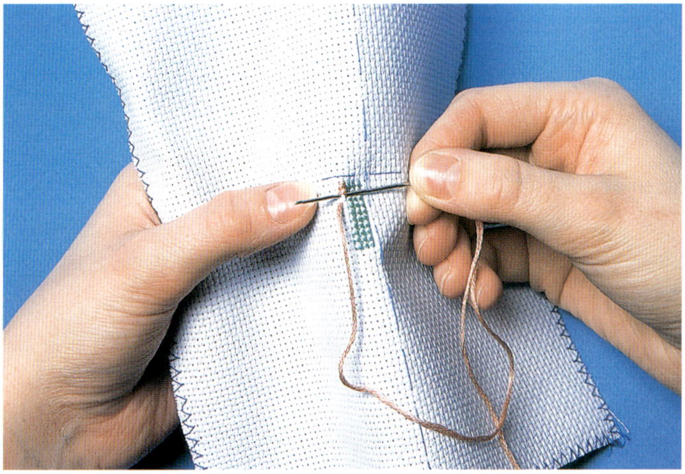

写真のように、刺した針を布地から抜かず、そのまま出すと、ステッチが不ぞろいになり、また、キャンバスでは糸がほつれやすくなります。ただし、特定の用途(ブラックワークの輪郭線に用いられるアウトライン・ステッチなど。54ページ参照)では、この方法で、よりなめらかなステッチを刺すことができます。

▶ここがポイント［TIP］

- 作業の間も糸がねじれないようにしましょう。数ステッチごとに針を指ではさんで回転させ、糸のねじれをとり、いつもステッチしやすい状態を保ちましょう。
- ステッチの向きを考えることも大切です。まだ糸を刺していない織り目から針を出し、既に糸が通っている織り目へと刺しましょう。場合によってはこのとおりにいかないこともありますが、既に糸の通っている織り目から針を出すときには、先にある糸を割らないように気をつけましょう。

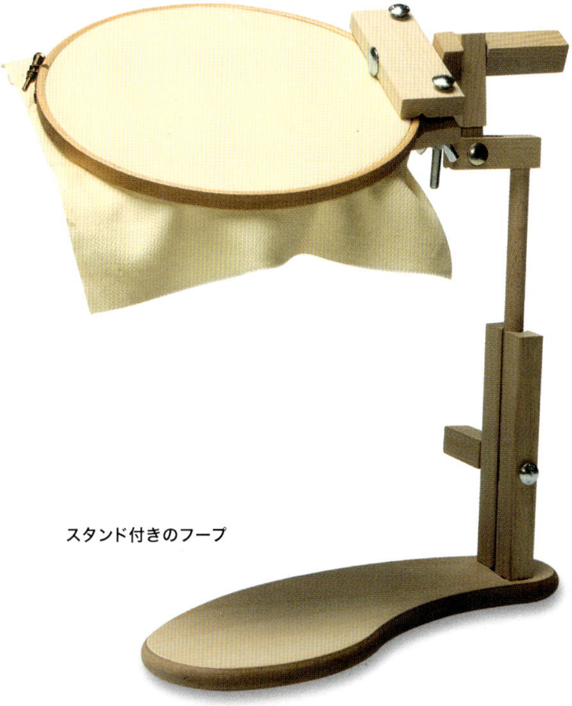

スタンド付きのフープ

刺し間違えたときには

少しだけほどく方法

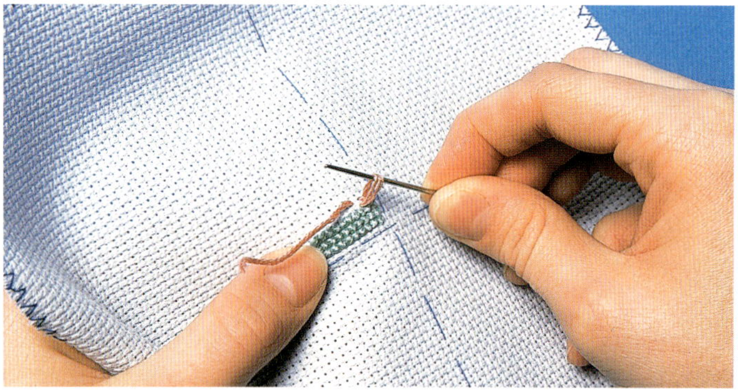

針から糸をはずし、正しくステッチされている位置まで針先を使ってほどきます。ほどいた糸は擦れて切れやすくなっているので、いったん糸の始末をし、新しい糸で刺し直すほうがよいでしょう。

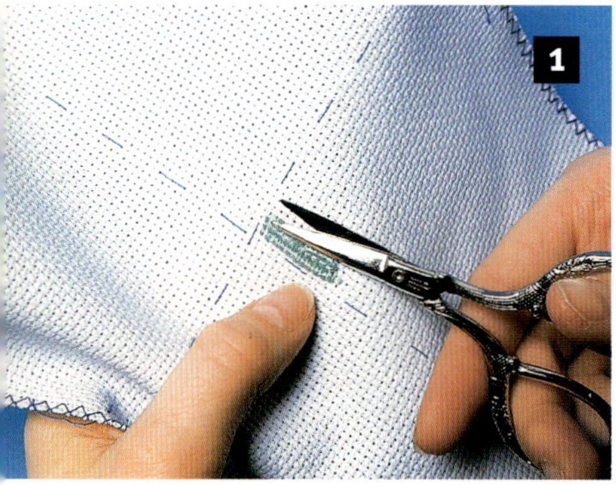

大量にほどく方法

1　数ステッチを残し、糸切りバサミを使って布地の裏側から慎重に切っていきます。上記と同様の方法で、残した糸を針でほどき、糸の始末をします。

2　ピンセットを使って、細かい糸の切れ端をすべて取り除きます。

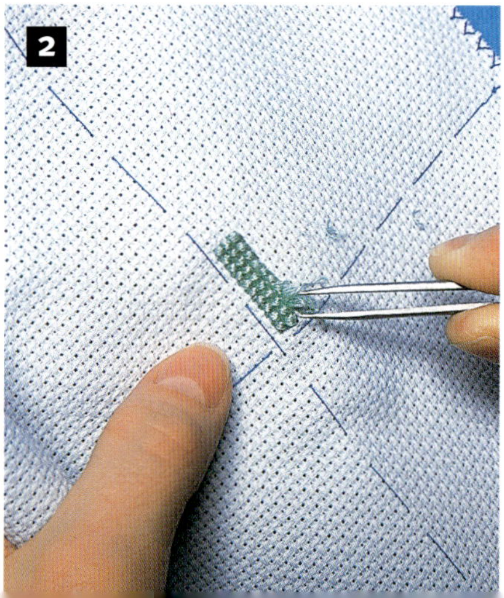

アイロンでのプレスとブロッキング［布地補正］

ステッチをすべて刺し終えたら、刺しゅう枠から布地をはずし、中心線のしつけをほどきます。

刺しゅう作品の仕上げは、ほとんどの場合、アイロンでプレスをすれば完成となります。キャンバスの作品、特にテント・ステッチ(29ページ参照)やハーフ・クロス・ステッチ(28ページ参照)など、対角線にステッチをしたものは、ブロッキングが必要になることもあります。まずアイロンをかけて、布地が落ちつかなければブロッキングしましょう。

アイロンのかけ方

アイロン台の上に作品を裏返して広げます。布地と糸の両方に適した温度にアイロンを温めます。温度設定が何段階かある場合には、いちばん低い温度にセットします。弱いスチームか湿らせた当て布を使ってもよいでしょう。アイロンをかけるのは、作品の裏側だけです。アイロン台の代わりに3～4枚にたたんだタオルなどを使ってもよいでしょう。

▶ ここがポイント［TIP］

ステッチが中心線のしつけ糸にかかる場合も、針がその縫い糸を割らないように注意しましょう。しつけ糸がほどきにくくなってしまいます。

ブロッキング

作品を広げられるサイズのブロッキングボード(23ページ参照)と、まち針(ピン)を多めに用意します。

1 ぬるま湯を含ませたスポンジで作品の裏側を十分に湿らせたら、ブロッキングボードの上に裏返しに広げます。やさしくたたいたり引っぱったりして形を整えます。ボードの格子模様を目安にするとよいでしょう。

2 各辺の中央をまち針でとめてから、コーナーに向かって2、3cm間隔にまち針を打ちます。

3 作品が完全に乾くまで、ボードを平らに置いておきます。

▶ここがポイント［TIP］

極端にゆがんだ布地は、形が落ちつくまで、ブロッキングを2、3回繰り返します。

図案に合わせてクロス・ステッチ

Cross Stitch from a Chart

このステッチは、カウント・ステッチの中でも最もポピュラーな方法でしょう。すでにやったことのあるという方も多いかもしれませんが、ぜひこのページを参考にしてください。もっと簡単できれいにステッチするためのヒントがきっと見つかります。
このクロス・ステッチでは、アイーダもしくは平織りの布地を使用するのが一般的で、平織りの場合は織り糸2本毎にクロスを刺していきます。布地の「カウント（目数）」によって、使用する糸の太さは様々ですが、最も広く使われるのは25番刺しゅう糸です。

58〜67ページの「基本のテクニック」に従って進めてください。布地の張りやステッチの種類によっては、刺しゅう枠を使わないことも可能です。ただし、布地を張って作業をすれば、より美しい仕上がりになり、アイロンでのプレスや布地の補正も最小限ですみます。

図案の見方

図案には2種類あり、使用する糸によってマス目を色分けした色分け図案と、各色を記号で表した単色図案とがあります。カラーと単色どちらの図案でも、アイーダを使う場合、チャートひとマスと布地の1ブロックが対応して、クロス・ステッチひと目を表します。平織りであればチャートひとマスと織り糸2本、キャンバスであれば1メッシュがそれぞれ対応します。

色分け図案

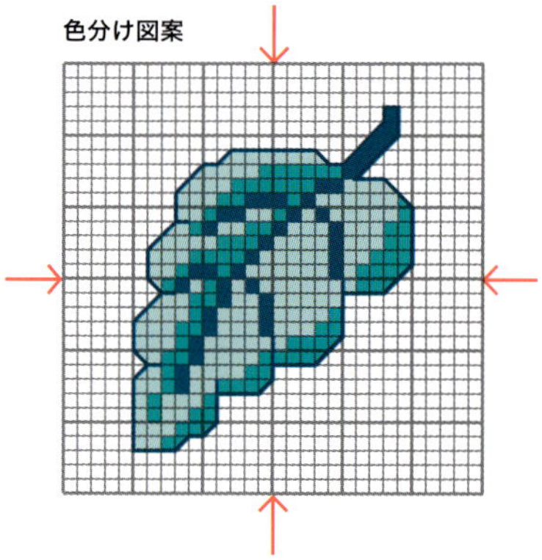

明るい緑または青
緑または青
濃い緑または青
濃い緑または青のホルベイン・ステッチ

単色図案

○ 明るい緑または青
＋ 緑または青
■ 濃い緑または青
濃い緑または青のホルベイン・ステッチ

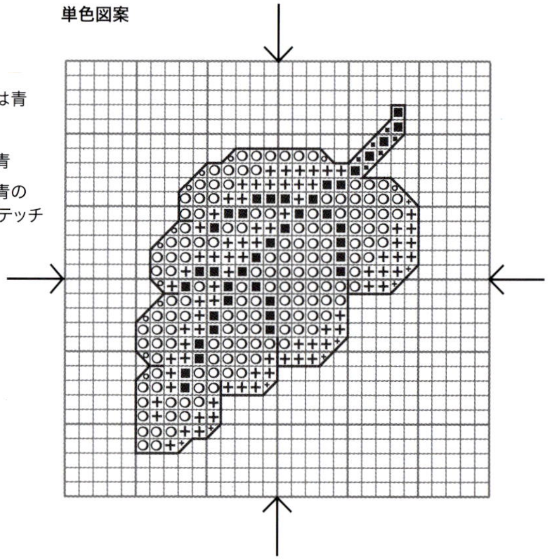

アイーダ、平織り、キャンバスそれぞれに刺した場合のクロス・ステッチひと目

アイーダ

平織り

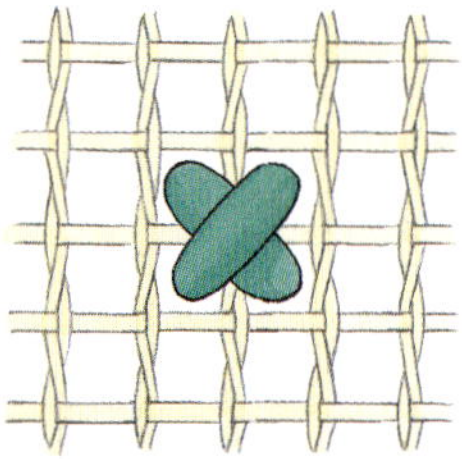

キャンバス

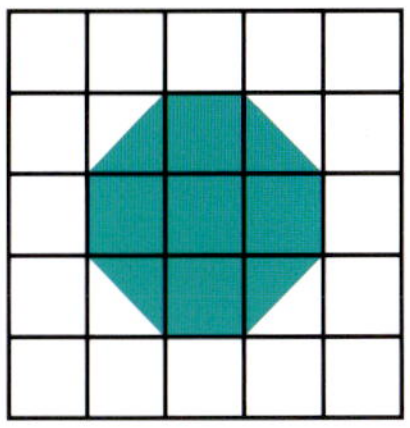

色分け図案

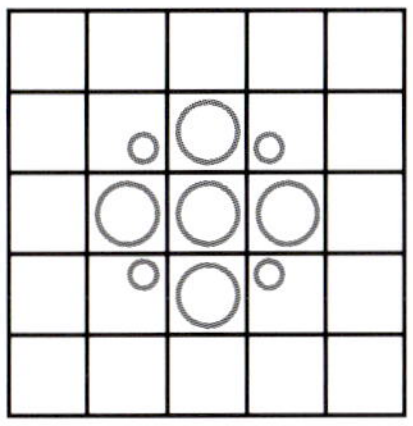

単色図案

アイーダにステッチした例

分数ステッチ（スリークォーターまたはクォーター・クロス・ステッチ。28ページ参照）は、ひとマスの1/2を塗りつぶすか、角に小さな記号を付けて表現します。

色分け図案に見る、輪郭や細部に用いる直線のステッチ

輪郭線や細部に用いる直線のステッチ　ホルベイン・ステッチまたはバック・ステッチを、それぞれの角を結んで刺すことで、なめらかなラインを表現します。輪郭線は、本体とは違う色でステッチすることもあります。

糸を準備する

何色も使う図案のステッチをするときは、図案の記号とどの色の糸が対応するのか、事前に確かめておきます。混同しないように、各色の糸を短くカットして記号に貼りつけておくとよいでしょう。

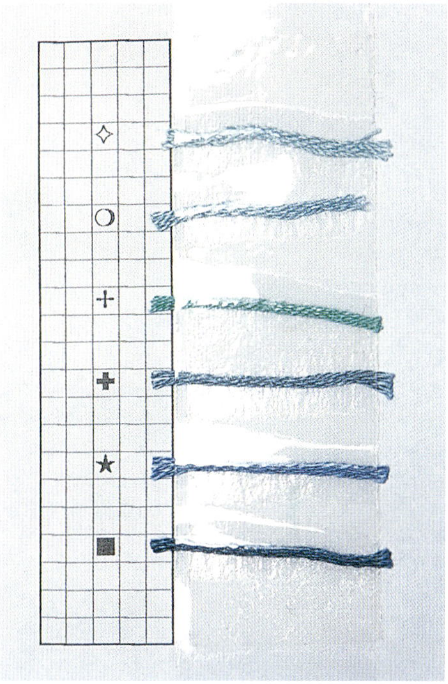

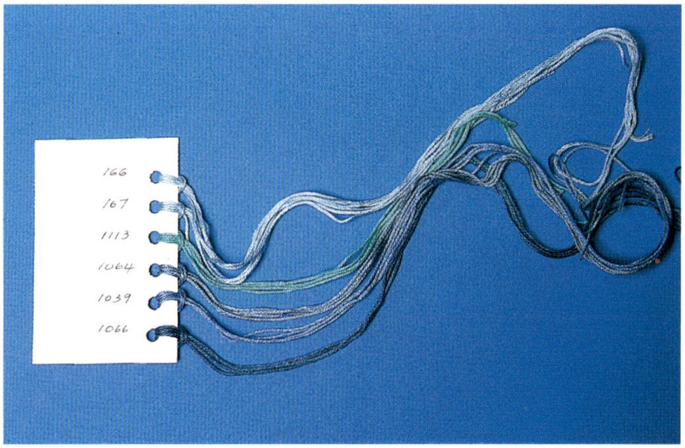

糸束から色番のラベルをはずしてしまうと、微妙な色を識別するのが難しくなってしまいます。そのようなときは、糸ホルダーを作るとよいでしょう。カードなどの紙片にパンチで穴を開けて糸を通し、正確な色番号を書き込んでおきます。糸を買い足すときの参考にもなります。

ステッチする

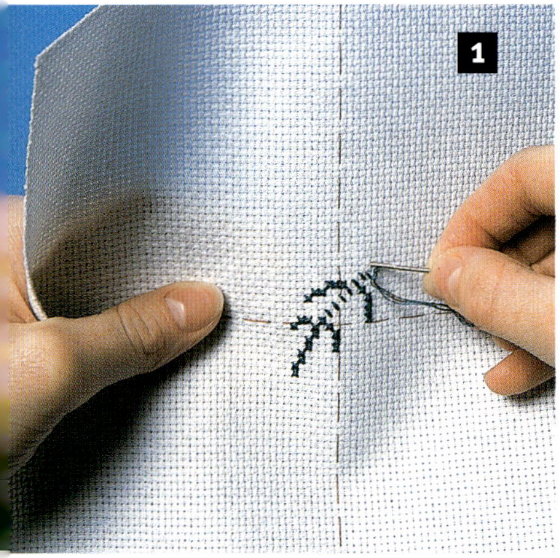

1 周囲をステッチで埋めてしまう前に、細部から取りかかるほうがよいでしょう。写真の例では中心付近から始め、葉脈のいちばん下まで刺し終わったところで再び中心付近に戻り、今度は茎の上部先端までをステッチしています。慎重に数えながら、そして中心線との位置関係を確認しながら、この最初のステッチを刺しましょう。

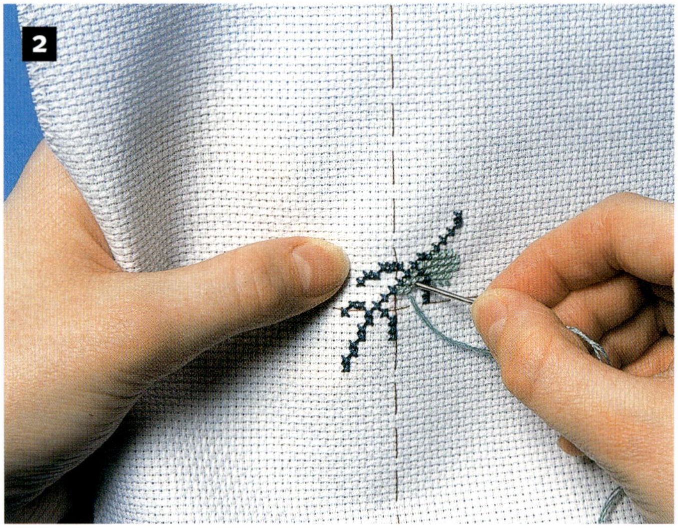

2 次に、周囲を埋めていきます。分数ステッチ(28、69ページ参照)もその都度刺します。最後に輪郭をステッチして形を整えますので、このデザインの分数ステッチは、すべてクォーター・クロス・ステッチで問題ありません。

常に刺し終わった部分と隣接する部分をステッチするよう心がければ、数え間違えることもありません。

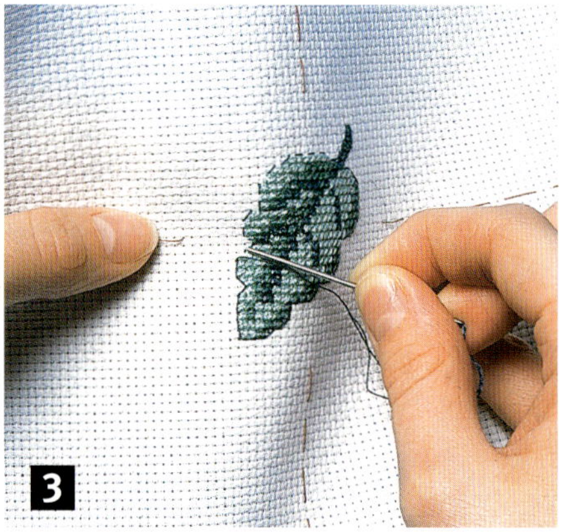

3 クロス・ステッチをすべて刺し終えたら、バック・ステッチ(30ページ参照)またはホルベイン・ステッチ(31ページ参照)で輪郭を付け加えます。こういった直線的なステッチには細い糸を使うか、より糸の本数を少なくします。布地のブロックの各辺に沿って刺すもの、ブロックの対角線上に刺すもの、ほかの色で刺したクロス・ステッチの上に刺すものがあります。

すべてのステッチを刺し終えたら、布地を刺しゅう枠からはずし、アイロンでプレスまたはブロッキング(66〜67ページ参照)をします。

▶ここがポイント［TIP］

- 各クロス・ステッチの上側に渡る糸が、必ず同じ方向に並ぶようにしましょう(26ページ参照)。上になる糸の方向を確認するために、布地の端に大きめのステッチをひとつ刺しておくことをぜひ実行してください。
- キャンバスを使用したクロス・ステッチもまったく同様の方法で、タペストリーウールなど、適した糸を使用して刺します。

色を混ぜる

次に紹介する方法どちらかを使って色を混ぜることで、色の微妙なニュアンスを表現することができます。似通った色を混ぜ合わせれば、その中間色となる新たな色ができあがります。異なる色調の糸を混ぜると、違った味わいのある色になります。

パート・ステッチ

この例では、各クロス・ステッチの上に渡る糸と下になる糸に違う色を使っています。複数本どりに向いていない糸を使う場合に便利な技法で、幾列ものクロスを素早く刺すことができます(27ページ参照)。左下の写真のような微妙な色合いにはなりませんが、ステッチに奥行き感が出るという利点があります。

コンビネーション・ステッチ

25番刺しゅう糸などの複数本どりの糸では、複数の異なる糸を1本ずつ一緒に針に通すことができます。木の葉のデザインには、青、青と緑、緑からなる3つの部分があります。組み合わせた青と緑の糸で、この2色の中間色を表現しています。

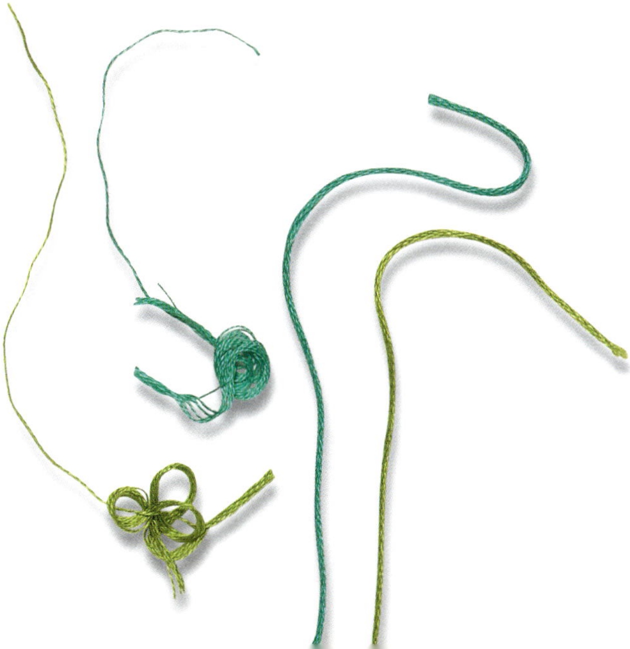

デザインをプリントした布地・キャンバスを使って

Designs Printed on Fabric and Canvas

クロス・ステッチ、テント・ステッチ、ハーフ・クロス・ステッチなどのデザインが、あらかじめプリントされた布地・キャンバスも市販されています。プリントされている色が、そのまま糸の色を表しています。同じように、自分のオリジナルデザインをキャンバスにペイントすることも（100ページ参照）、また、写真や絵などを写すこともできます（100～101ページ参照）。

硬いキャンバスにクロス・ステッチを刺すときには、必ずしも刺しゅう枠を使う必要はありません。ただし、テント・ステッチやハーフ・クロス・ステッチのデザインでは、引っ張りすぎて形を崩してしまわないよう、刺しゅう枠を使うことをおすすめします。

アイーダや平織りに刺すデザインには、25番刺しゅう糸やそれと同様の糸を、また、キャンバスには、よったペルシャン・ウールを用います。

58～67ページの「基本のテクニック」に従って進めてください。中心線のしつけ縫いは必要ありません。

糸を識別する

たいていの場合、布端に色の見本がプリントされています。糸を間違えないように、短く切った糸を見本の横に貼っておきましょう。

ステッチする

好みの色や部分からステッチして構いませんが、主役となる色や目立つ部分から始めて、最後に背景を埋めるのが理想的です。各色の堺目が、曖昧《あいまい》にプリントされていることがありますので、その場合には自分で判断しながら進めましょう。輪郭線がなめらかなラインとなるようにステッチしてもよいですし、階段状にアレンジすることも可能です。

ステッチが終わったら、アイロンでプレスまたはブロッキングをします(66～67ページ参照)。

図案がプリントされている場合、デザインをすべてステッチする必要はありません。重要な部分をステッチして強調し、背景はプリントのまま残すという方法もあります。

▶14カウントのアイーダに25番刺しゅう糸を用い、クロス・ステッチで刺した小花の枝。

アッシジ刺しゅう

Assisi Work

アッシジ刺しゅうは、クロス・ステッチによる独特の手法で、デザインの中心となる部分にはステッチせず、背景を単色で埋めていくのが特徴です。背景のさらに外側を、ホルベイン・ステッチで縁取りします。モチーフを繰り返しつなげることで、帯状にステッチすることもできます。

ルネッサンス時代のイタリア、アッシジ地方で生まれた技法です。白またはクリーム色の布地にはっきりとした色で背景を刺し、黒または濃い色で縁取りをするのが伝統的なスタイルです。

両面(イタリアン)クロス・ステッチにホルベイン・ステッチで細部を付け加え、リバーシブルの作品に仕上げることもありました。紋章、パレードや祝祭の象徴などをステッチして、幟《のぼり》や旗を作ったのです。

薄い色のアイーダまたは平織りを用い、25番刺しゅう糸またはシルク刺しゅう糸でステッチをします。

ステッチする

58〜67ページの「基本のテクニック」に従って進めてください。刺しゅう枠の使用をおすすめします。

図案

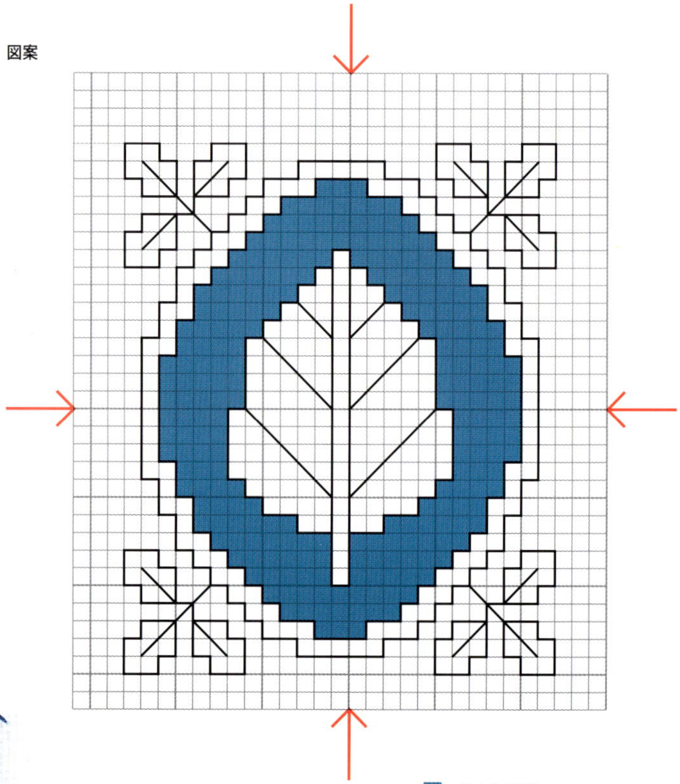

緑または青

黒のホルベイン・ステッチ

◀花のモチーフを帯状に繰り返し刺したシンプルなアッシジ刺しゅう。縁にはアルジェリアン・アイ・ステッチも使われています。

1 中央の模様の輪郭から始めます。濃い色の細い糸(例えば25番刺しゅう糸1〜2本どり)を使い、ホルベイン・ステッチ(31ページ参照)で輪郭をステッチします。その後、図案の内側を刺します。

2 明るい色の太めの糸(25番刺しゅう糸4〜6本取り)を用い、クロス・ステッチで背景を埋めていきます。1列ずつ順にステッチするとよいでしょう。

3 ホルベイン・ステッチで輪郭を囲み、必要に応じて飾りステッチを付け加えます。

4 ステッチが完成したら、アイロンでプレスまたはブロッキングします(66〜67ページ参照)。

抜きキャンバスを使って

Waste Canvas Technique

アイーダや平織り布以外の一般的な布地を用いて、クロス・ステッチやそのほかのステッチ(ブラックワークのパターンなど)のデザインを刺しゅうする際に使う技法です。ステッチの位置のガイドとして使用した抜きキャンバス(20ページ参照)は、刺し終わった後に取り除くことができます。

58〜67ページの「基本のテクニック」に従って進めてください。

図案

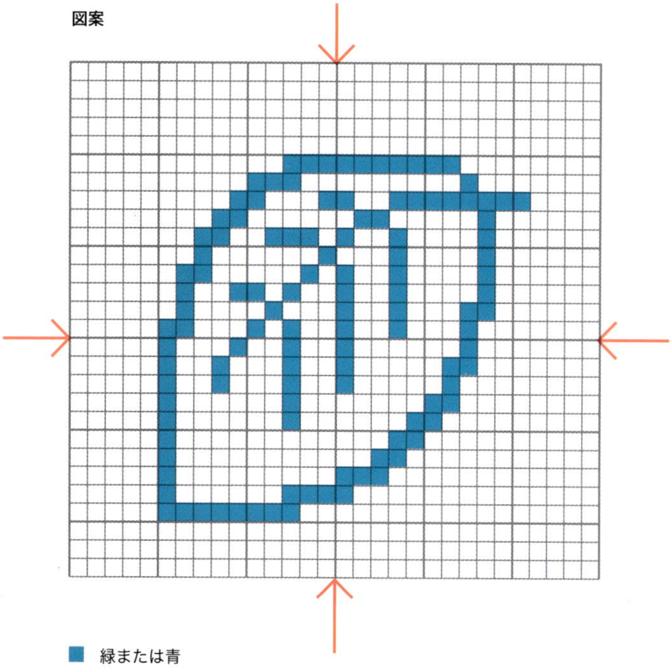

■ 緑または青

抜きキャンバスを準備する

1 図案の目数を数えてから、上下左右各3〜4ブロック大きくなるように、抜きキャンバスをカットします。59ページの方法で中心線のしるしを付けて、キャンバスと布地の織り目が同じ方向になるよう、まち針で留めます。周囲にしつけをかけます。

▶ここがポイント [TIP]

大きな図案やすべりやすい布地には、周囲だけでなく全体にしつけをかけ、2枚がずれないようしっかり固定します。

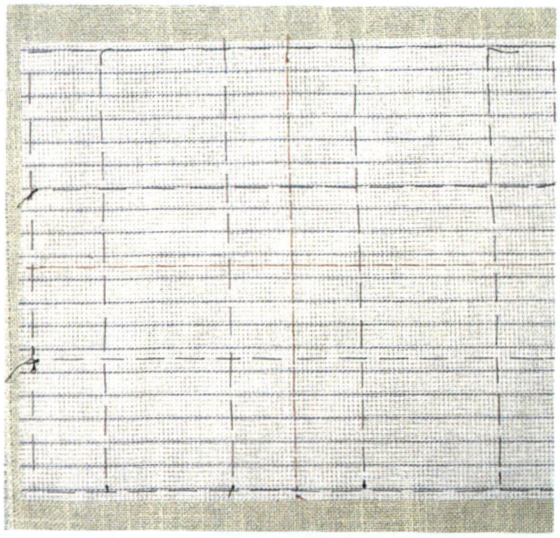

ステッチする

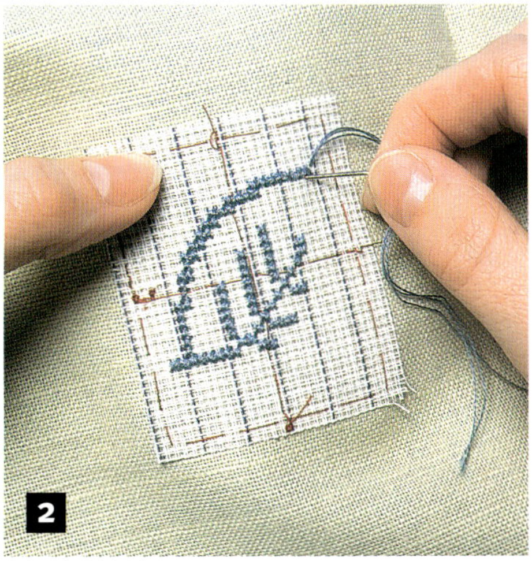

2 必要に応じて、フランス刺しゅう針を使用します。この場合、キャンバスの糸を割らないように気をつけましょう。織り目が緻密でなければ、細いクロス・ステッチ針でもよいでしょう。抜きキャンバスのマス目に針を通しながら、図案どおりに刺していきます。抜きキャンバスを取り除いたあと糸がゆるまないように、きつめに刺すと仕上がりがきれいです。

抜きキャンバスを取り除く

3 ステッチが完成したら、しつけ糸をすべて抜きます。冷たい水を含ませたスポンジでキャンバスを濡らし、のりを溶かします。

4 キャンバスの織り糸を、1本ずつ引っぱりながら、ピンセットで縦または横の一方向を全部、そのあと、残りの糸を取り除きます。平らにならし、乾いてからプレスします。

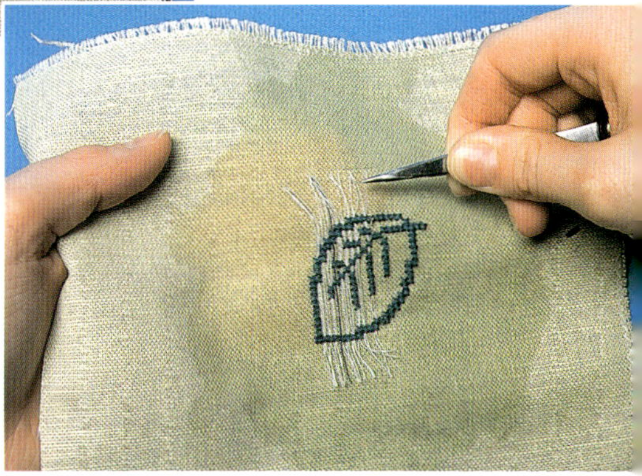

抜きキャンバスには、濡らさないでそのまま引き抜けるタイプのものもあります。布地によって使い分けましょう。

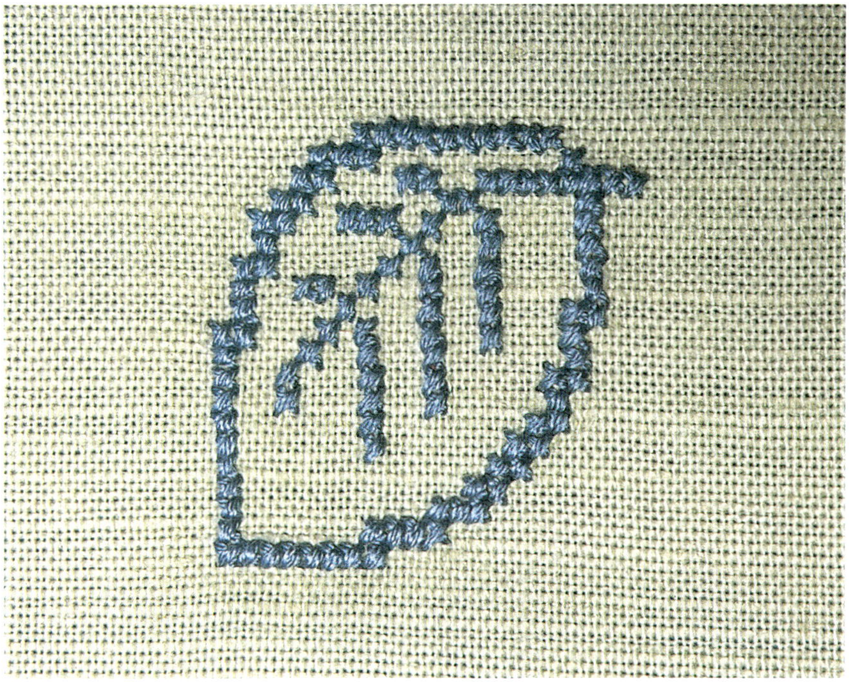

▶ クロス・ステッチの葉のモチーフ。一般的な木綿地に25番刺しゅう糸を用いて。

ブラックワーク
Blackwork

ブラックワークのテクニックは、ムーア人の統治時代のスペインで生まれ、ヨーロッパ全土に広まったのは16世紀とされています。
ピローケースやシーツといったベッドリネンだけでなく、様々なバリエーションが作り出され、帽子、襟《えり》、袖《そで》などにも使われました。
白無地の布地に黒色、時には赤い糸でステッチするのが本来のスタイルでしたが、金糸やスパンコールで装飾したり、透けるように薄い麻布で覆ったりするものも、後に現れました。

一般的には、アイーダまたは平織りの布地を用い、25番刺しゅう糸やシルク刺しゅう糸、またはパールコットンやアブローダーなどの1本どりの糸でステッチします。

直線を表すのには、ホルベイン・ステッチ(31ページ)またはバック・ステッチ(30ページ)を用います。薄い布地には、ホルベイン・ステッチを使うと、裏糸が透けて見えません。そのほか、ブラックワークに用いるステッチとしては、クロス・ステッチ(26ページ)、アップライト・クロス・ステッチ(35ページ)、ダーニング・ステッチ(52ページ)、アルジェリアン・アイ・ステッチ(52ページ)があります。

細部を透き間なく埋めるにはサテン・ステッチ(51ページ)を用い、「目」などのディテールはフレンチ・ノット(50ページ)や、小さなビーズ、スパンコールなどで表現します。

ブラックワークのデザインには以下の2種類があります。

目を数えるステッチ
図案の目数どおりに織り目や織り糸を数える、クロス・ステッチと同様の方法です(68〜69ページ参照)。

フリー・ステッチ
デザインの輪郭を布地に描くか写しとり、ブラックワークのパターンで各部分を埋めていく方法。輪郭には、チェーン・ステッチ(54ページ)、アウトライン・ステッチ(54ページ)、コーチング・ステッチ(55ページ)など、目を数える必要のないステッチを用います。このような方法は、花や葉のような自然をモチーフにしたデザインに多用されます。

ブラックワークのデザインは、小さなパターン(主に直線的なステッチから成る)を繰り返し、ステッチの密度によって様々な色調を出すのが特徴です。36〜41ページで紹介した模様のほか、鉛筆と方眼紙があれば自分でデザインすることもできます。

◀**CHESSBOARD**
チェスボード
ジル・ケイター-ニクソンがコーツ・クラフト社のために制作
50×50cm、平織りの布地に
25番刺しゅう糸とラメ糸で
ステッチしたブラックワークの作品

繰り返される細かな図案によって、この伝統的なゲーム用のボードが表現されている。

目を数えるステッチ

図案

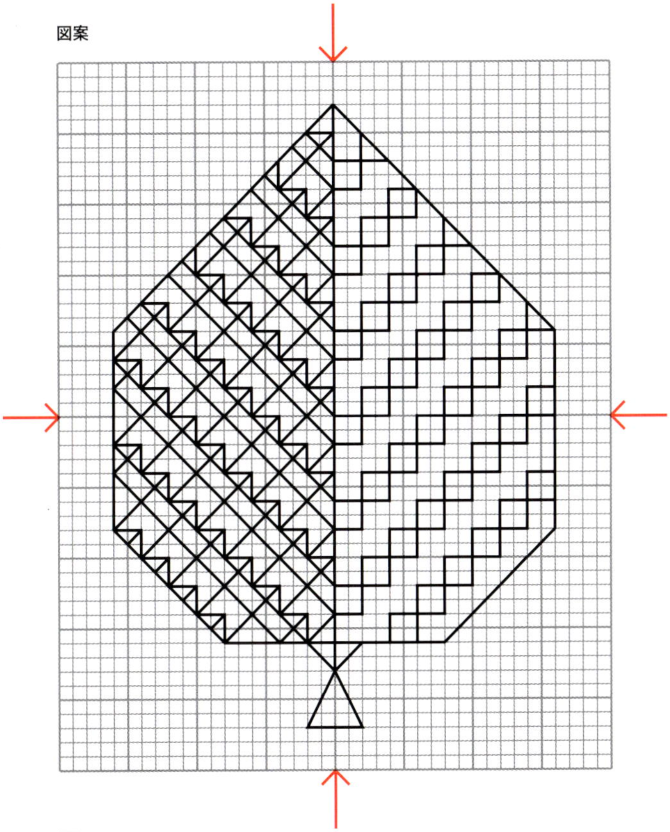

黒のホルベイン・ステッチ

58～67ページの「基本のテクニック」に従って進めてください。

1 デザインの中心またはその近くから始めます。中心の1列を、まずは下端までステッチし、一度中心まで折り返してから、今度は上端までステッチします。繰り返し刺す個々のステッチを常に同じ順序で刺し、糸の流れを統一して仕上げることが大切です。左右、上下、斜めと、それぞれ同じ方向でステッチします。デザインの端には、分数ステッチ（28、69ページ参照）が用いられることもあります。

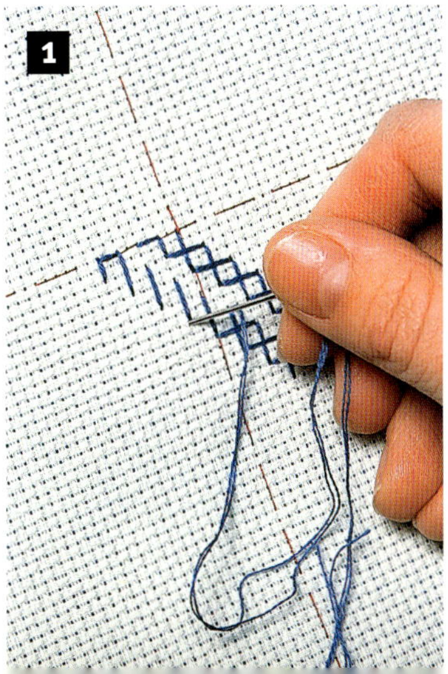

2 同様にすべての範囲をステッチします。次に移動するときには、刺し終わったステッチの裏側に糸をくぐらせます。ステッチの密度が薄い部分や、ステッチをしていない部分の裏側に長い糸を渡すのはやめましょう。糸の色が濃いため、透けて見えてしまいます。

3 最後に輪郭線をステッチします。糸の太さを替えてもよいでしょう。

▼14カウントのアイーダに25番刺しゅう糸でステッチした葉。

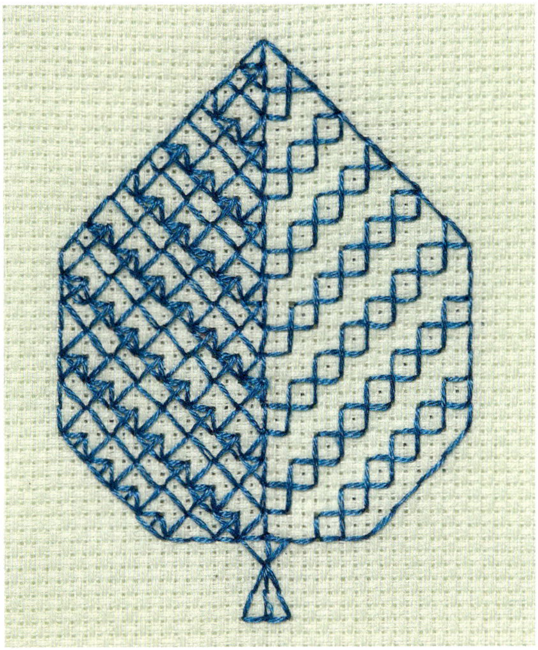

フリー・ステッチ

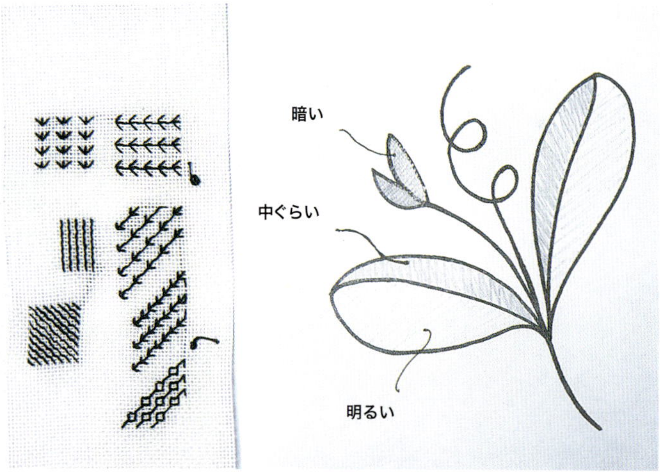

図案のどこにどのステッチをするかを決めるために、まずデザインのコピーを作り、鉛筆で3または4段階に分けた濃淡を付けていきます。次に、実際に使うのと同じ布地や糸を使って、それぞれの濃淡ごとにテスト刺しゅうした見本を作ります。少し離れた場所からながめるなどして、どのパターンがどこに合うかを選びましょう。

1 99ページで紹介する透写または転写などの方法を使い、布地にデザインの輪郭線を写しとります。

2 ステッチをする前に、だいたいの中心位置を決め、必要ならしつけをかけておきます。中心から刺し始め、両端に向けて1列刺していきます。端の部分は、パターンを部分的に使ったり分数ステッチなどで埋めます。次に、最初の1列のステッチを中心線として、それに沿って周囲を埋めていきます。

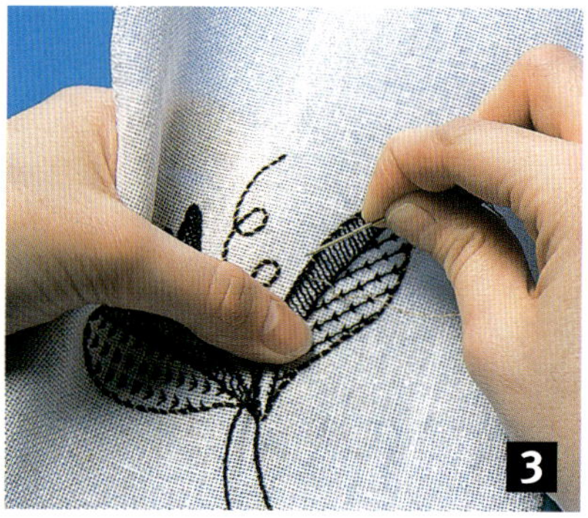

3 輪郭線のステッチには、フランス刺しゅう針を使ったほうがよいでしょう。アウトライン・ステッチやチェーン・ステッチ、あるいはコーチング・ステッチのような、自由に曲線を描け、織り目を数えて刺す必要がないステッチを使います。ゴールドの糸やラメ糸を使ったり、ホイップ・ダーニング（53ページ参照）の要領でかがったりしてもよいでしょう。ビーズやスパンコールを使うこともできます。

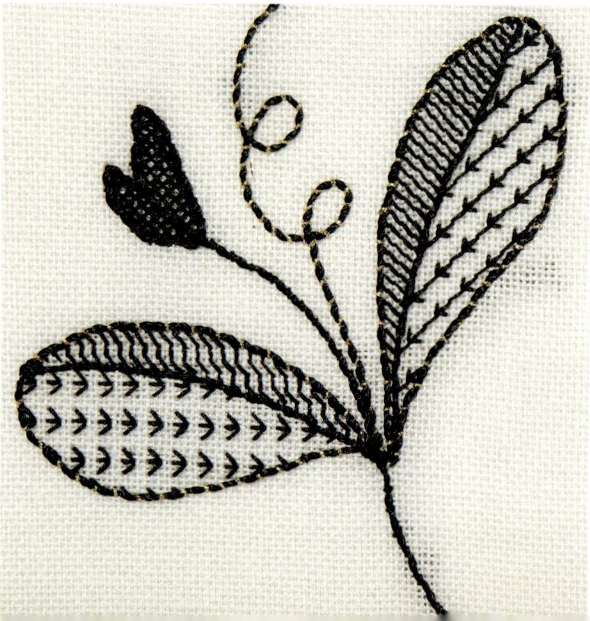

ブラックワークに濃淡を付ける

より自然な表情を出すために、違う太さの糸を使ったり、模様の密度を段階的に減らしたりして、濃淡の変化を取り入れることができます。この技術は、図案をアレンジするのにも、デザインに深みを与えるのにも役立ちます。

糸の太さを変えて濃淡を付ける

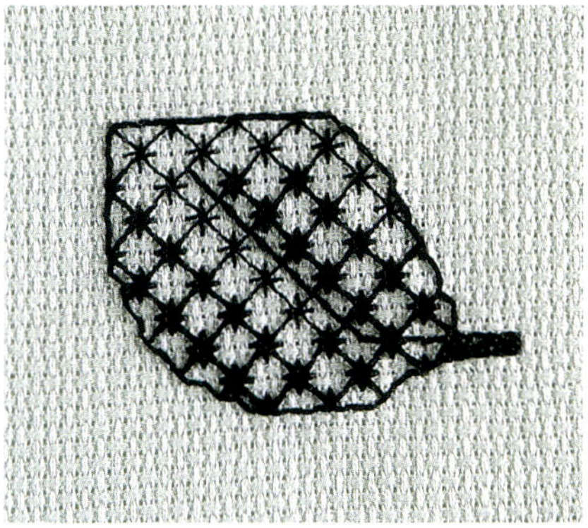

複数本どりの刺しゅう糸を使っている場合なら、この方法で濃淡を付けるのは簡単です。1本どり、2本どり、3本どり、もしくはそれ以上と本数を増やすごとに、ステッチの密度が濃くなります。水溶性のペンを使って濃淡を分け、それぞれの太さの糸で刺していきます。全体に模様が自然につながるようにしましょう。

模様の形を変えて濃淡を付ける

模様の密度を少しずつ減らすことで濃淡を表現します。明るいトーンになるほど、模様は「分解」されていくことになります。ステッチを始める前に、方眼紙を使って決めておくのもよいですし、刺しながら変えていくのもよいでしょう。

1　水溶性のペンを使って濃淡別に分け、いちばん明るいトーンの範囲全体にステッチします。

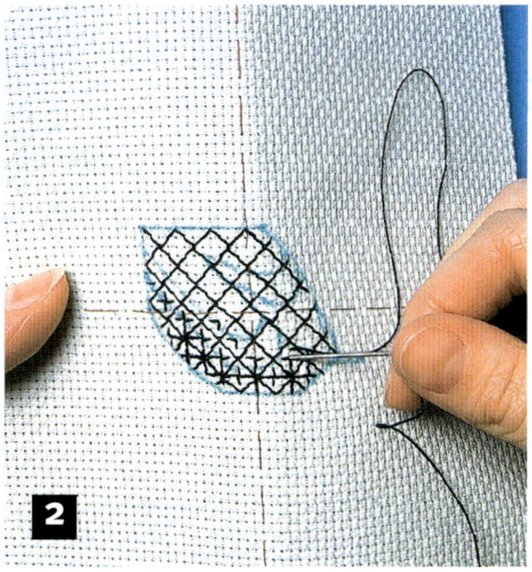

2　次に、いちばん暗いトーンの範囲にステッチします。

3　濃淡が自然に混ざるように、中間の部分にステッチを加えていきます。微妙な変化を与えていくことで、必要なら3種類以上の濃淡を出すこともできます。いちばん明るくしたい部分にはステッチをしないでおくのもよいでしょう。

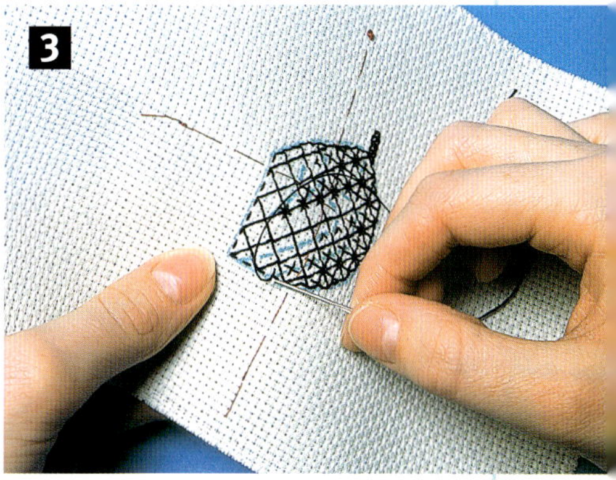

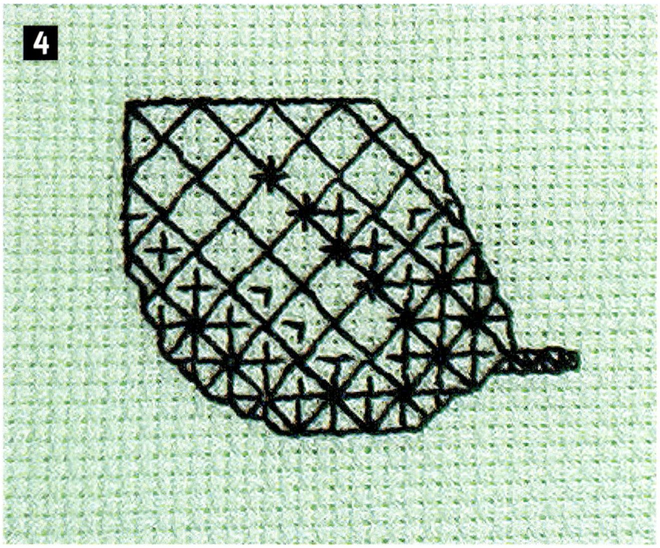

4　輪郭線を加えたり、直線的なステッチで細部を整えたりして仕上げます。

ハーダンガー刺しゅう

Hardanger Work

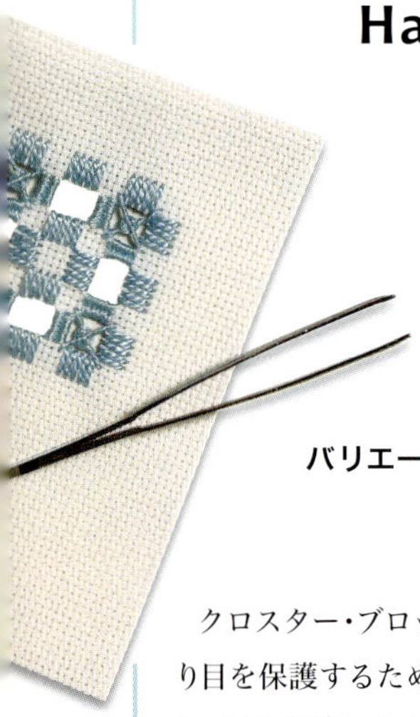

ノルウェーのハーダンガー地方で生まれた技法です。伝統的な幾何学的パターンはとてもシンプルなものに見えますが、様々な方法でアレンジを加え、複雑な数多くのバリエーションを表現することができます。

クロスター・ブロック(42ページ参照)は、切った織り糸や引き抜いた織り目を保護するための、サテン・ステッチのブロックです。図案を慎重に作り、目を間違いなく数えることがとても重要です。織り糸をカットして残った空間は、オーバーキャスト・バーまたはウォーブン・バーにします。四角い空間には様々な装飾をし、布地や糸と空間のコントラストを強調する、複雑な模様を表現します。そのほかのステッチ(サテン・ステッチのモチーフなど)を使うこともできます。模様の構成そのものは幾何学的なものですが、その中には自然界のモチーフを様式化したものも数多くあります。

この技法には主に、22カウントまたは24カウントのしっかりと織られた「ハーダンガー布」が用いられます(19ページ参照)。一般的な平織りの布地を使う場合は、織りがしっかりしていることが条件です。布地のカウントによって、モチーフの大きさが決まるからです。

基本的には、2種類の糸が必要になります。パールコットン5番のような太い糸は、クロスター・ブロックやそのほかのサテン・ステッチに使い、パールコットン8番、12番のような細めの糸か2～3本どりの25番刺しゅう糸を、バーやフィリングに使います。布地のカウントに適した糸を選ぶことが大切です。太い糸であれば、クロスター・ブロックを透き間なく埋めることができ、引き抜いた織り糸の端が不ぞろいに見えてしまうこともありません。

ハーダンガー刺しゅうは、もともとは白い麻布に白い糸でステッチをしていましたが、今日では、そのほかの配色も多く見られます。同系色の布地と糸を選べば、カットした織り糸の端を自然に隠すことができます。

ハーダンガーのデザインをステッチする

58～67ページの「基本のテクニック」に従って進めてください。
ハーダンガー刺しゅうは、図案を元にステッチします。

図案

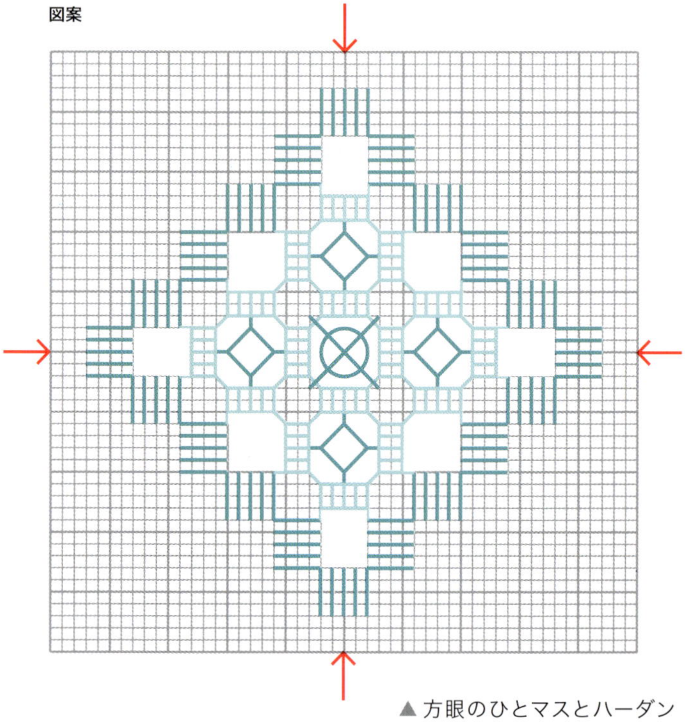

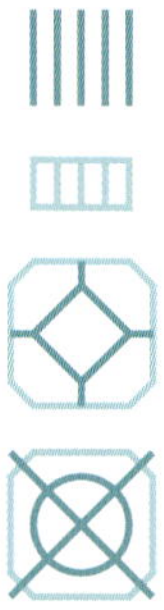

▲方眼のひとマスとハーダンガー布の織り目ひとつが対応。図案の空白部分は、向かい合ったクロスター・ブロックの間の織り糸をカットしてできた空間を表します。こういったスペースには、装飾的なフィリング・ステッチを施す場合もあります。

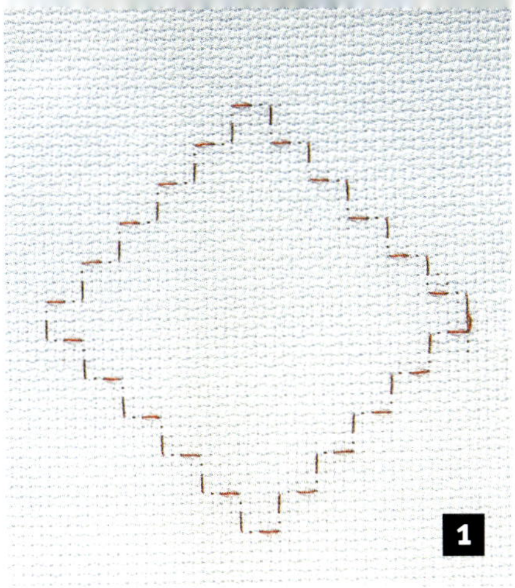

1　図案のセンターラインと輪郭線をしつけ糸で写します。織り目に沿って縫うことで、チャコペンシルなどでしるしを付けるより正確に刺すことができます。織り糸を美しくカットして引き抜くためには、正確なステッチが求められます。

2　太い刺しゅう糸と細いクロス・ステッチ針で、クロスター・ブロック(42ページ参照)をステッチします。織り糸をカットし引き抜く部分をブロックで囲みますが、角に位置するブロックから始め、時計まわりに刺していきます。太い糸が表に透けて見えないよう、ステッチ済みの箇所を選んで裏側に糸を渡しましょう。パターンを構成する要素として、ブロックやそのほかのサテン・ステッチをすることもありますが、その場合には同じ太さの糸を使ってステッチしましょう。

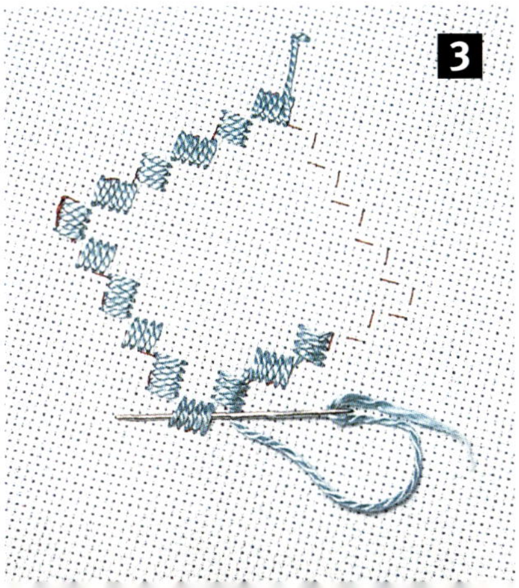

3　はじめに刺しておいた余分なバック・ステッチ(42ページ)をほどき、糸端がしっかりと隠れるように、ブロックの裏側に通します。

4　デザインの内側に面したブロックの一辺を、クロス・ステッチ針で広げます。先が鋭く尖った刺しゅう用のハサミで、クロスター・ブロックの端に沿わせるように、織り糸4本をカットします(切るのは1本ずつ)。織り目に入れたハサミの先に織り糸を引っかけてカットすれば、刺しゅう糸を誤って一緒に切ってしまうことはありません。反対側の一辺も、同様の手順でカットします。このように、サテン・ステッチではさまれた部分の織り糸だけを切っていきます。

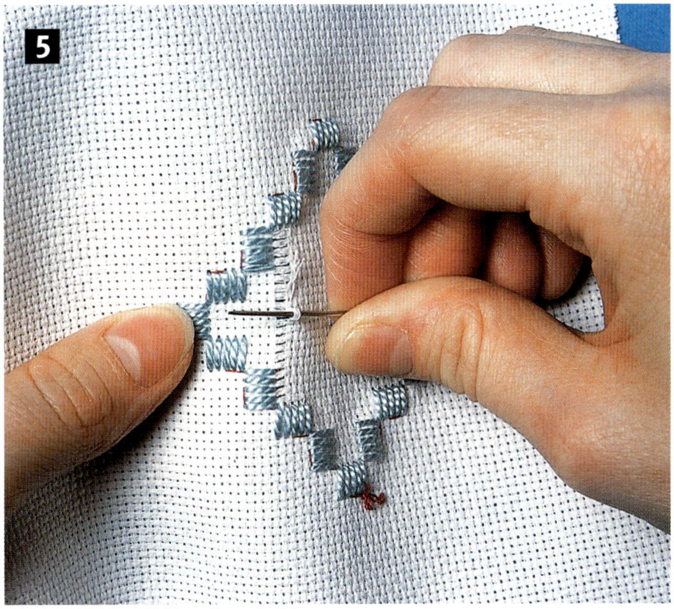

5 布地の種類によっては、クロス・ステッチ針などを使うと抜きやすくなります。手で抜いてもよいでしょう。

6 ピンセットを使って、カットした糸を1本ずつ引き抜きます。

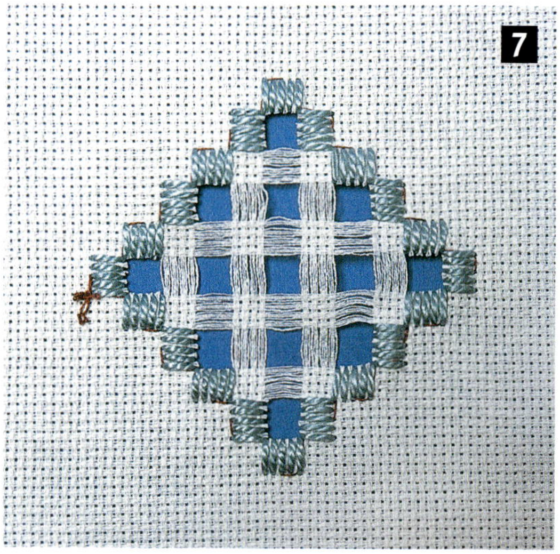

7 糸をすべて引き抜くと、残った糸で空間が作り出されます。

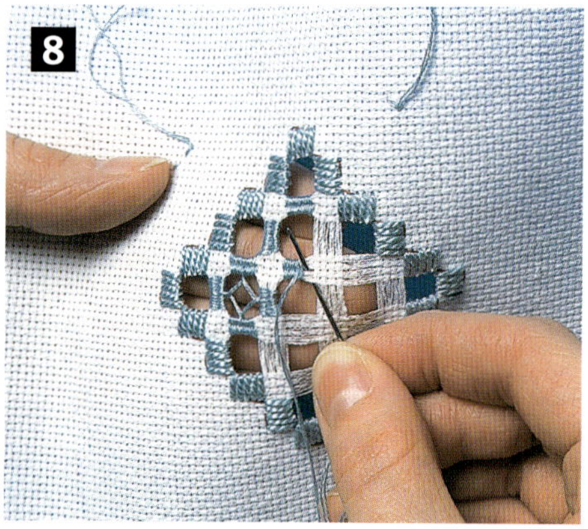

8 細い糸に替え、残った織り糸の部分にはバーを、織り糸がない空間にはフィリングを施していきます。バーにはオーバーキャスト(43ページ)、ウォーブン(43ページ)、ピコットの付いたウォーブン(44ページ)などがあります。また、空間を埋めるフィリングの手法には、ストレート・ループ・ステッチ(44ページ)、オブリーク・ループステッチ(45ページ)、ダブズ・アイ・フィリング(45ページ)などがあります。

一定の順序でステッチしましょう。まずデザインのいちばん上から始め、斜め下へと階段状にステッチします。次に下から上へ、各部分にバー(必要に応じてフィリングも)を順番に施します。糸を布地の裏側で渡すときは、クロスター・ブロックの裏側にくぐらせ、しっかり留めましょう。

連続模様を作る
Repeating Patterns

モチーフを様々な方法で繰り返し、
図案を作ることができます。横の連続模様、
縦・横の連続模様、れんが模様、段違い模様、
左右・上下対称、4分割模様などの技法があります。
106〜107ページ「コンピュータ・ソフトを使う」も
参考にしてください。

横の連続模様

モチーフの幅の目数を数え、必要なサイズにいくつ繰り返せるかを計算します。隣り合うモチーフの間隔やステッチの目数を増やしたり減らしたりすることで、予定の長さにぴったり収まるよう調節できます。

奇数回の繰り返し

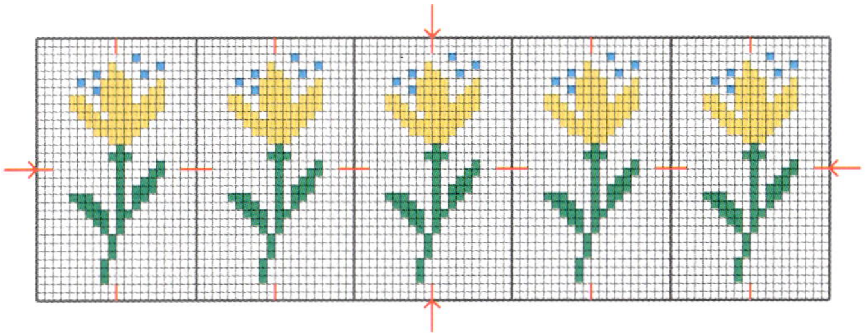

中心にモチーフをひとつステッチします。次に、左右それぞれ、外側に向かって繰り返していきます。このとき、図案に上下左右の中心線を入れておきます。布地にもそれぞれ、中心のしるしを付けましょう。

偶数回の繰り返し

モチーフとモチーフの間を中心と決め、左右それぞれ、同じ回数、繰り返していきます。奇数回繰り返す場合と同様、中心位置のしるしを付けておきます。

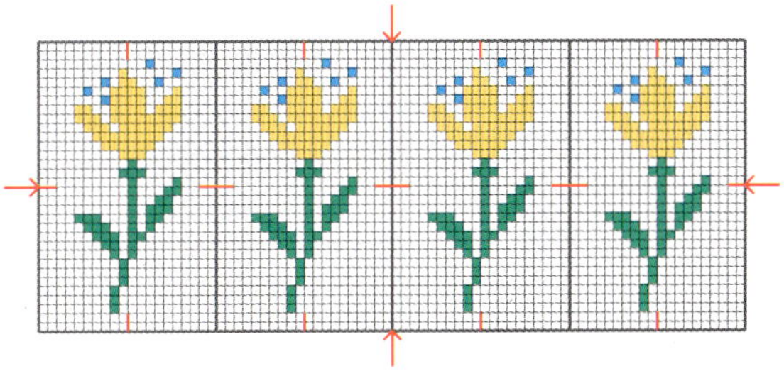

縦・横の連続模様

必要なサイズに合わせ、縦・横それぞれに、モチーフをいくつ配置できるかを計算します。

モチーフの段数が奇数の場合、まず中心となる段をステッチしてから、上下の段を順に刺していきます。段数が偶数の場合には、中心から1段上をステッチし、次に下の段を刺します。

ブリック・アレンジ [れんが模様]

必要なサイズに合わせ、縦・横それぞれにいくつ配置できるかを計算します。

段数が奇数の場合、横の連続模様(85ページ)の要領で中心となる段をまずステッチします。

段数が偶数の場合には、布地またはキャンバスの中心の上側・下側どちらかの段をステッチします。

次に、最初の段の各モチーフの中心と、上下段の各モチーフの端が合うように刺していきます。右の図案のように、中央の段から1段ずつずらしてステッチすると、積み上げたレンガのようにモチーフが配置されます。模様の密度が濃い印象を与えます。

ハーフドロップ・アレンジ [段違い模様]

必要なサイズに合わせ、何列配置できるかを計算します。

奇数の列が必要な場合、中心の列から始めます。中心の列が奇数段のときには、布地・キャンバスのセンターと中心にくるモチーフのセンターとを合わせます。中心の列が偶数段の場合、布地・キャンバスの中心の上側・下側どちらかの段をはじめに刺します。

列数が偶数であれば、布地・キャンバスのセンターラインの左右どちらかの列から始めます。最初に刺した列の各モチーフのセンターと、その左右の列の各モチーフの上下端とがそろうようにします。

この配置は、リズム感のある印象を与えます。

シンメトリー・ハーフ［左右・上下対称］

上下または左右の中心線をはさんで、モチーフが鏡に映ったように対称になります。一方のモチーフの図案を作れば、もう片方はそれと対称となるようにステッチすればよいのです。

左右対称

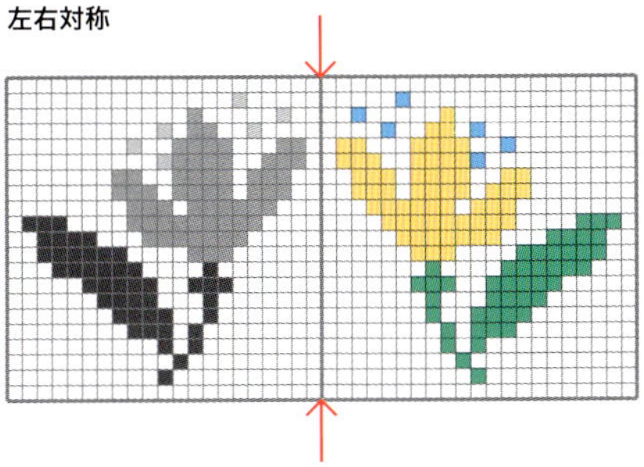

上下対称

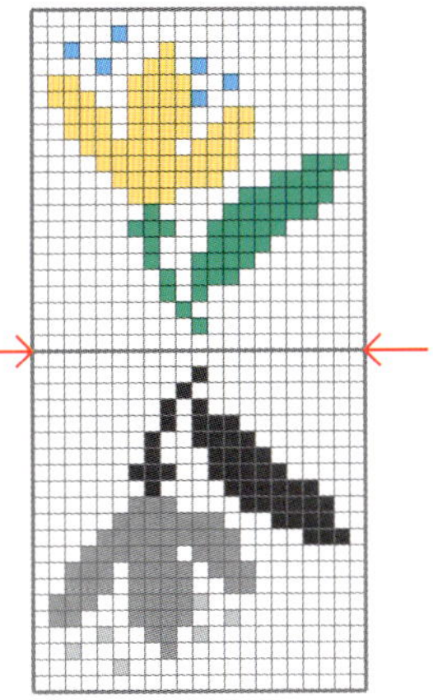

方眼紙に図案の中心線を引きます。上下対称ならば横の中心線、左右対称ならば縦の中心線です。対称になる図案のどちらか一方を刺します。中心線の反対側は、逆方向の模様をステッチします。

クォーター・リピート［4分割模様］

4分割模様には3種類の方法があります。いずれの場合も、図案を作るのはパターンひとつ分です。

鏡像模様

1／4に分割する中心線を引き、図案のとおりに右上の部分をステッチします。

　次に、鏡に映したような左右対称の図案を左上にステッチし、同じように下側のパターンふたつも、上下対称になるように刺します。

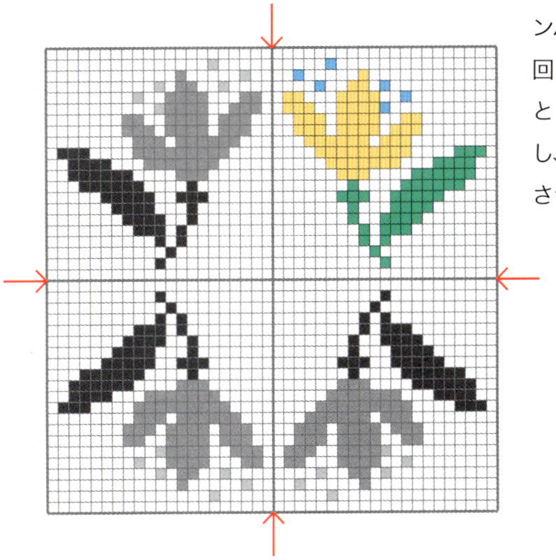

90度回転模様

1／4に分割する中心線を引きます。まず左上の模様をステッチし、それを元に、90度ずつ回転させてステッチしていきます。この繰り返し模様で作った作品は、どの向きに置いてもデザインが変わらないという特徴があります。

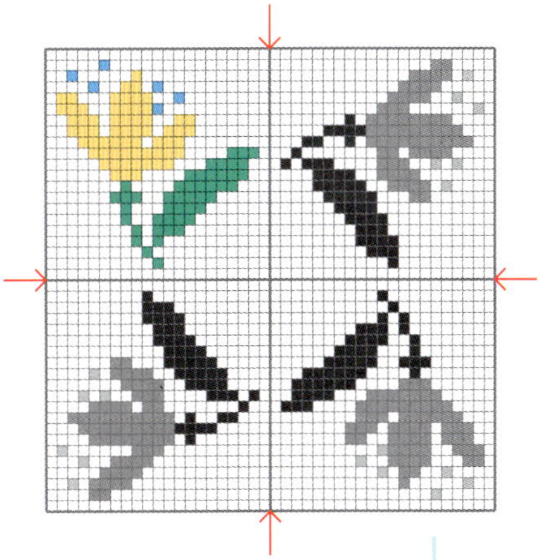

対角線模様

最後に、デザインを斜めに分割する方法を紹介します。中心線の代わりに対角線を使って、対称にデザインします。まず最初の1／4を、チャートどおりにステッチします。隣接するモチーフをステッチするたびに布地・キャンバスを90度回転させることもできますし、布地・キャンバスの代わりにチャートを90度回転させる方法もあります。

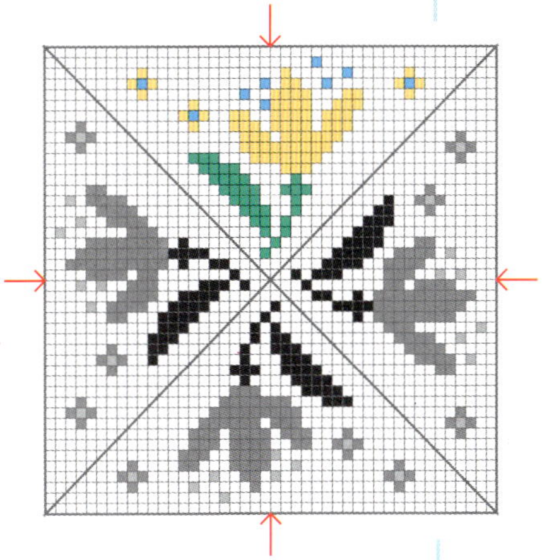

模様のアレンジ
Adapting Patterns

シンプルなデザインをサイズや
素材、色、刺し方を変えてアレンジする方法です。

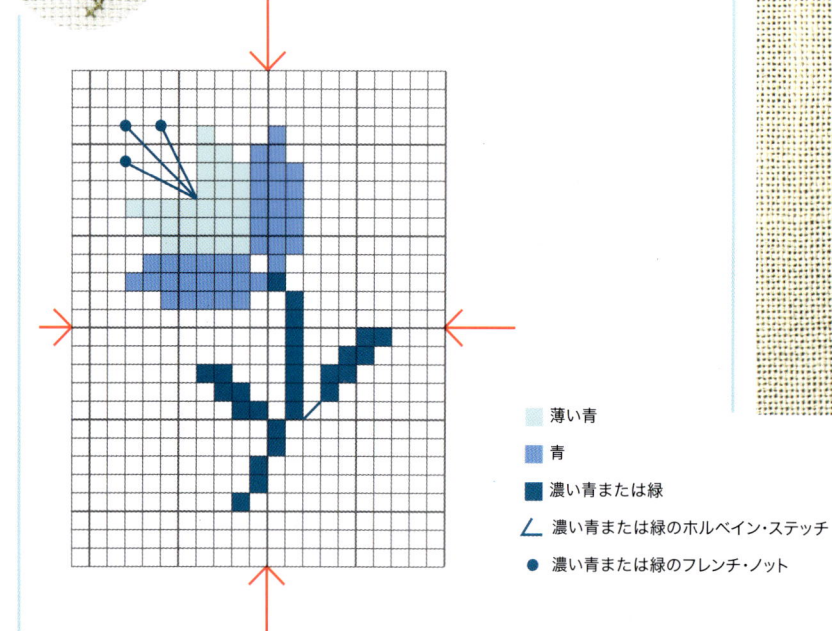

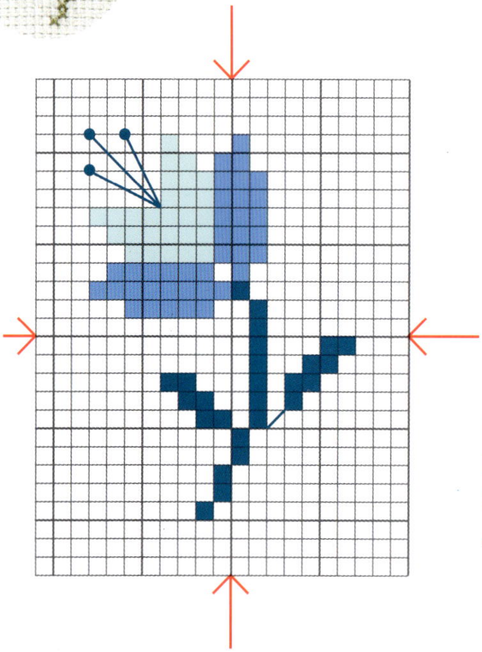

- 薄い青
- 青
- 濃い青または緑
- 濃い青または緑のホルベイン・ステッチ
- 濃い青または緑のフレンチ・ノット

ステッチを変える

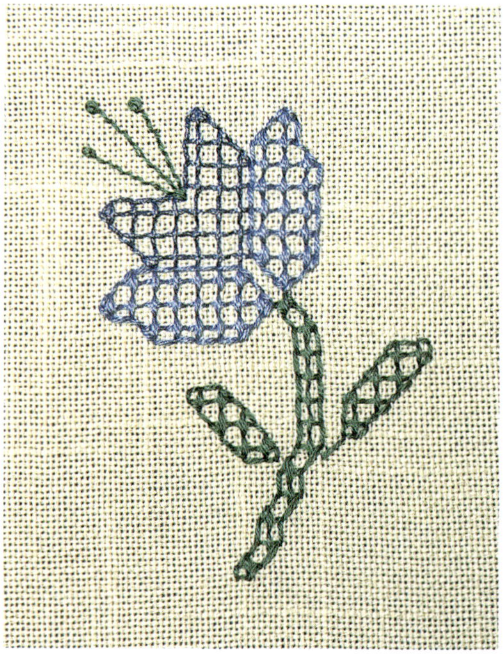

同じ模様も違うステッチで刺すと印象が変わります。平織りの麻布と25番刺しゅう糸を使って、アップライト・クロス・ステッチ（35ページ参照）で刺し、輪郭線を加えました。

サイズを変える

同じ花のモチーフを様々な方法でステッチしています。 **1** 22カウントのアイーダ（25番刺しゅう糸2本どりのクロス・ステッチ）、 **2** 14カウントのアイーダ（25番刺しゅう糸3本どりのクロス・ステッチとビーズ）、 **3** 10ゲージのキャンバス（タペストリーウールのテント・ステッチ）、 **4** 14カウントのアイーダ（パールコットン5番でブロック2マスごとのクロス・ステッチ）、 **5** 6カウントのビンカ（パールコットン5番）

ビーズを使う

クロス·ステッチの代わりにビーズを使うこともできます。アイーダの織り目に合った大きさのビーズを選びましょう。

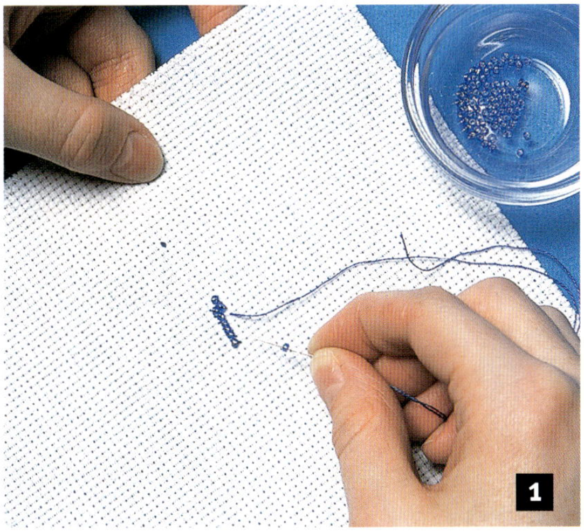

1 ビーズの穴に通る細い針を選びます。ビーズに合った糸を使いましょう。ビーズを布地に留めるには、まず針を織り目の角から出し、ビーズに通します。

2 対角線上の角に針を刺し、糸を引きます。対角線ではなく、同じ辺上の角に針を刺してビーズを留めることもあります。図案の中心にあるビーズは、針を出してビーズに糸を通した後、再び同じ角に針を刺して留めています。

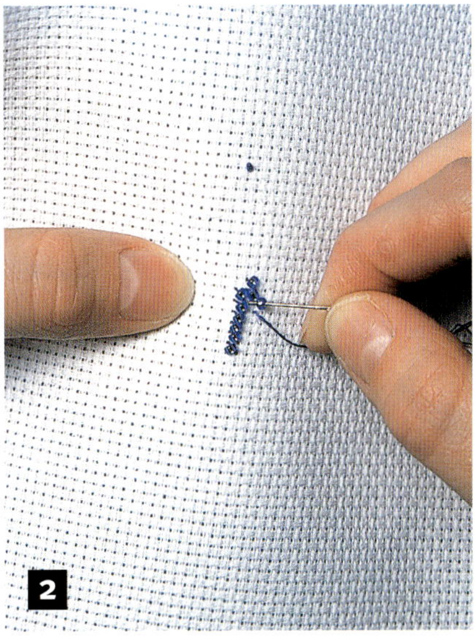

図案

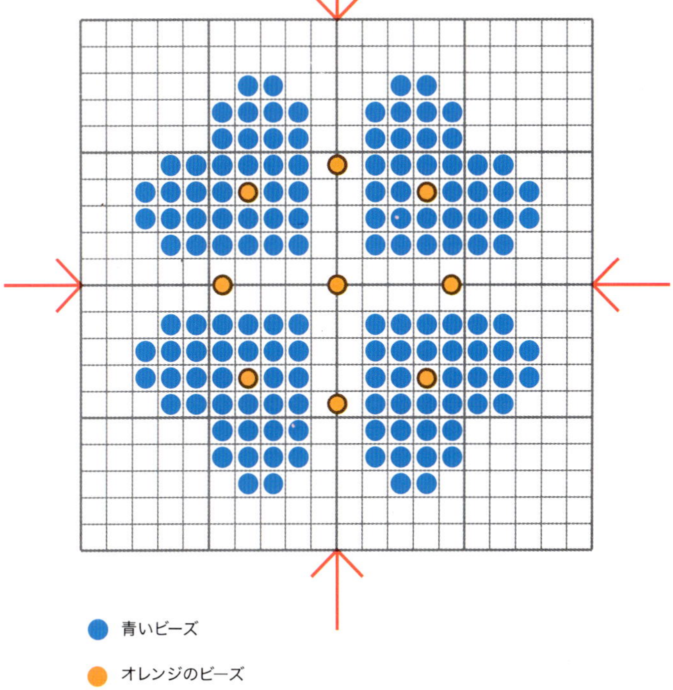

素材を変える

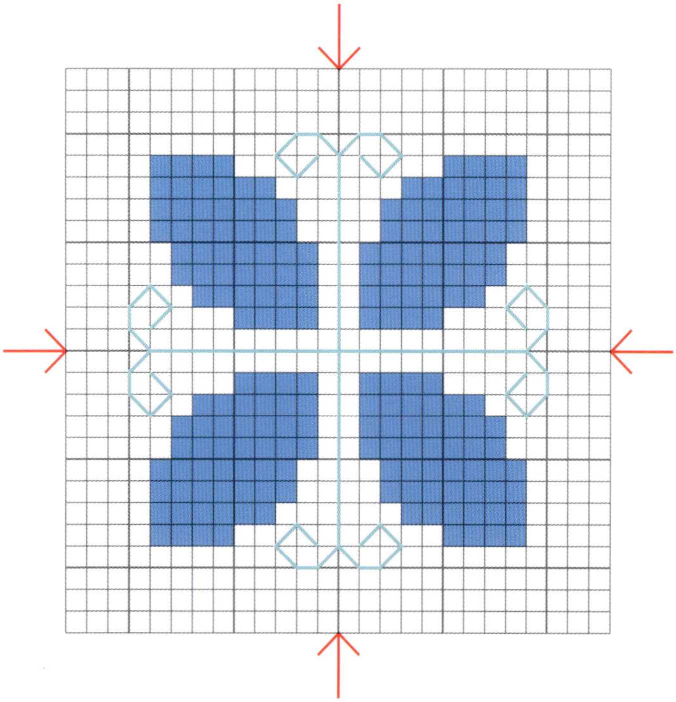

青

ターコイズのホルベイン・ステッチ

カウント・ステッチに用いられるステッチは、規則的なマス目になっているものであれば、どのような素材にも刺すことができます。

ワイヤー・メッシュ

キャンバス地とまったく同じ方法でステッチしますが、全体にステッチする必要はありません。手を痛めないよう、マスキングテープで端をくるみます(59ページ参照)。透けて見えるので、ステッチのない部分の裏側に糸を渡すことがないようにします。25番刺しゅう糸で刺した、クロス・ステッチとホルベイン・ステッチの花のモチーフ。

格子模様の布地

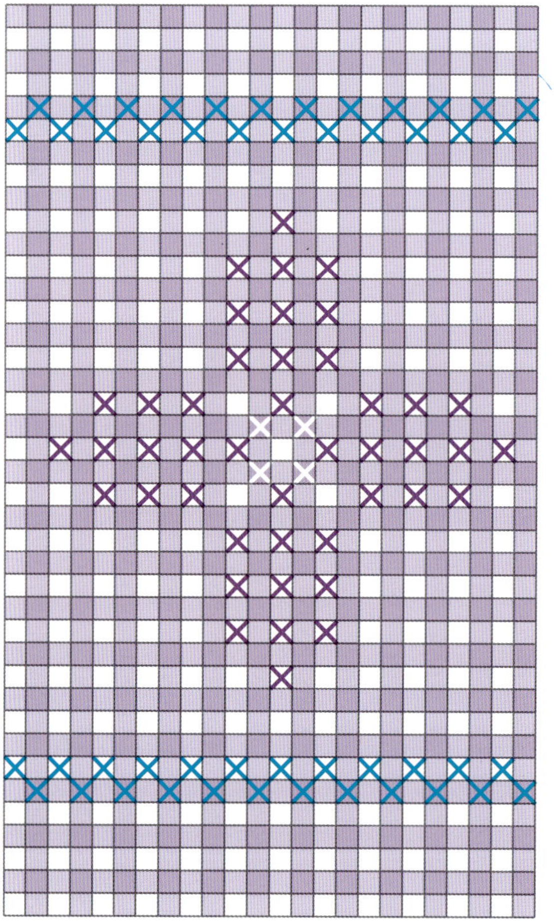

白地に濃色のクロス・ステッチ

濃色地に淡色のクロス・ステッチ

ターコイズのホルベイン・ステッチ

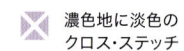

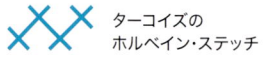

ギンガムチェックを使うと、無地とは印象の違うクロス・ステッチが仕上がります。このような薄手の布地は、刺しゅう枠(60～61ページ参照)でピンと張って刺しましょう。また、補強のために裏地を付けるとよいでしょう。白いチェック部分には濃い色の糸でステッチし、濃い色のチェック部分には淡色の糸でステッチし、濃淡の表情を出します。ヘリングボーン・ステッチを使うのも効果的です。

格子模様が正方形でない場合、このように少しゆがんだクロス・ステッチとなります。このボーダーのパターンは、1cm当たり約3個の四角形からなるギンガムチェック地に、25番刺しゅう糸でステッチしたものです。

ニット

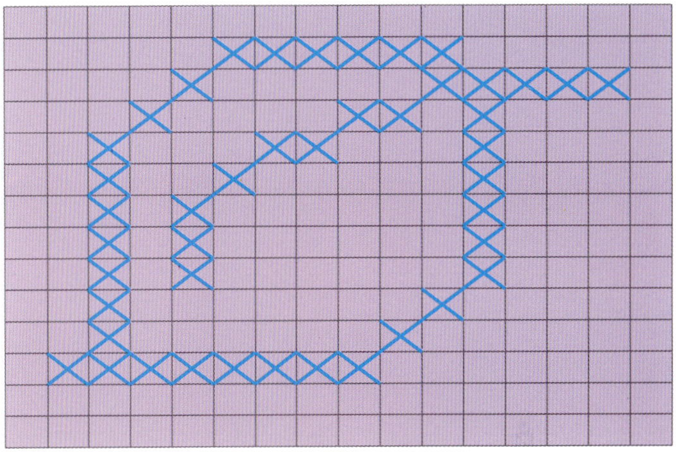

ターコイズのクロス・ステッチ

シンプルなメリヤス編みも、クロス・ステッチで飾ることができます。ニットの場合、ステッチの高さよりも幅がやや広くなることが多く、クロスの形がゆがみがちです。デザインを正確に把握するには、編み目のサイズと同じ方眼紙を作り、そこに図案を描いてみるとよいでしょう(108ページ参照)。編み糸よりもやや太めの糸でステッチすると、きれいに仕上げることができます。

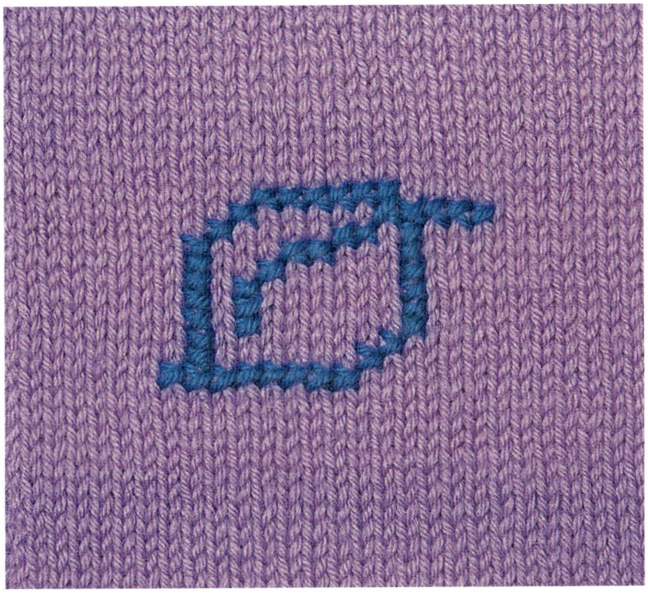

編み目の中央に針を出し入れして、クロス・ステッチを刺します。

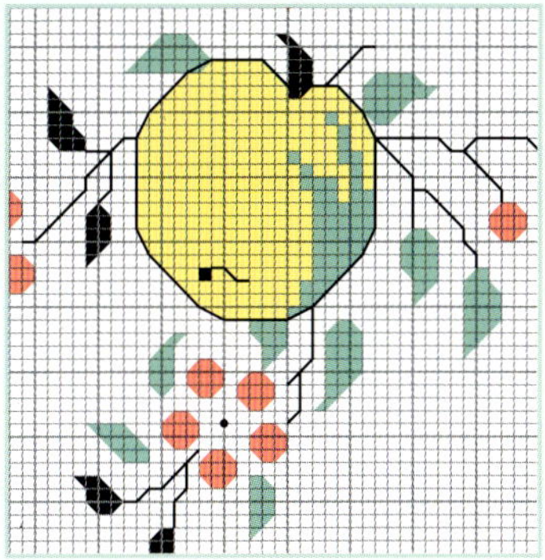

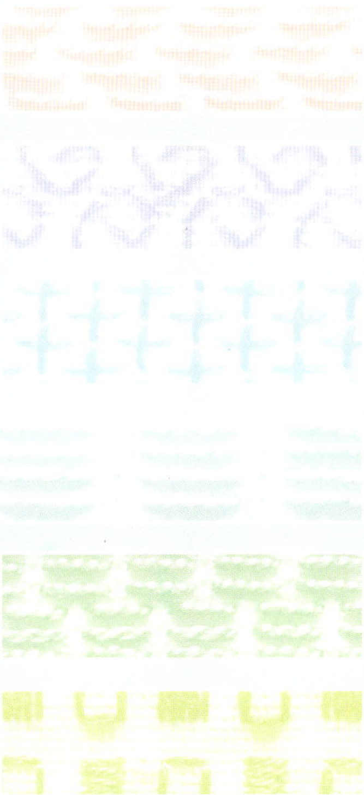

CHAPTER 4

Design Your Own

第4章　自分だけのデザイン

基本的なステッチの技法に慣れたら、自分だけのデザインでオリジナル作品を刺してみませんか。あなたの家族、家、庭、ペット、お気に入りの場所などを、刺しゅうの図案にしたり、特別な日の贈り物やお祝いに、自分ならではのデザインを考えてみましょう。

デザインのアイディア探し
Design Sources

デザインのインスピレーションはあらゆる場所から生まれてくるものです。写真、スケッチ、絵画、コラージュ、また、工芸品に使われたモチーフ、布地のプリント模様、陶磁器の絵柄などからも……。

デザインに使うイメージは、そのままでよいものもあれば、刺しゅうのデザインとして使えるように簡略化したり手を加えたほうがよいものもあります。「イメージを形に」(96〜97ページ)や「イメージの図案化」(98ページ)などを参考にしてみてください。

完成させた作品に関する記録を残しておくと、今後のデザインを考えるための参考資料になります。図案やデザイン画を、ステッチ見本と一緒に残しておきましょう。作品のサイズ、布地や糸の種類、使用した特殊なステッチや技法なども書き残しておきます。完成した作品の写真を添えておくのもよいでしょう。

デザインの手法
Which Method to Use

ここでは、デザインの手法をいくつかご紹介していきます。デザインのタイプや刺しゅうの技法に合わせたやり方を学ぶようにしましょう。

布地に刺したクロス・ステッチ、キャンバス地に刺したテント・ステッチなどの多色デザイン

素材に直接デザインを描く方法と図案を作る方法、どちらの手法でもかまいません。単純な模様なら、カラー転写紙や透明シート（102ページ）で写し取れば簡単にデザインを起こせますし、布地へ直接写し取る手法を使ってもよいでしょう。

様式的なクロス・ステッチ・デザイン（アッシジ刺しゅうなど）、図案を使ったブラックワーク・デザイン

簡略化され、抽象的なデザインの場合は、図案を作る必要があります。トレース方眼紙や普通の方眼紙を使う手法、あるいはコンピュータを使ってデザインする手法もあります。

フリースタイルのブラックワーク・デザイン

デザインを布地に直接写し取るか、輪郭線をコピーする手法を使いましょう。

ハーダンガー刺しゅうのデザイン

ステッチの配置を間違いなく行う必要があるで、方眼紙に直接デザインするか、コンピュータを使いましょう。

イメージを形に
Preparing the Image

拡大と縮小

最初に基本のデザインを作っておくと便利です。コピー機を使えば自動的に拡大・縮小ができますし、スキャナーつきのコンピュータを使う方法もあります。手作業の場合は、下書きを方眼に区切る手法がよいでしょう。

カウント・ステッチの場合、曲線や斜線の輪郭は、通常は階段状のステッチになります。デザインが大きいほど、曲線や斜線もなめらかになります。

コピー機やスキャナーを使った拡大・縮小

大きさを変更する場合、元のイメージの大きさに対する比率がその度合いを表します。

例えば、50パーセント縮小という場合、縦横の長さが1/2になるという意味です。元のイメージが100mm四方の大きさなら、50パーセントに縮小すれば50mm四方の大きさになります。200パーセント拡大なら、縦横の長さが2倍になりますから、200mm四方の大きさになります。175パーセント拡大なら、175mm四方になります。

デザインを大幅に拡大すると、輪郭線がぼやけてしまうことがあります。その場合はなぞり描きをして、はっきりした線にしておきましょう。

200パーセント拡大

元の大きさ

50パーセント縮小

方眼に区切って描き写す

手作業でデザインを拡大・縮小する場合でも、特別な絵画の知識は必要ありません。

元の大きさを測り、目的に合った大きさを割り出しておきます。下の写真の例では、4倍の大きさに拡大します。下書きを6mm四方の方眼に区切っておき、それぞれのマス目の線を24mm四方の大きさに拡大していきます。

用意するもの

- トレーシングペーパー
- 鉛筆
- 定規またはT型定規
- 無地の紙

1 元になる下書きを鉛筆で写し取ります。

2 写した下書きに、方眼の線を入れていきます(ここでは6mm四方の正方形で区切っています)。

3 無地の紙に、同じ数の方眼線を入れます(ここでは25mm四方の正方形)。この線を元にして、下書きの模様をマス目単位で拡大、または縮小し、写し取ります。

▶ここがポイント[TIP]

- イメージを図案化するのであれば、方眼紙に直接描きましょう。
- 写し取りたいデザインが、皿の模様など曲面に描かれている場合、トレーシングペーパーの代わりに薄い不織布を使うと便利です。テープで曲面に固定して写し取ります。

イメージの図案化

Adjusting the Image

必要なサイズのイメージができたら、図案にする前に、全体や細部を単純化したり手を加えたりする必要があるかどうか、考えてみましょう。

写真を使ってコピーする場合、図案化しやすい理想的なイメージを見つけるのは、想像以上に難しいものです。もしコンピュータを使うのであれば、写真の色やコントラストに手を加えたり、不必要な細部や背景を削除して画像の処理をし、図案化しやすいイメージとしてプリントアウトしておくとよいでしょう。

カラーコピー機を使ってコントラストや色合いのバランスを調整し、プリントアウトし、必要のない部分を切り取ってしまうこともできます。

写真のコピーを使ってコラージュし、新たに細部を自分で描き込んでもよいでしょう。

刺しゅう糸の色を選ぶ

糸の色は、必ず日中の自然光の下で選ぶようにします。

色の組み合わせを確認するために、カラーサンプルのカードを作ってみましょう。糸を厚紙に1色ずつ巻いておくと、色のバランスがつかみやすくなります。暗すぎる、あるいは明るすぎるデザインになっていないでしょうか。色の明暗、濃淡のバランスはどうでしょうか。少し距離をおいて眺めてみてください。刺し始めてからも、必要に応じて色を変えることもできます。新しい色を何針か刺し、効果に問題がないかを確認することも大切です。

図案の転写
Applying Designs Direct to Fabric

必要なサイズの図案ができたら、布地やキャンバスの上に直接写したり、キャンバスに直接色を付けたり、自分で転写紙を作ったりしてみましょう。

用意するもの

- ビューアー（箱形の透視器具）
- マスキングテープ
- 水溶性フェルトペン（布地用）
- 油性のフェルトペン（キャンバス用）

図案の写し方

布地でもキャンバスでも、どちらの素材にもこの手法が使えます。ただし、薄手の紙に描かれている図案に限られます。写真などには向いていません。

　布地に写し描きをする場合は、あとで消せるように、水溶性のフェルトペンを使います。素材がキャンバスの場合、たいていはステッチがデザイン線を覆ってしまうので、油性のフェルトペンを使用できます。色を使い分けてもよいでしょう。

1　図案をビューアーか窓ガラスにテープで貼り付けます。透明なビニールシートなどをその上に貼り付け、デザイン画を保護します。

2　布地またはキャンバスを図案の上にテープで貼り付け、輪郭線を写し取ります。

ビューアーが手元になければ、窓ガラスに図案や素材を貼り付けて作業することもできます。また、ガラス板か透明アクリル板を土台になるものの上に乗せ、その下に光源を置けば、複雑な図案も写し取りやすくなります。ただし、特にガラス板の取り扱いには十分注意をしてください。

キャンバスに色付けする

素材がキャンバスなら、水で薄めたアクリル絵の具でデザインの色付けをすることができます。無漂白のキャンバスは絵の具をすばやく吸収します。デザインを写し取るには、ビューアーを使うとよいでしょう。色付けしたキャンバスは、平らな場所に置いて乾かします。

転写紙を作る

市販の転写ペンなどを使って、オリジナルの転写紙を作ることもできます。説明書をよく読んで使うようにしましょう。

転写紙に描かれた図案は、素材に転写するときには左右が逆になることに注意します(デザインによっては気にする必要がない場合もあります)。正しい向きで転写するには、写した図案を裏返して転写紙に写し取るか、コンピュータの画像ソフトで「鏡像」に加工します。

転写ペン・転写ペンシル

図案の輪郭線を転写するために使います(フリーデザインのブラックワークなど。80ページ参照)。転写する用紙は、トレーシングペーパー、耐油紙、料理用のオーブンペーパーなどが適しています。転写紙を裏返してアイロンをかけ、図案を素材に写し取ります。

布地を平らにし、まち針でアイロン台に留めます。転写紙の転写面を下にして布地の上に置き、位置を確認してまち針で留めます。アイロンの温度を調節し、転写紙の上にアイロンを置いて、横に滑らせないように固く押さえます。必要な時間がたったらアイロンを上に持ち上げます。図案がきちんと転写されたかどうか、転写紙の角をゆっくりとめくって確認します。アイロンをかける際に転写紙が動くと、図案の線がかすれてしまうことがあります。転写した線は消せないものが多いので、ステッチを刺すときには、線を完全に覆うようにしなければなりません。

カラー転写用シート

カラーコピーやレーザープリンター、インクジェットプリンターなどで専用のシートにカラー印刷をすれば、カラーの転写紙を作ることができます。素材の上にこの転写紙を置いてアイロンで転写し、冷ましてからはがします。シートの説明書をよく読んで使うようにしましょう。アイロンの温度や転写の時間などは、できるだけ正確に守ることが大切です。

▶ここがポイント [TIP]

- 転写の手法を使う場合、必ずテスト転写を行ってみましょう。別紙でテスト用の転写紙を作り、実際の布地の切れ端に転写してみます。アイロンの温度、かける時間などをチェックしましょう。
- 布地によっては、一度洗って布地ののりを落とし、乾かしてから転写したほうが、きれいにできる場合もあります。どちらもテスト転写してみましょう。

ゴムスタンプを使う

手芸店などでゴムスタンプを手に入れることができます。花、鳥、動物など、種類も豊富で、様々な大きさのスタンプが市販されています。布用インクのスタンプ台を使うこともできますし、布用の絵の具をスタンプ台の代わりに使う方法もあります。インクは使う糸の色に近い色を選びます。布地の余りなどを使って、事前に必ず試しましょう。

図案の作成
Preparing Charts

自分で図案を作るには、いくつかの方法があります。写真のイメージをそのまま使うのであれば、透明シートを使う手法を試してみましょう。シンプルなイメージを図案化するなら、トレース方眼紙に写し取る手法が適しています。

様式化されたデザインや、元のイメージをアレンジするデザインの場合は、普通の方眼紙で図案を作る手法がよいでしょう。この手法を使うと、コピー機やコンピュータの画像ソフトを使ったデザインよりも時間はかかりますが、デザインを構成する線や形をどんなステッチに置き換えるか、紙の上でじっくり考えることができ、デザインしやすいのです。実物よりも大きなサイズの図案にすることもでき、見やすく作業が楽です。

コンピュータが使えるのであれば、クロス・ステッチなどの図案を作るソフトもネット上で入手できますから、使ってみてもよいでしょう。スキャナーがあれば、写真や絵を直接取り込んで作業することも可能です。

透明シートを使う

用意するもの

透明シート
(OHPシートなど)

元になるデザイン

コンピュータやコピー機を使い、無地の透明シートに方眼線を印刷します。プリンターに合ったシートを使いましょう。

方眼線は、パソコンの表計算ソフトで作成することができます。マス目の縦と横が同じサイズになるよう、行の高さと列の幅を調整します。布地や図柄に合わせて、マス目の数やサイズを決めましょう。必要に応じて元になるデザインを拡大または縮小しておきます(96ページ参照)。

透明シートを元になるデザインの上に重ね、2枚一緒にコピーします。中心線に矢印でしるしを付けておきます。

マス目の中の色が複数の場合もあります。実際に刺しゅうするときに、どの色で刺すかを決めていくようにします。

方眼のトレーシングペーパーを使う

様々なサイズの方眼が印刷されたトレーシングペーパーが市販されていますので、使用するアイーダ布のカウント数に合わせて選ぶようにしましょう。

　必要に応じて元になるデザインを拡大または縮小しておきます（96ページ参照）。

用意するもの

方眼のトレーシングペーパー

元になるデザイン

先のとがった鉛筆

色鉛筆またはフェルトペン

マスキングテープ

台になる平らなもの（厚紙など）

1　元になるデザインを厚紙などにテープで留め、その上にトレース方眼紙を置いて位置を合わせ、同様にテープで留めます。先のとがった鉛筆を使い、輪郭線を軽くなぞっていきます。このとき、曲線や斜線部分を階段状のラインに置き換え、細部を削ったり加えたりし、分数ステッチ（69ページ参照）や輪郭のステッチの指定もしておきます。

2　方眼が見える程度に色鉛筆でマス目を塗っていきます。細かいマス目でなければ、明るい色のフェルトペンを使ってもよいでしょう。

　このとき使う色は、実際の色でなくても、どの色がどの場所かを判別できれば十分です。陰影を付ける箇所で似通った色の糸を使う場合などは、わざと違う色を使って目立たせておくと、図案が読みやすくなって便利です。

　最後に図案の縦横のマス目を数え、中心を矢印で書き込んでおきます。

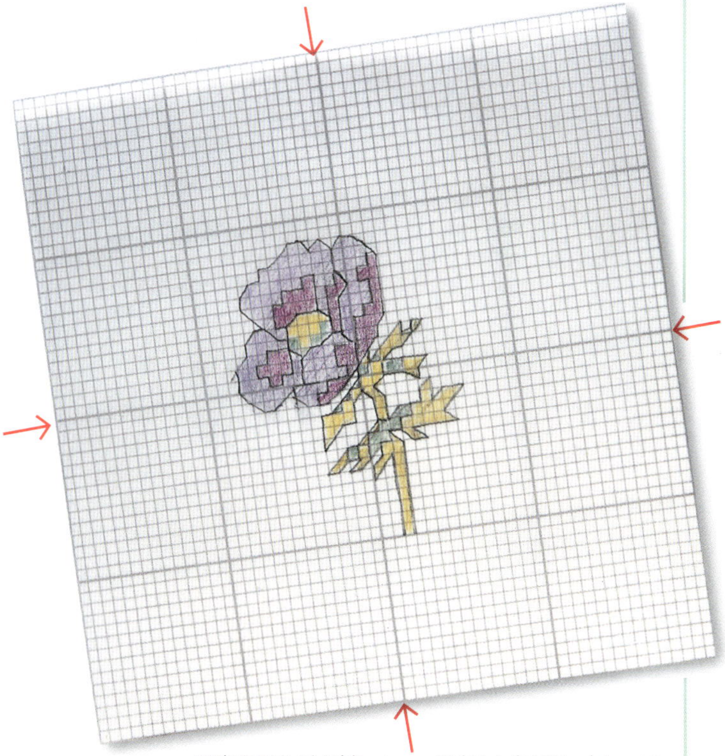

図案を見ながら刺しゅうするときには、トレース紙の裏に白い紙を貼っておくと見やすくなります。

用意するもの

方眼紙

元になるデザイン

トレーシングペーパー

鉛筆
(硬い芯と柔らかい芯の2種類)

色鉛筆

フェルトペン
(黒または黒に近い濃い色のもの)

消しゴム

マスキングテープ

台になる平らなもの
(厚紙など)

普通の方眼紙を使う

まず、元のデザインをどのくらいの大きさで方眼紙に描くかを決めます。ただし、方眼のサイズと布地の織り目が一致しない限り、描かれる図案の大きさはでき上がりと同じにはなりません。例えば、14カウントのアイーダ(25mm当たり14の織り目がある布地)に150×75mmの図案を刺しゅうする場合、このデザインは84×42個の正方形の織り目を使うことになります。

方眼のマス目と布地の織り目のサイズ比がそのまま、元の図案と仕上がりのサイズの違いになります。

元のデザインを拡大または縮小し、図案に必要な大きさにしておきます(96～97ページ参照)。

1 元のデザインを平らな場所にテープで留めます。その上にトレーシングペーパーを置き、硬い鉛筆を使ってデザインの線をすべてなぞっていきます。

2 トレーシングペーパーを裏返しにして、裏側から柔らかい鉛筆で、写した線の上をざっとこすり書きします。

3 方眼紙を平らな場所に置いてテープで留めます。トレーシングペーパーを表に返し、方眼紙の中央に置き、水平・垂直方向を正確に合わせます。元のデザインが傾いていたり(写真など)、スケッチの線から写した図柄であれば、ヒントになる縦や横の線を、方眼の線に合わせるようにします。トレーシングペーパーを正しい位置に合わせたら、マスキングテープで留めます。硬い鉛筆を使ってデザインの輪郭線をなぞり、方眼紙に線を写し取ります。

4 トレーシングペーパーをはずし、硬い鉛筆でさらに描き込んでいきます。このときにデザインを単純化したり、曲線を直線または階段状の線に置き換えます。方眼をまたいだ斜めの線は規則正しい階段状にします。輪郭線や分数ステッチ(69ページ参照)の指定も行います。植え込みやレンガなどにどのステッチを使えば風合いが出るか、考えながら描きましょう。

5 方眼の線に沿って輪郭を描いたら、その上からフェルトペンでさらに輪郭をなぞり、鉛筆の部分は消しゴムですべて消します。

次に色鉛筆を使って、色分けをします。方眼の線が見える程度に軽く塗るようにしましょう。このときに使う色は、実際の色と同じである必要はなく、どの色がどの糸の場所かを判別できれば十分です。似通った色の糸を使う箇所(樹木・葉・影など)に、全く違う色を当て、違いを目立たせれば、図案が判別しやすくなります。

6 図案の縦横のマス目を数え、中心に矢印を書き込んでおきます。

7 図案を見ながら、自由に色を選んでいきましょう。同じ建物を違う視点から撮った写真があると、参考になります。下の写真の完成品では、古いレンガはテラコッタ色と金茶色で陰影を表現し、屋根の斜線は2種類の灰色で濃淡を付けています。暗い灰褐色が建物の輪郭を縁取り、扉と右側の建物の屋根の輪郭には黒が使われています。庭の植物はフレンチ・ノットです。ツバメは、フレンチ・ノットと短いストレート・ステッチを使っています。

コンピュータ・ソフトを使う

コンピュータのデザインソフトには様々なものがあり、使い方も少しずつ違うので、それぞれの解説に従いましょう。

　ソフトの使い方は、以下のような手順が一般的です。

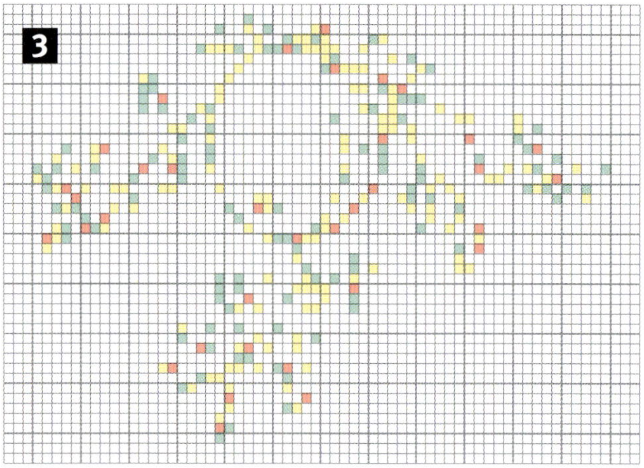

3　思うようなデザインがコンピュータ上でできないとき、スキャナーがあれば、元のデザインを適当な大きさに取り込んで利用することもできます。スキャナーがなければ、マウスを使って大まかなデザインの輪郭をスケッチします。この場合は、実際の刺しゅうには使わない目立つ色で、図案のマス目を塗るようにしてスケッチします。こうしておけば、あとでこのスケッチ線を消すのも簡単です。

1　多数の色がソフト内のパレットに用意されていますので、必要な色を選びましょう。選んだ色を保存しておけば、クリックするだけで繰り返し使うことができます。

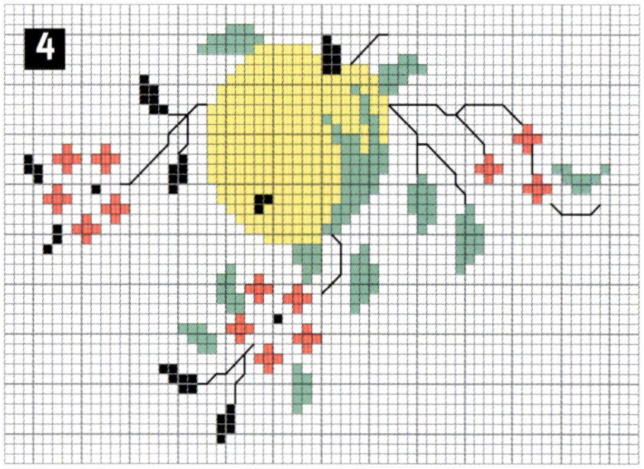

4　次に、実際に使う色で全体の形を作っていきます。輪郭は、色を塗りながら描くこともできますし、線で引いていくこともできます。

- 黄色
- 緑
- 赤
- 黒
- 黒のフレンチ・ノット
- 黒のストレート・ステッチ

2　用意した布地またはキャンバスに、どの程度の大きさのデザインが必要かを考え、縦横のマス目の数を決めます。実際の大きさは、画面上の大きさとは無関係です。実際のデザインが小さなものでも、画面上のデザインは大きくなり、マウスを使った作業も正確にできます。実物が大きなデザインの場合、画面上のズーム機能を使えば、あらゆる箇所を好みの大きさに拡大して表示することができます。

5　ほかのステッチや、フレンチ・ノットのような細部に使うステッチを加えていきます。デリート機能を使い、初めにスキャンしたオリジナルデザインや、スケッチの線を消します。

　この図案では、果物の輪郭線をなめらかにするために、2マスの対角線を使ったストレート・ステッチを取り入れています。こうしたステッチは、長い1本のステッチにする場合もあれば、2本のステッチに分ける場合もあります（針を2マスの中央に刺します）。

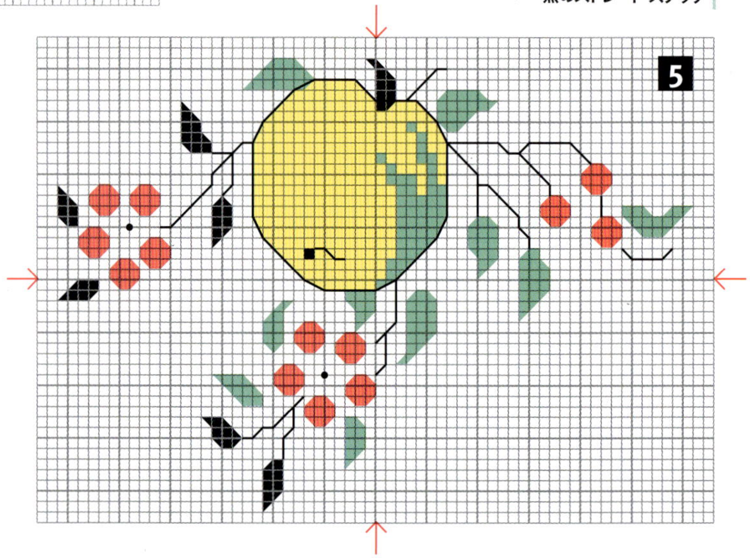

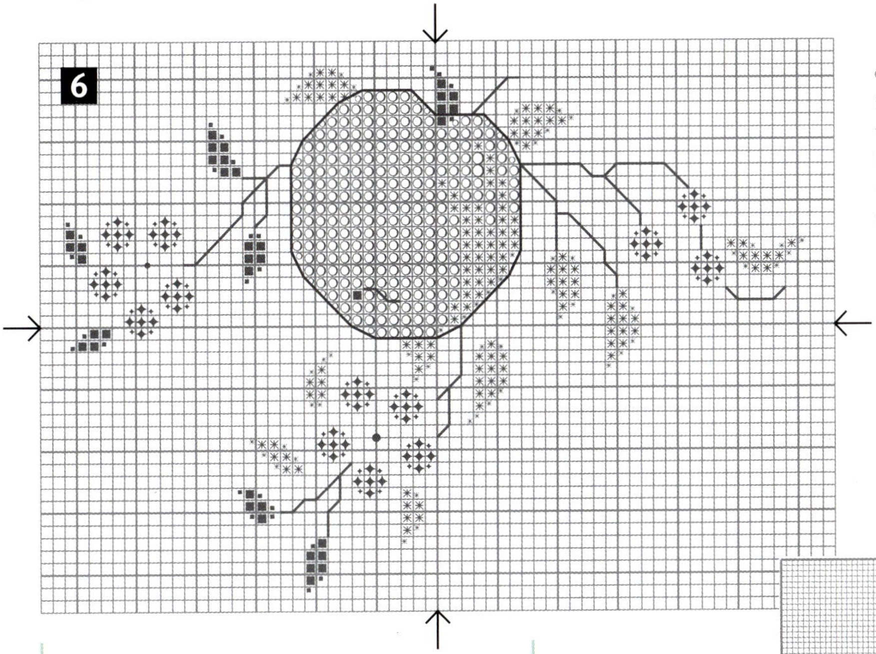

○ 黄色
＊ 緑
✦ 赤
■ 黒
● 黒のフレンチ・ノット
⌐ 黒のストレート・ステッチ

▶ここがポイント［TIP］

- 図案がイメージどおりでない場合でも、いったん保存しましょう。手直しは、そのコピーを使ってします。
- 図案の修正版は、修正段階ごとにすべて保存しておきます。こうすると、どの修正段階からでも再度作業を始めることができて便利です。

6 できあがった図案は、カラーでプリントアウトすることも、記号を使って白黒でプリントアウトすることもできます。図案を読みやすくするために、色を変更したほうがよい場合もあります。記号を使う場合は、黒糸の箇所には黒丸、白糸には白丸といったように、区別しやすい記号を選び、見やすい組み合わせになるようにしましょう。大きな図案の場合、分割して印刷されることもあります。その場合はテープなどでつなぎ合わせます。記号の意味の一覧も併せて印刷しておきます。

■ 黄色
■ 緑
■ 赤
■ 黒
• 黒のフレンチ・ノット
⌐ 黒のストレート・ステッチ

7 通常のクロス・ステッチ・デザインソフトには、選択、コピー、ペースト、鏡像、回転などの機能が付いています。これらの機能を使って、85～87ページにあるような、様々な繰り返し模様を作ることもできます。そのほかにも様々な機能がありますので、試してみるとよいでしょう。

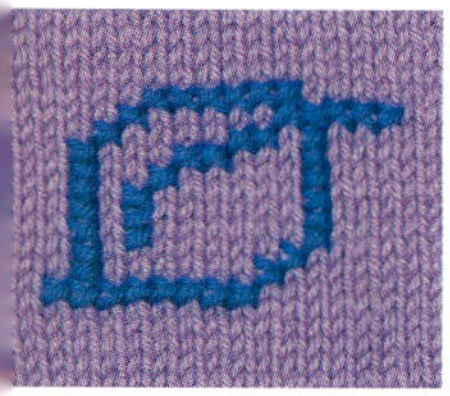

長方形のマス目の図案
Charts on Non-square Grids

メリヤス編みなどのように、図案のマス目が
長方形になる場合もあります。
素材に合わせた図案を作るようにしましょう。

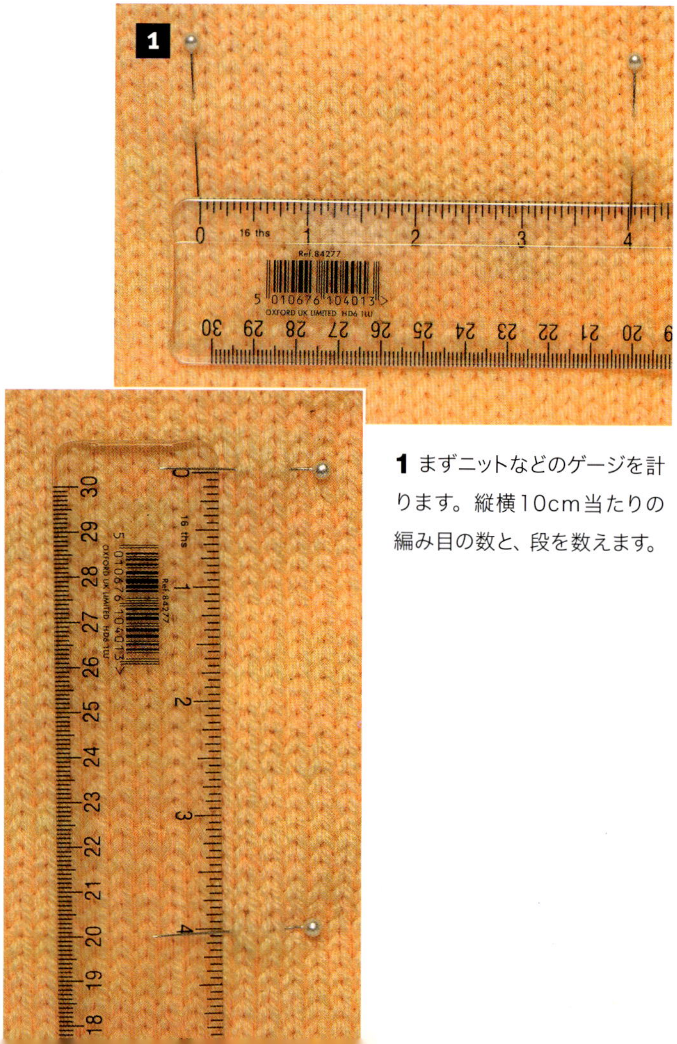

1 まずニットなどのゲージを計ります。縦横10cm当たりの編み目の数と、段を数えます。

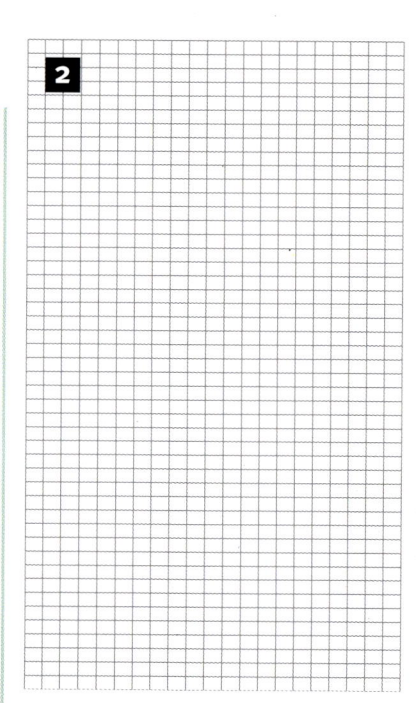

2 編み目に合わせて、この場合は横長のマス目を作ります。コンピュータの描画ソフトを使ってもよいでしょう。

ここに示したマス目は、18目・24段のゲージに合わせたものです。同様に縦・横の比率を合わせれば、どんな素材の図案も作ることができます。猫の刺しゅうの完成品は、137ページを参照してください。

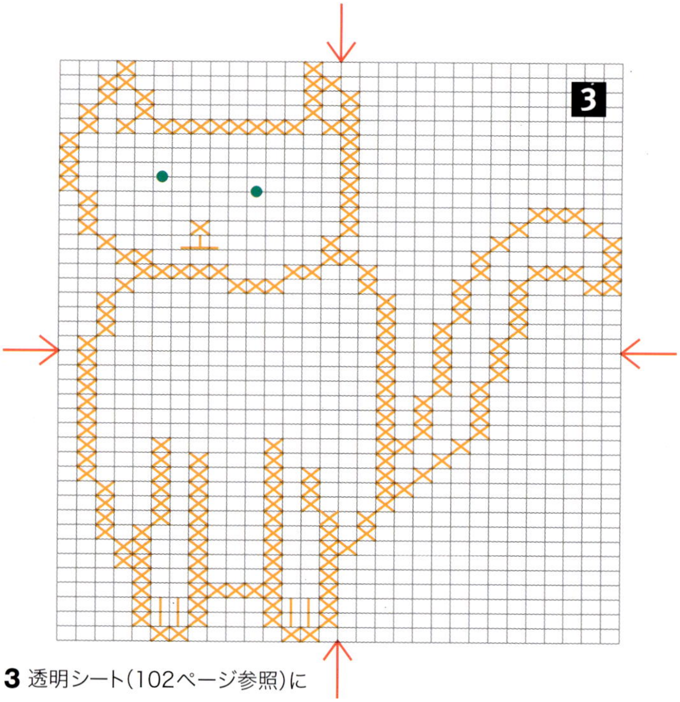

3 透明シート(102ページ参照)にマス目をプリントして作ってもよいでしょう。手描きの図案でもかまいません。

× オレンジ
● 緑のフレンチ・ノット・ステッチ
∟ オレンジのストレート・ステッチ

ハーダンガー刺しゅうの図案

Charts for Handanger Work

鉛筆で方眼紙に図案を起こすか、
またはコンピュータを使って図案化してもよいでしょう。
クロス・ステッチのデザインソフトでは、
ステッチの種類別（クロスター・ブロック、バー、フィリングなど）に
記号を決め、図案を作成していきます。

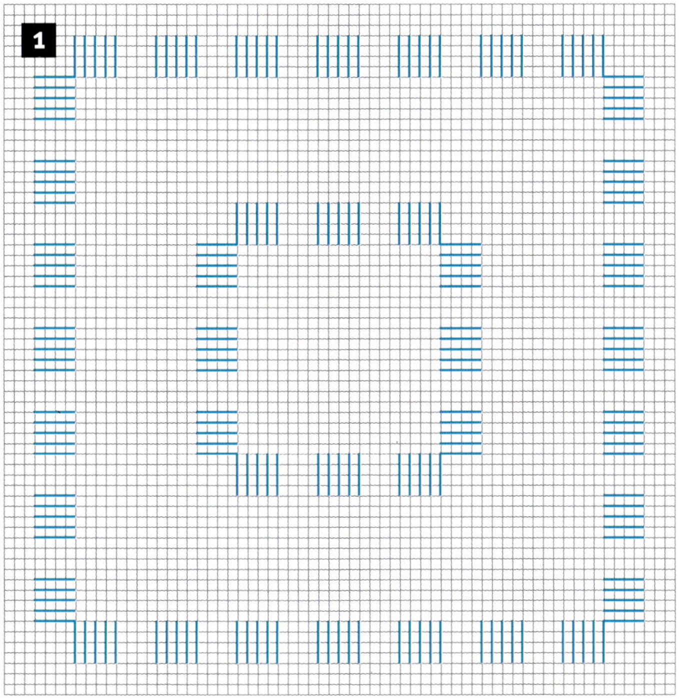

1 デザインの中心になる部分を決め、クロスター・ブロックで縁取ります。糸を切る箇所では、クロスター・ブロックの方向が大事なので、間違いがないよう確認しましょう（82ページ参照）。

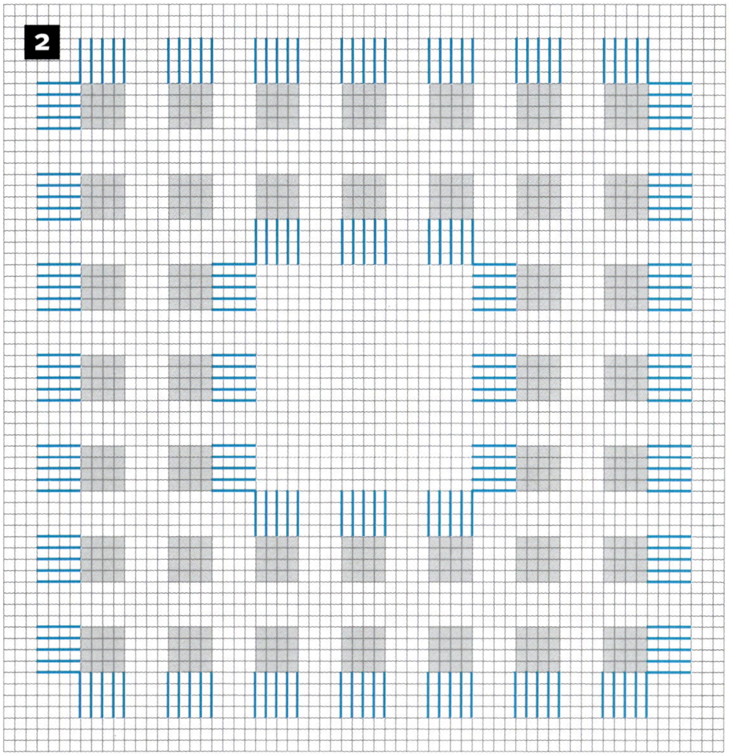

2 糸を切って抜いたときに、どの場所に空間ができるかを指定します（上図のグレーの部分です）。

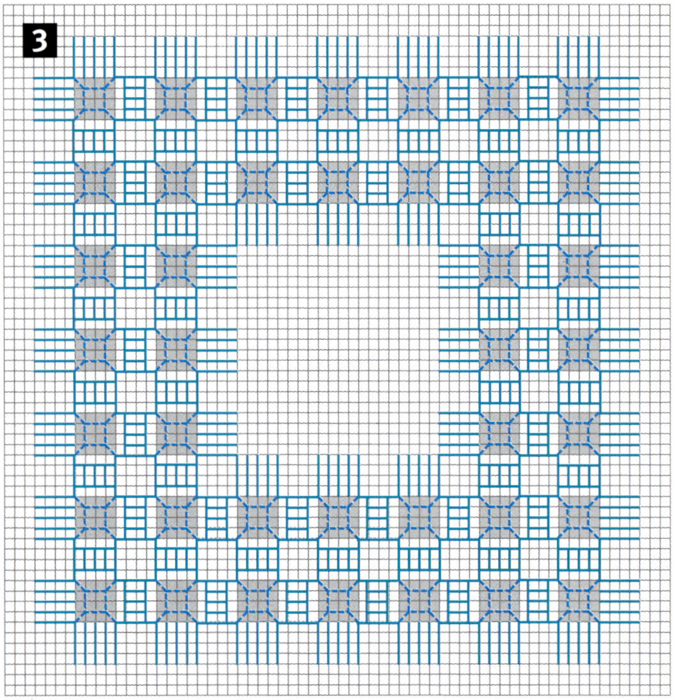

3 記号を使って、バーやフィリングの位置を指定します。クロス・ステッチのデザインソフトを使う場合、ストレート・ステッチを示す線でこれらの記号を作り、図案化していきます。

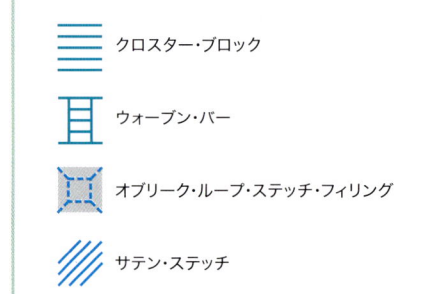

- クロスター・ブロック
- ウォーブン・バー
- オブリーク・ループ・ステッチ・フィリング
- サテン・ステッチ

4 サテン・ステッチ、またデザインによってクロス・ステッチ、フレンチ・ノットなどのステッチも加えます。最後に図案の中心に矢印を付けておきます。

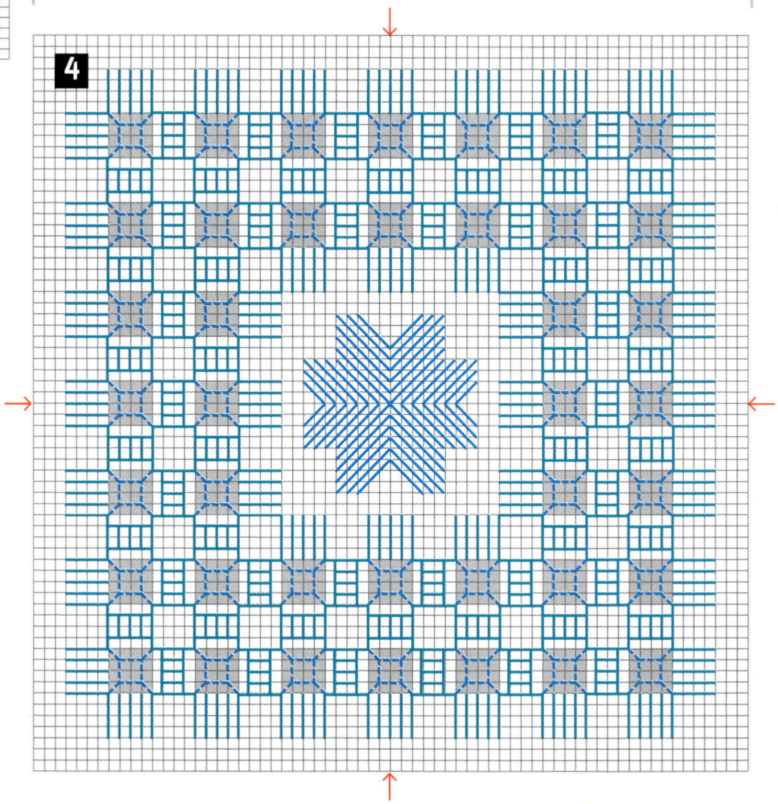

連続模様・縁や角の飾り模様の図案
Charting Repeats, Borders and Corners

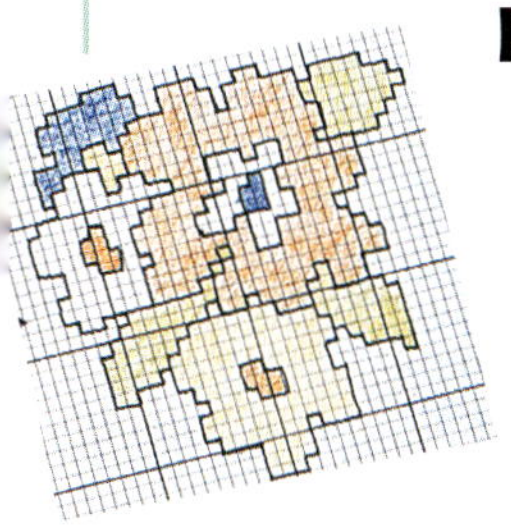

連続模様については、
85～87ページで説明しました。
コンピュータでデザインをすると、元になる
デザインのコピー、鏡像作成、
回転などが素早くできるので、模様をどうアレンジするか
簡単に決めることができます。
また、もし方眼紙でデザインを作っているのであれば、
下記のような手法を試してみてください。

1 模様を繰り返したとき、どのようになるかイメージしやすくするために、何枚かコピーして、配置をアレンジしてみましょう。

2 鏡像をイメージするには、実際に小さな鏡などを立ててみます。

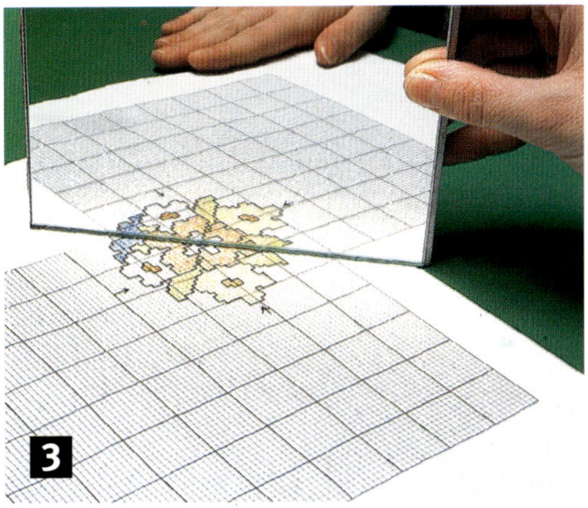

3 同様に鏡を使って、縁取りの角にあしらう模様のイメージを見ることもできます。

4 2枚の鏡を使って、ひとつの模様が4方向を向いたイメージを見ることもできます。

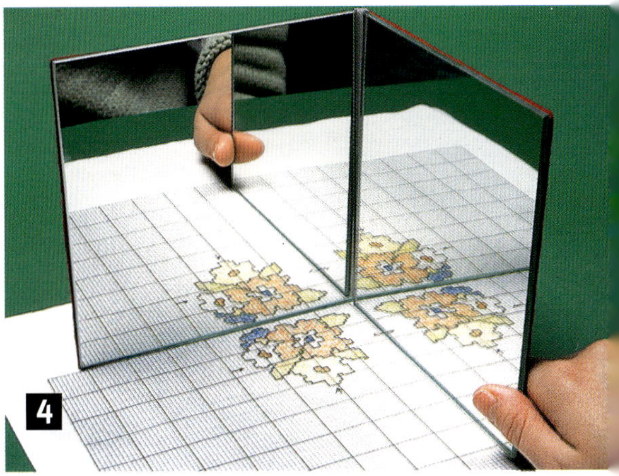

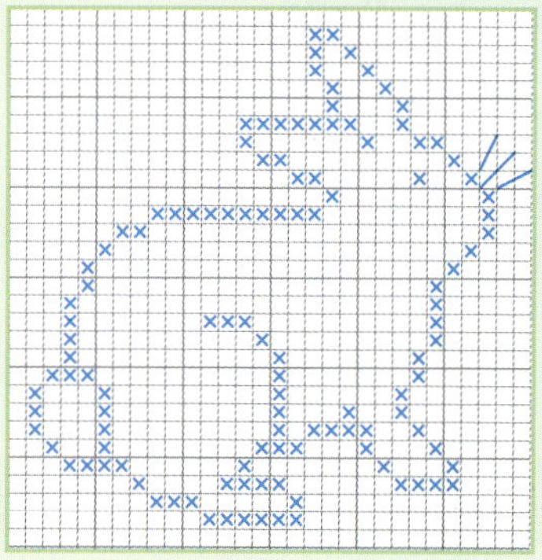

布地の準備と仕上げ

せっかくの作品を美しく仕上げるために、ぜひ守っていただきたいポイントです。

1 刺しゅうを始める前に、布地の準備をします。必ずアイロンをかけてから裁断します。縮みやすい布地は、水洗いしてからアイロンをかけるとよいでしょう。

2 アイーダとキャンバスを裁断するときは、織り目に沿って切っていきます。そのほかの布地(平織りなど)は、織り糸に沿ってまっすぐに裁断します。

3 仕上げをしない裁ち目は、あらかじめかがり縫い、またはミシンで裁ち目かがりをして、ほつれ止めをしておきます。

4 直線の縫い目は、布地の織り糸か織り目に沿ってステッチします。まち針で留め、しつけをかけましょう。実際に縫う位置を避けてしつけをかけておけば、後でほどくのも簡単です。

5 三つ折り縫いをするには、まず出来上がり線で折ってアイロンをかけ、さらに縫いしろを半分に折ってアイロンし、まち針で留めてからしつけをかけます。織り目のきわをまつるかミシンをかけます。

Showing Off

第5章　刺しゅう作品のアレンジ

この章では、刺しゅう作品の仕上げ方を紹介しましょう。額に入れたり壁掛けにしたり、クッションやテーブルクロスなどの実用的なものにすることができます。また、プレゼント用に仕上げたり、グリーティング・カードを作ったり、市販のタオルや衣類に手を加える方法もあります。図案付きで紹介するデザインもありますが、そのほかのものはこの本で紹介している模様の図案を使います。好みのモチーフ、糸、布地などを選んで、世界にひとつだけの作品を作りませんか。

CHAPTER 5

オリジナルのグリーティング・カードを作る

Make your own Greetings Cards

手作りのグリーティング・カードは、
贈る人の心を伝えるのにとても効果的です。
市販の窓付きカードを使っても、
また、フリンジを付けた刺しゅう作品を
貼るだけでも作れます。作品に合わせて
自分でカードを作ってもよいでしょう。

フリンジ付きカード

1 作品にアイロンをかけ、フリンジを含めたでき上がりのサイズに切ります。布目に沿ってまっすぐに切りましょう。

用意するもの

カード(でき上がりのサイズにカットしたもの)

刺しゅうをした布地(約100×100mm)

太めの針

定規

鉛筆

ナイフ(折り目を付けるため)

両面テープ

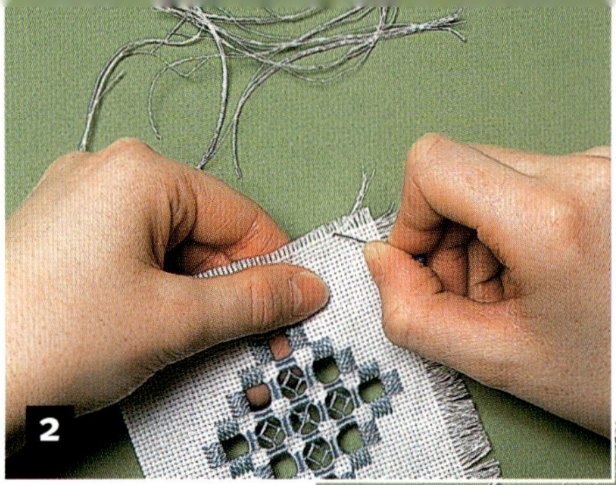

2 各辺のフリンジの長さを決めます。針を使って織り糸をゆるめ、1本ずつ引き抜きます。

3 同様に4辺すべてにフリンジを作り、アイロンをかけます。

4 カードの内側になる面を上にして置き、長いほうの辺それぞれの中心にしるしを付けます。定規とナイフの背を使って、ふたつのしるしをつなぐように折り筋を付けます。

5 4で付けた筋に沿って、半分に折ります。

6 小さく切った両面テープを、布地の裏側に貼ります。フリンジの内側ぎりぎりのところに貼り、テープの裏紙ははがさずにおきます。

7 布地をカードの上に置き、位置を決めたら鉛筆で軽くしるしを付けます。

8 両面テープの裏紙をはがし、カードに付けたしるしに合わせて布地を貼り付けます。ここでは82ページのモチーフを使用しています。

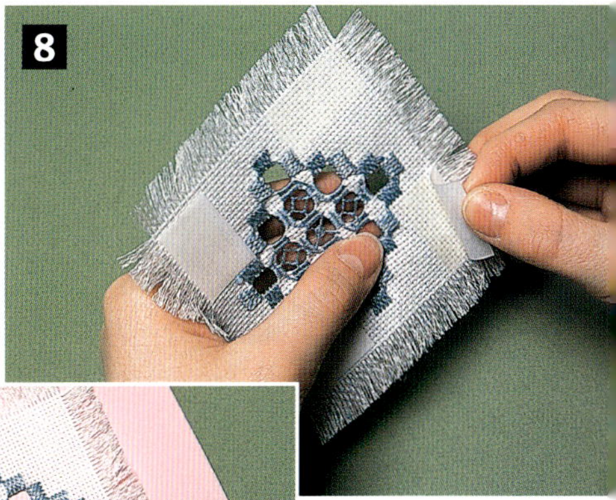

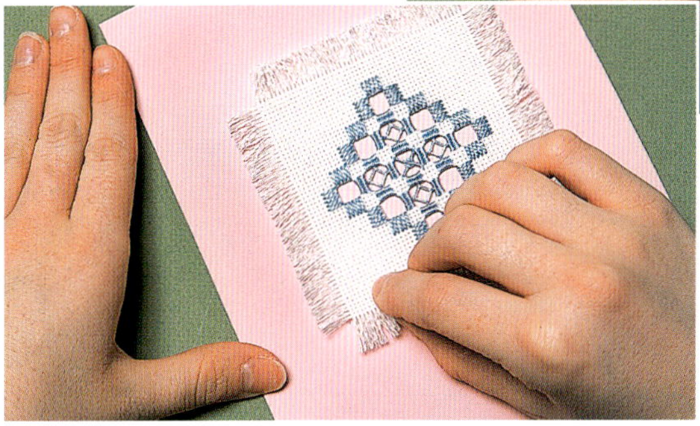

▶どのような場面にもふさわしい、ハーダンガーのモチーフを用いたカード。

▶アドバイス [NOTE]

- 刺しゅうをした布地の縁をフリンジにするには、フリンジとステッチの間に少なくとも15 mmくらいの余裕が必要です。

窓付きのカード

用意するもの

窓付きのカード
（刺しゅう作品に適したもの）

刺しゅうをした布地

両面テープ

薄いキルト芯（カードの窓よりやや大きめのもの）

チャコペンシル

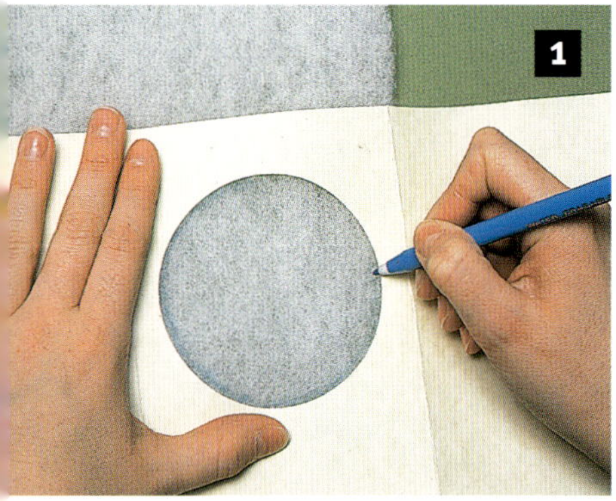

1　カードを開き、窓の開き部分をキルト芯の上に置きます。窓の内側に沿って、キルト芯にしるしを付けます（カードにしるしが付かないよう注意しましょう）。

2　しるしの内側に沿って、キルト芯を裁断します。

3　カードを閉じて窓の中心に両面テープを1枚貼り、テープの裏紙をはがします。

4　窓にぴったり収まるよう、キルト芯を貼り付けます。

5　次にカードの内側を上にして置き、窓のまわりに小さく切った両面テープを貼ります。細長いテープが必要なときには、テープを縦に細長く切ってもよいでしょう。テープの裏紙をはがします。

6　カードを表に返して窓から絵柄が見えるように置き、位置を確認してから貼り付けます。

7　窓を閉じて固定するため、作品の縁にぐるりと両面テープを貼ります。

8　テープの裏紙をはがして、キルト芯を貼った紙に窓のある紙を貼り付けます。ここでは88ページで紹介した作品を使用しています。

◀端切れや残った糸を使って、オリジナルのカードを作りおきしておくと便利です。

▶アドバイス
[NOTE]

- 刺しゅうをした布地は、カードの表紙よりも各辺５～６mm小さく切って使いましょう。
- キルト芯を入れないで作ることもできますが、キルト芯を使うことで仕上がりに立体感が出ます。

フレームに入れて飾る
Mount and Frame a Picture

作品をフレームに入れて飾るときには、ガラス面とステッチの表面が直接触れないように、マットボードを使うことをおすすめします。刺しゅう作品の映えるマットボードを選びましょう。

刺しゅう作品の布地のサイズが、各辺、フレームの裏板より25mm以上大きければ、裏側で布地を引っぱって糸で縛り、たるみなく仕上げることができます。

用意するもの

- フレーム
- 刺しゅうをした布地
- マットボード（フレームの枠よりひと回り小さい窓を切った厚紙）
- 縫い針
- 丈夫な糸

1 平らなところに布地を裏返して置き、中央に裏板をのせます。

布地の向かい合う2辺を、裏板にかぶせるように折り返します。糸巻きから直接針に糸を通し（糸は切りません）、必要に応じて糸巻きから糸を引き出しながら、上の写真のように2辺の端を縛っていきます。

2 2、3針返し縫いをし、しっかりと留めます。糸端を長めに残して糸を切ります。

角が直角になるように残りの2辺も折り、平らにならします。この2辺も同様に縛ります。

3　表に返し、位置を確かめます。絵柄が中央になるよう、裏側で縛った糸を調節し（マットボードを使ってチェックします）、残しておいた長い糸端をしっかりと結びます。

4　フレームを裏返して置きます。ガラス板の内側をきれいにふいてからフレームの中に入れ、マットボード、刺しゅう作品を順に重ねます。フレームの厚みに余裕があれば、さらにもう1枚厚紙や板などを重ねて調節し、裏板をはめます。最後にフレームの金具を留めて固定します（または、パネル用の小さなくぎを斜めに刺します）。

▶友人の家をステッチしたものをフレームに入れて、特別なギフトに。

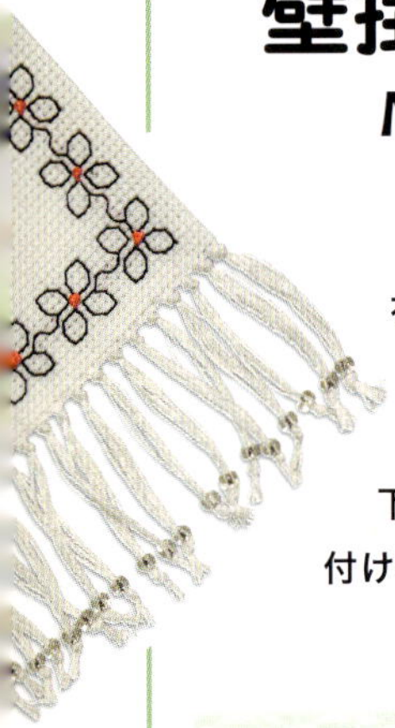

壁掛けを作る
Make a Hanging

布地やキャンバスにステッチした刺しゅう作品であれば、裏布を付け、ループをポールに通して壁掛けにすることができます。布地によっては、下の端をフリンジにして結び目やビーズで飾りを付けると、さらに美しく仕上がるでしょう。

用意するもの

刺しゅうをした布地（フリンジを付ける場合は、下端に100mm以上の余裕が必要です）

裏地（作品と同じ大きさ）

ループ用平テープまたはリボン（1本あたり約100mm）

縫い糸（布地に適したもの）

ポール（作品の幅に適したもの。直径18mmの木製の丸棒など）

ロープ（ポールより約150mm長いもの）

クロス・ステッチ針

縫い針

ビーズ（穴の大きなもの）

▶アドバイス［NOTE］

- 作品が大きい場合、重い場合には、太い丸棒を用い、同時にループの幅を広くし、また本数も増やします。
- 表側に裏地が透けて見えないかどうかチェックしましょう。必要に応じて、作品の布地に合った裏地を付けたり、また、表地と裏地の間に芯地をはさんでもよいでしょう。

ステッチの図案

- ピンクのクロス・ステッチ
- ピンクのフレンチ・ノット
- 黒のホルベイン・ステッチ

ここでは、上の図案を用いて壁掛けを製作します。46〜49ページのアルファベットを参照して、好みのイニシャルに変えるとよいでしょう。布地は250×375mm、10カウントの白いアイーダで、クロス・ステッチとフレンチ・ノットにはピンクのパールコットン5番、ホルベイン・ステッチには黒のつや消しコットン糸を使用しています。74、75ページで説明しているアッシジ刺しゅうの刺し方を参照してください。

1 上端と左右には各10mmの縫いしろをつけ、下端にはフリンジ用に100mm以上の余裕をみて、布目に沿ってまっすぐに裁断します。フリンジの上端となる部分に、しつけをかけ、しるしを付けておきます。

2　裏地を同じサイズに裁断しますが、下端のみ、90mm小さくしておきます。この部分はあとで10mm裏側に折り返して、フリンジの上端と合わせます（フリンジを付けない場合には、ステッチした布地とまったく同じサイズに裁断します）。

3　ループを作ります。長さ100mmの平テープまたはリボンを3本（または必要な本数）用意します。それぞれをふたつに折り、左右の縫いしろにかからないよう、裏地の表側の上端に等間隔にまち針で留めてからしつけをかけます。

（ここで使用しているメジャーはインチ表示のものです）

4　平テープを内側にはさむようにして、表布と裏布を中表に合わせます。上端と左右をまち針で留めてからしつけをかけます。

5　ミシンで縫うか、または返し縫いで3辺を縫います。表布の側を見ながら縫えば、織り目に沿ってまっすぐに縫えます。

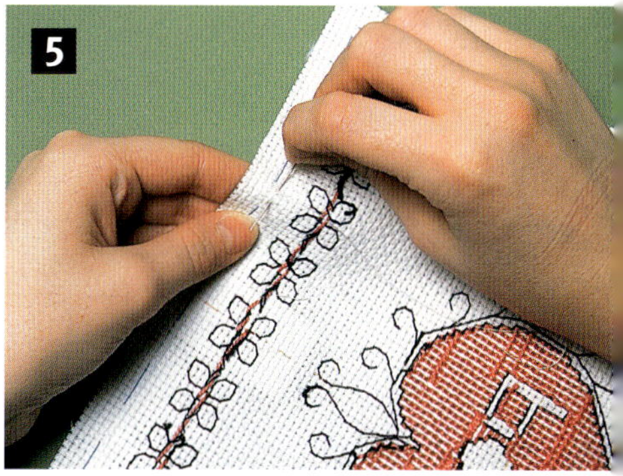

6　上端の角2か所を、ステッチの手前で切り落とします。

7　裏地の下端を内側に折り、しるしを付けたフリンジのきわに合わせてアイロンをかけておきます（フリンジを付けない場合には、表地と裏地の縫いしろをそれぞれ内側に折ります）。

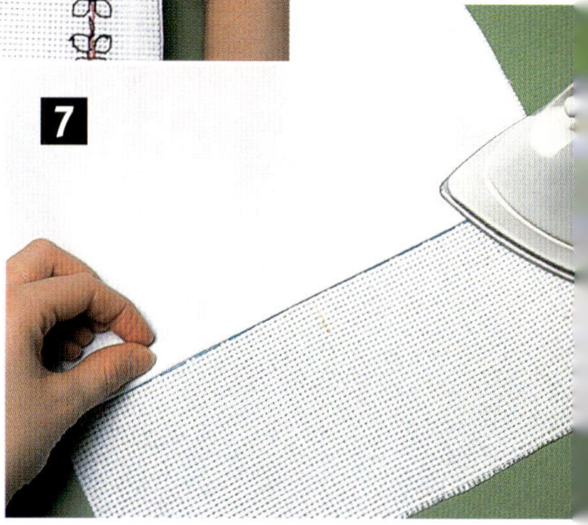

8 表に返します。編み棒など先の丸いもので四隅を押し出して形を整え、アイロンをかけます。

9 しるしを付けたフリンジのきわに裏布をまち針で留め、まつります（フリンジを付けない場合には、表布と裏布の下端を合わせてまち針で留め、同様にまつり縫いします）。もう一度アイロンをかけます。

10 次にフリンジを作りましょう。まず、裁ち目の横糸を針を使ってゆるめ、ゆっくりと抜きます。しつけのしるしまで、横糸を順々に抜いていきます。

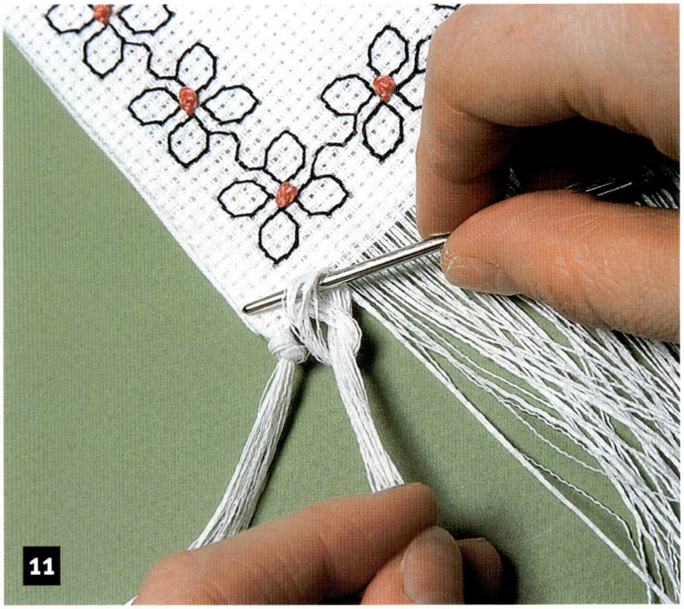

11 フリンジを均等に分け、束にします。太めのクロス・ステッチ針を使って、布地のきわに結び目を作ります。

12 ビーズを束に通し、フリンジの下のほうでもうひとつ結び目を作ってもよいでしょう。

13 ポールの両端からそれぞれ12 mmほどのところにロープを通す穴をあけます。ポールをループに通してから、ポールにあけた穴にロープを通し、端を結んで留めます。ロープの先端には、ビーズを付けてもよいですし、小さなタッセルのようにほどいてもよいでしょう。ロープで壁に掛けて、フリンジの長さがそろうようにカットしてください。

▲結婚祝いや記念日のギフトにぴったりのイニシャル入りの壁掛け。イニシャルは自由に選んでください（46～48ページ参照）。

クッションカバーを作る
Make a Pillow Cover

クッションカバーにすると、作品がぐっと引き立ちます。擦り切れにくく、洗濯やドライクリーニングにも耐えるものであることが条件です。

このシンプルなクッションは、後ろ側に布地を重ね合わせた開口部があるので、ファスナーや留め具などは必要ありません。

ここで紹介するように、ステッチをした布地またはキャンバスを、土台となる大きな布地に縫い付けて作ります。縫い付ける位置などは好みの方法でアレンジできます。

用意するもの
(380mm角のクッション用)

- 刺しゅうをした布地
- 土台となる布地(410×940mm)
- 縫い糸(布地に適したもの)
- 縫い針
- メジャーまたは定規

▶アドバイス
[NOTE]

- 上記以外のサイズのクッションを作るのに必要な布地は、およそ次のとおりです。(クッションの縦＋30mm)×(クッションの横幅の2倍＋180mm)
これは15mmの縫いしろと、裏側中心の開口部重なり部分の約150mmを含んでいます。
- 作品に適した厚さの布地を選びましょう。キャンバスの作品には、厚手の布地をおすすめします。

布地の刺しゅう作品

1　作品の裁ち目を10mm裏側に折り、アイロンをかけます。土台となる布地の色が作品に対してコントラストの強いものであれば、裏映りしないように、別の布を刺しゅう作品と同じサイズに裁断して裏に付けておきます。

2　土台の布地を、縦・横それぞれ半分に折って、軽く折り目を付け、中心を決めます。これを作品の中心と合わせてもよいですし、中心位置からずらしたところに配置することもできます。作品の位置を決めたら、まち針をうってしつけをかけます。

3　ミシンで縫うか、または返し縫いで、作品と布地を縫い合わせます。

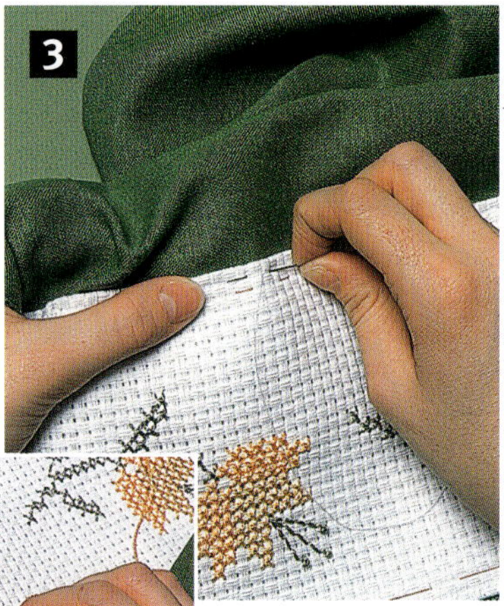

4　縁飾りをステッチすることもできます(ここではヘリングボーン・ステッチ[32ページ参照]をしました)。

キャンバスの刺しゅう作品

作品に約6mmの余裕を残してキャンバスを裁断し、裁ち目にほつれ止め液を塗って乾かします。キャンバスを縫い付ける位置を決めて、まち針で留めてからしつけをかけます。次に、周囲に飾りステッチ(ここではブランケット・ステッチ)をしながら、キャンバスを土台となる布地に縫い付けます。フランス刺しゅう針を使って、裁ち目をしっかりかがります。リボンや平テープを載せてかがってもよいでしょう。

クッションを仕上げる

1 布地の短いほうの縫いしろ2辺をそれぞれ15mm裏側に折り返し、まつり縫いします。

(メジャーはインチ表示のものです)

2 布地を中表にしてふたつに折り、幅が380mmになるよう、まつり縫いした両側を重ねながら均等に折ります(出来上がり幅は適宜変更してください)。

3 上下をまち針で留めます。縫いしろは15mmです。

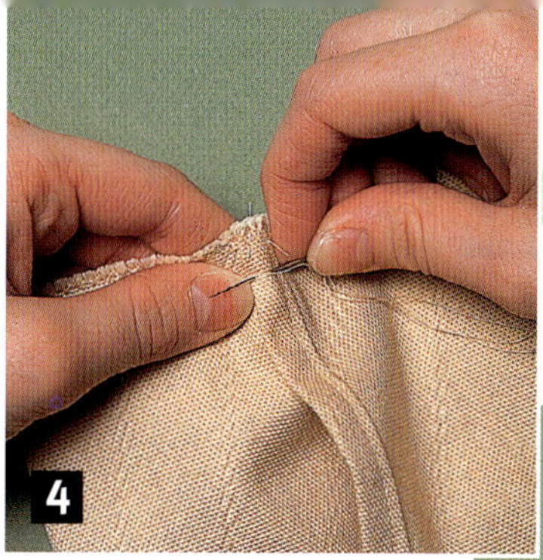

4 上下をミシンで縫うか、または返し縫いします。

5 角を斜めに裁ち落とします。

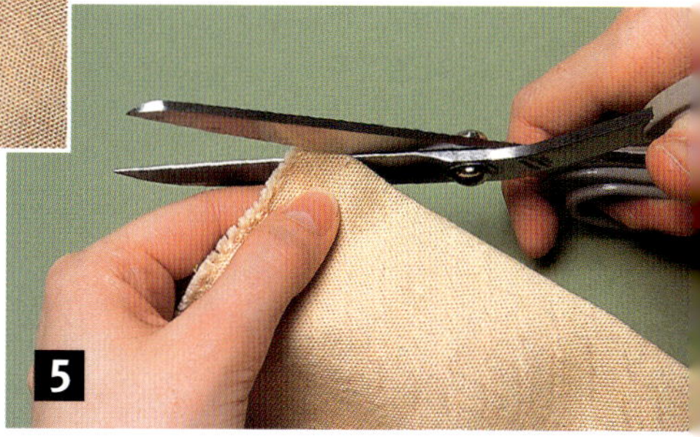

6 表に返し、先の丸い編み棒などで四隅を押し出して形を整えます。アイロンをかけてから、クッションの中身を入れます。

▲100ページで紹介した、ペイントでデザインを施したキャンバスにテント・ステッチをした作品。
クロス・ステッチのデザインは、
88ページの図案をアレンジしたもの。
6カウントのビンカとパールコットン5番を使用。

ピンクッションを作る

Make a Pincushion

小さな作品は、ピンクッションにしましょう。手作り好きの友人へのすてきなプレゼントになります。

用意するもの

刺しゅうをした布地
130×130mm
(各辺に縫いしろ10mmを含む)

裏地
130×130mm

ロープまたは平テープ
600mm

中綿

縫い糸

縫い針

1 裏地を作品と同じ大きさに裁断します。作品と裏地を中表に合わせ、まち針で留めてから、縫いしろ(10mm)のところにしつけをかけます。

2 いずれか1辺の中央に、返し口70 mmを残し、まわりをミシンで縫うか、手で返し縫いします。

3 しつけを取り、縫い目の手前で四隅を斜めに切り落とします。

4 返し口を縫い目に沿って折り、アイロンをかけます。

5 表に返し、先の丸いもの(太い編み棒など)で四隅を押し出して形を整えます。

6 中に綿を詰めます。しっかりと固く詰めましょう。

8 ロープの中心を結んでループを作り、ピンクッションの角に当ててまち針で留めます。次に、縫い目に沿ってロープをまち針で留め、ループと対角の位置で両端が交わるようにします。手縫いでロープを固定します。

9 ロープの両端を結び、結び目を角に固定するように縫い付けます。ロープの端を約40mmにカットし、タッセル状にほどきます。

7 返し口をまつって閉じます。

▲103ページの図案を元に
製作したピンクッション。
ヘリングボーン・ステッチ（32ページ参照）
とブランケット・ステッチ（53ページ参照）
を付け加えている。

鏡にフレームを付ける

Frame a Mirror

プラスチック・キャンバスは、裁ち目の始末も必要ありませんし、適度なかたさがあるので、鏡のフレームなどの用途にぴったりの素材です。

▶アドバイス［NOTE］

- プラスチック・キャンバスは、鏡の各辺より10mmずつ大きく裁断します。オリジナル作品を作るとき、ゲージの違うキャンバスを使う場合は、フレーム4辺のマス目のバランスに注意してください。
- フェルトは、鏡の各辺より5mmずつ大きく裁断します。

ステッチ用図案

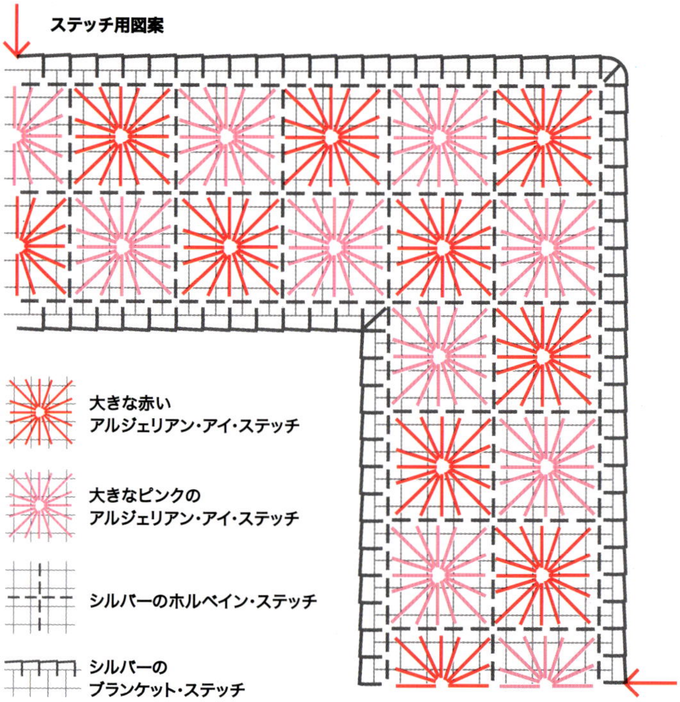

用意するもの
(150×150mmの鏡用)

7ゲージのプラスチック・キャンバス
170×170mm

刺しゅう糸

クロス・ステッチ針

平テープ　150mm

裏打用フェルト
160×160mm

縫い糸

縫い針

フェルトペン

ハサミ(大・小)

裁断用の図

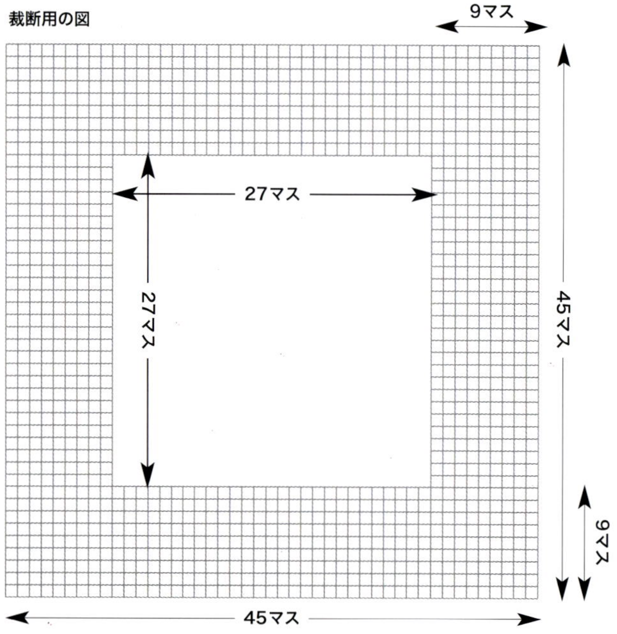

このデザインはクォーター・リピート(87ページ参照)の手法を使い、図案が常に一方向を向いています。大きなアルジェリアン・アイ・ステッチ(52ページ参照)は、織り糸4本をひとつ分と数え、中心には16回針を刺すことになります。

このフレームは、7ゲージのキャンバスを土台に、アルジェリアン・アイ・ステッチには赤とピンクのタペストリー・ウール、ホルベイン・ステッチにはシルバーの太めのラメ糸1本どり、ブランケット・ステッチには2本どりを使用しています。

まず大きなアルジェリアン・アイ・ステッチ、次にホルベイン・ステッチ(31ページ参照)をします。最後にブランケット・ステッチをして、縁を仕上げます。

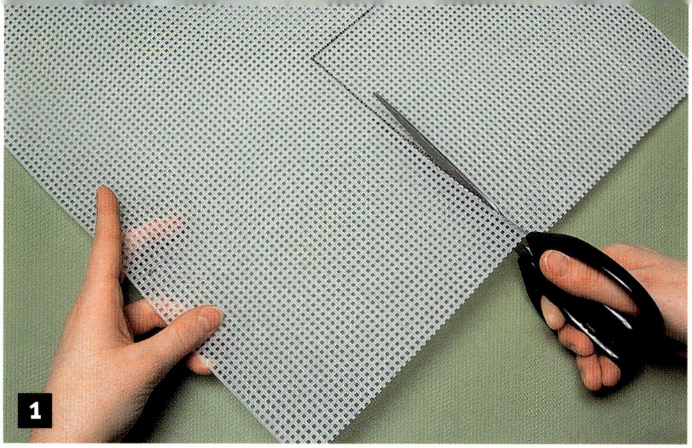

1 裁断用の図を見ながら、プラスチック·キャンバスのマス目を慎重に数え、フェルトペンでしるしを付けます。キャンバスの目に沿って、大きなハサミで裁断します。

2 周囲に残っているプラスチックの突起を、小さなハサミでていねいに切り落とし、なめらかにします。

3 図案を元にステッチします。平テープを半分に折りループを作り、上辺中央の裏側に縫い付けます。

4 フレームの裏側にフェルトをまち針で留めます。縫い糸で、周囲をまつります。上辺は縫い残しておきます。

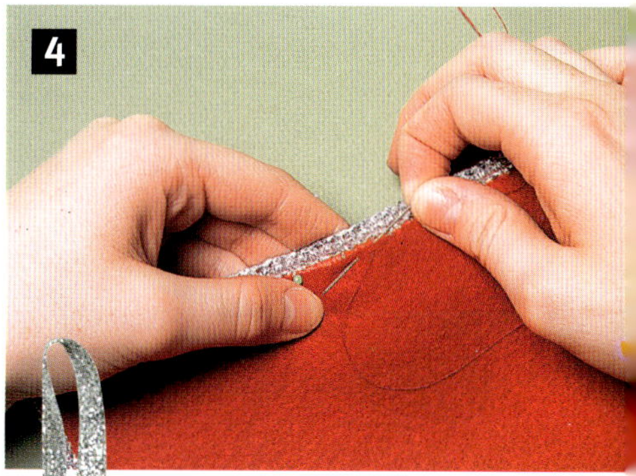

5 鏡を中に入れます。上辺をまつり縫いで閉じてもよいでしょう。

▲好みの色でステッチをしてアレンジを。

▶ここがポイント
[TIP]

フォトフレームにも応用できます。150×150mmの厚紙に写真を貼り、透明なプラスチック板で保護します。

箱を作る
Make a Box

**プラスチック・キャンバスは、
立体的な作品にも適しています。
雪の結晶模様の箱を作ってみましょう。**

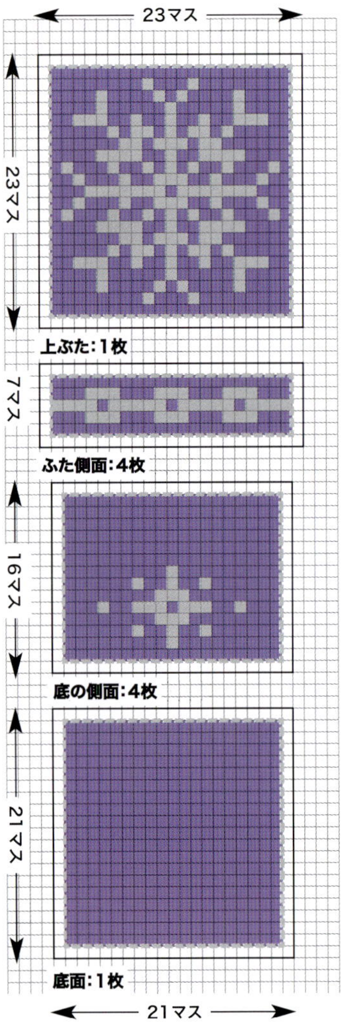

用意するもの

7ゲージのプラスチック・キャンバス 250×300mm

並太毛糸（ライラック色）

太めのラメ糸（シルバー）

クロス・ステッチ針

ハサミ（大・小）

フェルトペン

フェルトと手芸用接着剤（裏打用）

85×85×60mmの箱を作ります。ライラック色の並太毛糸をベースに、シルバーの太めのラメ糸4本どりで模様を入れていきます。シルバーの太めのラメ糸は、2本どりでクロス・ステッチおよび各パーツをはぎ合わせるステッチ、1本どりでバック・ステッチに使います。フェルトの裏地は省略しても構いません。10カウントのキャンバスと細めの糸で作れば、ひとまわり小さな箱ができます。違う模様の箱もデザインしてみましょう。その際、箱の底の各辺は、ふたより2マスずつ小さくなることに気をつけましょう。

はじめに、メッシュのマス目を数えます。図案のひとマスは、キャンバス上のクロス・ステッチひとつ分に相当します。129ページの1と2を参考にして、キャンバスにフェルトペンでしるしを付け、裁断し、裁ち端を整えます。

1 すべてのパーツにクロス・ステッチとバック・ステッチを刺します。フェルトの上に底板1枚と底側の側面4枚を置き、フェルトペンで輪郭線のしるしをなぞります。

▶ここがポイント［TIP］

クロス・ステッチを刺してからキャンバスを裁断したほうがよいように思えますが、実際は、各パーツに分けたキャンバスのほうが握りやすく、ステッチも刺しやすいのです。

■ ライラック色
■ シルバー
シルバーの返し縫い
裁断線

2 線の内側にハサミを入れてフェルトを裁断します。こうすることで、フェルトの各辺がキャンバスよりひとまわり小さくなります。

3 フェルトのすべての縁に手芸用接着剤を塗り、キャンバスの裏側に貼って乾かします（キャンバスの裏側にまつり縫いで固定してもよいでしょう）。ふたの各パーツも、同様にフェルトを貼り付けます。

5　同じ糸を使って、ふたの縁もすべてかがり、仕上げます。

6　ボックスの本体も同様に、5つのパーツをつなぎ合わせます。

4 地色に映える色の糸を選んで各パーツをつなぎましょう。まず、ふたのコーナーから始めます。ふたの上面と側面を合わせて、ひと目2回ずつ刺しながら、隣のコーナーに向かってかがっていきます。断面が隠れるようにステッチすることが大切です。次の側面は、縦に下までかがり、一旦糸を止めます。コーナーから新たに糸を出し、横へ進みながら次のコーナーまでかがります。同様に各パーツをつなげていきます。

◀ キャンディやポプリを
入れるのにぴったりのボックス。
心のこもった
ギフトとしても。

フォト・フレームを作る
Frame a Photo

市販の紙製のキャンバスも扱いやすい素材です。
裁断しても周りがほつれることはありませんので、端の始末もいりません。
ここで紹介するように、アクリル絵の具でペイントすることもできます。完全に乾かしてからステッチをしましょう。

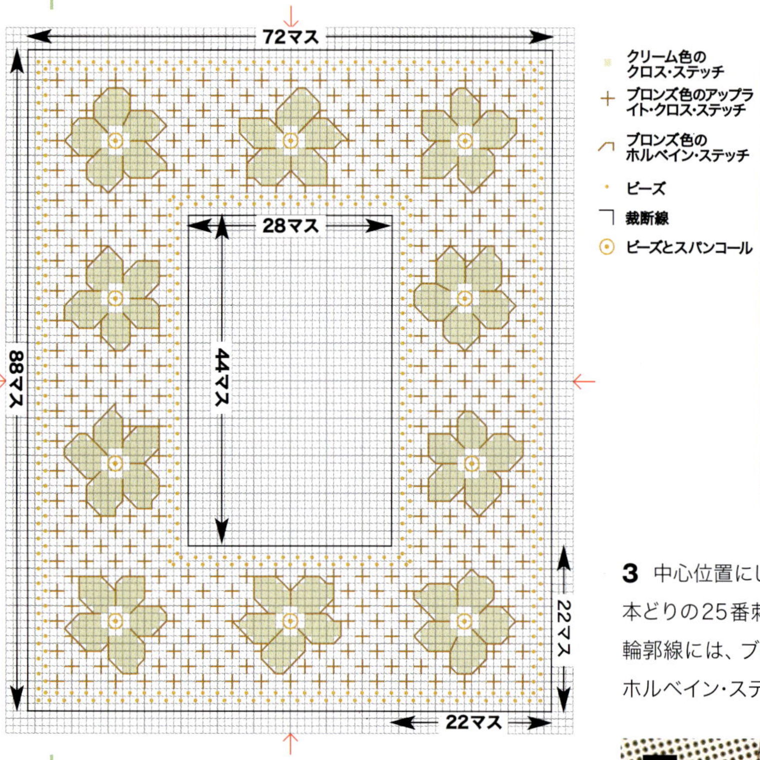

155×125mmの14カウントのキャンバスに、80×150mmの写真を入れる窓を開けます。クリーム色のキャンバスにゴールドでペイントし、クリーム色のレーヨン糸、ブロンズ色のラメ糸、ブロンズ色の小ビーズとゴールドのスパンコールを使用していきます。

用意するもの

14カウントの紙製のキャンバス(パーフォレイティド・ペーパー)

クリーム色のレーヨン刺しゅう糸

ブロンズ色の細いラメ糸

小ビーズ　約400個

スパンコール　10個

縫い糸(用紙の色に近いもの)

細いクロス・ステッチ針

無地の厚紙

細いひも　150mm

プラスチック板
写真のサイズより各辺が6mm以上大きいもの

ゴールドのアクリル絵の具

ハサミ(大・小)

マスキングテープ

鉛筆・金定規・カッター

手芸用接着剤
または両面テープ

1 図案を参考に、鉛筆で裁断線のしるしを薄く付けます。

鉛筆で付けたしるしに沿って、大きなハサミで裁断していきます。

このあと、ゴールドのアクリル絵の具で全体に色を付けます。

2 プラスチック・キャンバスと同様に(129ページ参照)、端を切りそろえて、きれいにします。写真を入れる窓を開けます。

3 中心位置にしるしを付けてから、刺し始めましょう。クリーム色のレーヨン刺しゅう糸を、3本どりの25番刺しゅう糸と同じ太さになる本数にし、クロス・ステッチを刺します。花模様の輪郭線には、ブロンズ色の細いラメ糸を25番刺しゅう糸1本どりと同じ太さによって使います。ホルベイン・ステッチと同じ糸で、背景となるアップライト・クロス・ステッチを刺してから、縫い糸でビーズを縫い付けます。このとき角以外は、辺の上にビーズを均等に配置するよう注意しましょう。

スパンコールを付けるには、まず針を出し、スパンコールと小ビーズを通してから、スパンコールに針先を戻し、同じ位置に針を刺します。ビーズでスパンコールを固定するようにします。

4 細いひもを半分に折り、上辺の裏側の中心に縫い付けます。

5 ステッチしたキャンバスと同じサイズになるよう無地の厚紙をカットします。窓は、作品より各辺が3mm大きくなるようにします。

6 窓の裏側にプラスチック板を重ね、マスキングテープを使って留めます。

7 写真を窓に重ねて位置を確認し、マスキングテープで固定します。

8 手芸用接着剤か両面テープで、ステッチしたキャンバスをカードに貼ります。裏側にカードをもう一枚貼れば、フレームの補強や写真の保護に役立ちます。

◀ここでは、セピア色の写真によく合う色の糸を選びました。カラー写真には、明るい色調の糸を。

▶ここがポイント［TIP］

- 糸を強く引きすぎるとキャンバスが破れますので、気を付けましょう。誤って用紙を破いてしまった場合は裏側からマスキングテープで補修し、ふさがった目は針で開け直します。
- このキャンバスは破れやすいので、ひとつの目に何度も針を刺すようなステッチは向いていません。
- ここで紹介した紙製のキャンバスのほかに、コットンでできたマジック・キャンバスもあります。

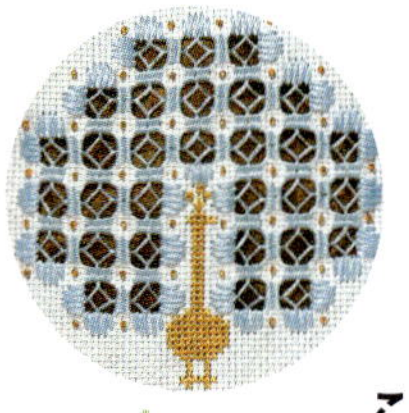

バッグを作る
Line a Handbag

ここで紹介するテクニックを使えば、どんな作品でもバッグにすることができます。ハーダンガー刺しゅう作品のほか、クロス・ステッチやブラックワークなどにも適しています。200×200mmの作品を例に解説しますが、どのようなサイズの作品にも応用できます。

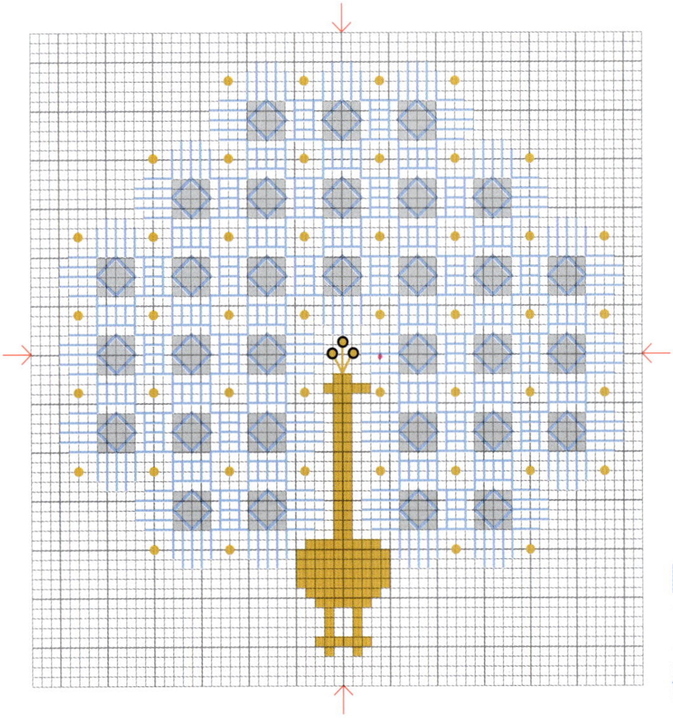

- 淡い青のクロスター・ブロック
- 淡い青のウォーブン・バー
- 淡い青のストレート・ループ・ステッチ・フィリング
- ゴールドのクロス・ステッチ
- ゴールドのストレート・ステッチ
- ゴールドのフレンチ・ノット
- ゴールドのビーズ

14カウントの白いアイーダを土台にし、パールコットン2番をクロスター・ブロックに、25番刺しゅう糸をバーやフィリングに用い、クロス・ステッチやフレンチ・ノットは、ゴールドのレーヨン刺しゅう糸でステッチしました。ビーズは淡いゴールドです（ハーダンガー刺しゅうの技法は、82～84ページ参照）。クロスター・ブロックの各ステッチの長さを変えたことで、表情豊かな作品になりました。

用意するもの

刺しゅうした布地
230×230mm
（各辺に15mmの縫いしろを含む）

バッグ本体裏側用の布地
刺しゅう面と同じサイズ

裏地用の布地
刺しゅう布と同じサイズ
2枚

縫い糸

縫い針

持ち手用の綿ロープまたは平テープ　450mm

結びひも用の細ロープまたは平テープ　450mm

1 すべての布端を手でかがるかジグザグミシンをかけるかして、ほつれ止めをします。前後の布地を中表に合わせ、まち針で留めてから出し入れ口を残してしつけをかけます。手で縫うか、またはミシンをかけます。刺しゅう面から縫えば、布目に沿って縫うことができます。

［ここがポイント］TIP

ロープの色を作品に合わせるため、ここではステッチに用いたパールコットンでロープを編みました。持ち手用には9本の糸で三つ編みを、結びひも用には3本の糸で同様に編んでいます。持ち手用のロープの端は、糸端をしっかり縫い留め、手芸用接着剤を塗って乾かしてからカットします。結びひもの反対側の端には結び目を作り、小さなタッセル状に切りそろえます。

2 しつけをほどきます。バッグの底の角2か所を斜めに切り落とします。出し入れ口の布端を15mm裏側に折ってアイロンをかけます。

3 表に返し、126ページと同様に、太い編み棒など先の丸いもので、角を押し出して形を整えます。縫い目の上にアイロンをかけて整えます。

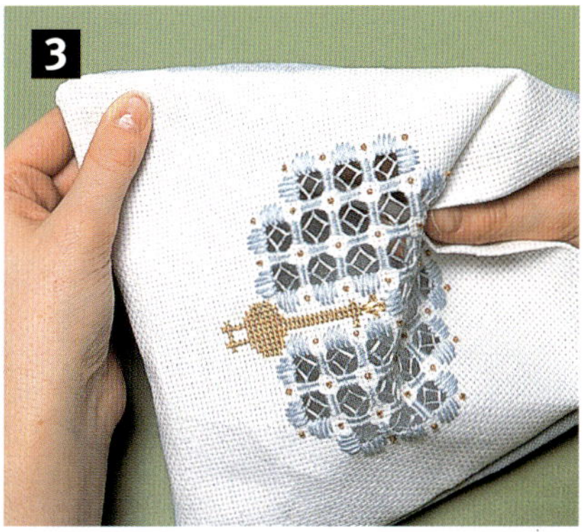

4 裏地用の布地を中表に合わせ、しつけをかけてから、同様に縫います。左右の縫いしろを開き、アイロンをかけます。次に、出し入れ口を15mm裏側に折ってアイロンかけます。

5 持ち手の端を、裏地側の縫い目に沿って、左右それぞれ縫い付けます。

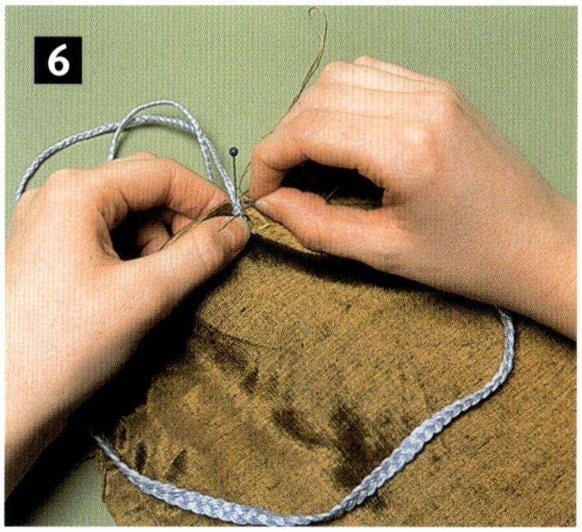

6 結びひも用のロープを半分に切り、端をそれぞれ裏地側の上辺中央に縫い留めます。

7 裏地を中表にしたまま、バッグ本体の中に入れ、表地と裏地の左右の縫い目を合わせます。上部を合わせてまち針で留め、しつけをかけてから、裏地を本体にまつります。裏地に合った糸を使いましょう。

▶ どのような刺しゅう作品でも、あなたのイメージどおりのバッグが作れます。

市販のものに手を加える
Quick Makes

プレゼントにも自宅用にも使える、
ちょっとしたアイディアを紹介します。
テーブルリネンにぴったりの平織り布を、好みの刺しゅうで
デコレーションしてもよいですし、オリジナルの図案で
ステッチしてもすてきです。市販のタオル、ベビーウェアや
セーターに手を加えてもよいでしょう。そのほか、Tシャツ、
バスローブ、ベッドリネン、キッチンクロスなど、
いろいろなものを作って
みませんか。

▶ここがポイント［TIP］

衣類、ピローケース、バッグなどの市販品にステッチするときは、刺しやすい位置に刺しゅうしましょう。

ナプキンをコーディネイト

106ページで紹介した図案をナプキンに刺しました。28カウントの平織りの麻布を使い、織り糸2本毎にクロス・ステッチをしていきます。お皿の色に合った25番刺しゅう糸を使用。

▶ここがポイント［TIP］

- 布地の周囲に25mmずつの縫いしろをみて、モチーフはその内側に配置します。
- 刺しゅう枠を使う場合は、布地を裁断する前にステッチしてもよいでしょう。
- ステッチをすべて刺し終えてから、周囲を3つ折り縫いにします。

タオルの縁飾り

両サイドがリボン状に処理されたアイーダテープが、市販されています。50mm幅の14カウントのアイーダテープに、76ページの図案5つを均等に配置しました。

▶ここがポイント［TIP］

- 両端に10mmずつの縫いしろを付けてテープをカットします。85ページのように、均等な間隔で図案を配置し、図案それぞれのセンターラインのしるしを付けます。
- 刺しゅう枠を使う場合は、テープの両サイドに端切れを縫い付けるとよいでしょう。
- 刺し終えたら、テープの裁ち目を折り返し、手縫いまたはミシンをかけてタオルに固定します。

ベビーウェアのデコレーション

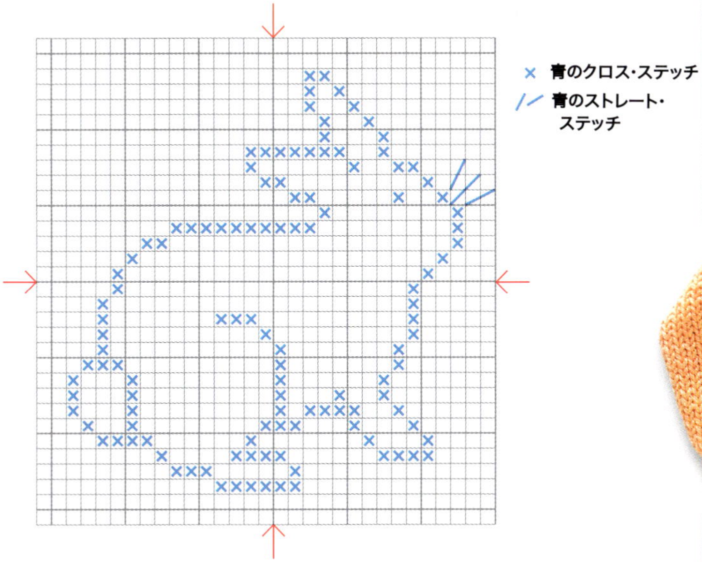

76〜77ページの抜きキャンバスのテクニックを使って、
25番刺しゅう糸でステッチしました。

▶ここがポイント［TIP］

- Tシャツの素材など､伸縮性のある布地にステッチするときには、抜きキャンバスをしっかり固定することが大切です。刺しゅう枠はおすすめしませんが、布地の裏側に接着芯を貼ると、刺しやすくなります。
- 繰り返しの洗濯にも耐える、25番刺しゅう糸などの丈夫な糸を選びましょう。

セーターにステッチ

手編みのセーターに、108ページで紹介した猫の図案を刺しました。ニット地への刺し方は、91ページを参照してください。市販のセーターにも、同じように刺しゅうできます。

子どもが描いた図案

▶ここがポイント［TIP］

自分でセーターを編む場合は、パーツをつなぎ合わせる前に刺しゅうしましょう。

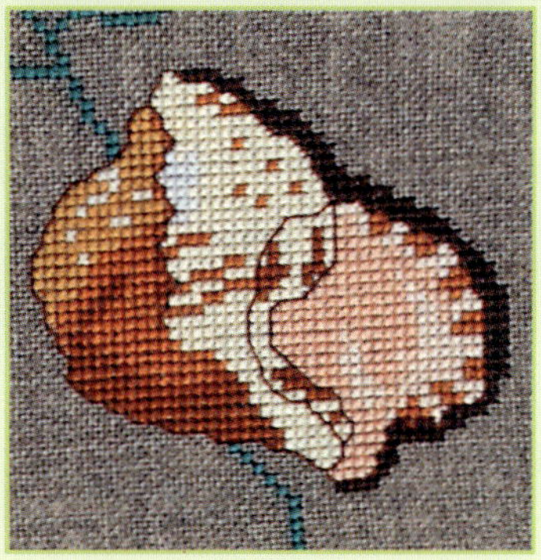

ГУСИ ДО

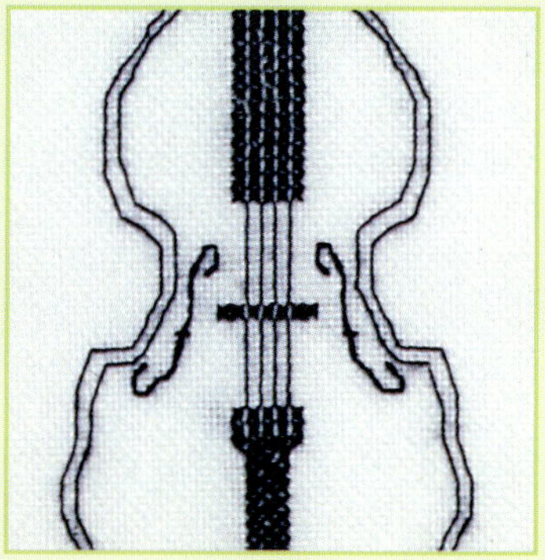

Gallery

第6章　作品ギャラリー

クロス・ステッチなどのカウント・ステッチは、応用すれば、様々な作品を生み出すことができます。今日では、糸や布地、素材の種類の幅も広く、思うままに好みのものを選べます。この章では、あなたの想像力を作品制作に生かしていただくために、すてきな作品の数々を紹介しました。

CHAPTER 6

作品ギャラリー
Gallery

ブラックワークの技法は、様式の美しさを
表現するのに向いていますし、
カラフルなクロス・ステッチやテント・ステッチは、
写実的な絵柄を仕上げることができます。
様々なステッチの特性を生かした作品をご覧ください。

140～151ページで紹介する
作品の図案・キットなどは市販されていません。

▼TREE OF LIFE PILLOW
生命の木のクッション
ジョリー・レッド社所蔵
400×400mm、テント・ステッチ、
10ゲージのキャンバスにタペストリー・
ウールを使用

「生命の木」(アダムとイブがリンゴを採ったとされるエデンの園の木)は、17世紀ごろから好まれてきたモチーフのひとつ。ここでは、明らかに現代的な印象のデザインで再現されている。

伝統的なモチーフを新しい技法で表現する

鳥、動物、花、ハートマーク、星など、古くから世界中で使われてきた伝統的なモチーフは、何世紀にもわたり、時代のスタイルや流行に合わせてアレンジされてきました。今日でも、ミュージシャンが古い曲をアレンジするように、伝統的なモチーフがしばしば現代的なスタイルで使われています。

▲INDIAN
ELEPHANT PILLOW
インド象のクッション
ジョリー・レッド社所蔵
375×375mm、テント・ステッチ、
10ゲージのキャンバスに
タペストリー・ウールを使用

象のモチーフは、世界中の刺しゅう作品に使われている。この作品には、縁取りにもインド刺しゅうに着想を得たモチーフが使われており、テント・ステッチの技法にふさわしいデザインにアレンジされている。

▲GINYA GUSI (GIRLS AND GEESE)
ギニャ・グシ[少女とガチョウ]
レオン・コンラッド所蔵、280×455mm
クロス・ステッチ、バック・ステッチ、
28カウントの平織りの麻布に25番刺しゅう糸と絹刺しゅう糸を使用

農村の少女、鳥、花というウクライナの民俗モチーフを様式化したもので、帯状の布に伝統的なクロス・ステッチの技法を使い、繰り返し模様として並べている。

▲BLACKWORK STARBURST
星形のブラックワーク
レオン・コンラッド所蔵
105×105mm、バック・ステッチ、ランニング・ステッチ、ホルベイン・ステッチ
32カウントの平織りの麻布に絹糸を使用

この4方向モチーフのデザインは、16世紀のブラックワークに使われた様式的な葉模様に着想したもので、小さなビーズがアクセントとして使われている。

▶HEART SAMPLER
ハートのサンプラー
(ステッチ見本)
ボールドシープ社所蔵
110×132mm、
クロス・ステッチ
14カウントのアイーダに
25番刺しゅう糸を使用

これも伝統的なモチーフであるハートを使い、単純に直線状に並べたものだが、ハートはどれも異なるステッチで埋められている。

▲QUEEN OF HEARTS PILLOW
クイーン・オブ・ハートのクッション
ジョリーレッド社所蔵
300×300mm、テント・ステッチ
10ゲージのキャンバスに
タペストリー・ウールを使用

鮮やかな色を使うことで、伝統的なハート形のモチーフも新鮮なデザインとなる。小枝模様や花が周囲にあしらわれている。

▲ANTIQUE QUILT
アンティーク・キルト
◀COUNTRY QUILT
カントリー・キルト
シャーロット・ウェブ・ニードルワーク社所蔵
147×147mm
クロス・ステッチ
14カウントのアイーダに
25番刺しゅう糸を使用

伝統的なパッチワーク・キルトの図案を応用したもの。線のはっきりした幾何学模様はクロス・ステッチに取り入れやすい。

▲**REVERSIBLE BLACKWORK SAMPLER**

リバーシブルのブラックワーク・サンプラー

レオン・コンラッド所蔵、178×75mm

両面クロス・ステッチ、ホルベイン・ステッチ

22カウントのハーダンガー布に絹刺しゅう糸を使用

幾何学模様を並べて、両面とも同じ模様の壁掛けに仕上げている。

▼**TASTE OF THE ORIENT PILLOW**

オリエント風クッション

コーツ・クラフト社所蔵、500×500mm

クロス・ステッチ、ダブル・クロス・ステッチ、バック・ステッチ、

フレンチ・ノット、ストレート・ステッチ

アイリッシュリネンに25番刺しゅう糸を使用。クッションの布地はタイシルク。

ブラックワークの象が透かし模様のアーチに囲まれ、ラメ糸があしらわれている。

風景をモチーフにした作品

ステッチに慣れてきたら、複雑な風景画にも挑戦してみませんか。風景をそのまま描写したり、あるいは様式的な描き方もできますが、自分でデザインするときは、細部をどこまでデザインに残し、どこを省くかを決めましょう。

▲**VENICE DOME** ベニスの丸天井
PIT HEAD 炭坑入り口
▶**WINDMILL** 風車小屋
マイケル・パウエル所蔵
200×200mm、クロス・ステッチ、バック・ステッチ、14カウントのアイーダに25番刺しゅう糸を使用

自由な輪郭線と豊かな色彩のクロス・ステッチで仕上げた風景画は、おとぎ話、絵本のような印象を与えている。

▶SHOOTING STAR PILLOW
流れ星のクッション

ジョリー・レッド社所蔵
152×227mm、テント・ステッチ
10ゲージのキャンバスにタペストリー・ウールを使用

星の輝く静かな夜の家並みを描いた風景が、
クッションの濃い地色に映えている。

▲PATCHWORK VILLAGE
パッチワーク・ビレッジ

ジョリー・レッド社所蔵
325×325mm、テント・ステッチ
10ゲージのキャンバスにタペストリー・ウールを使用

赤、ピンク、金茶色と、限られた色だけを使った作品。いろいろな形の小さな家が、パッチワークで縫い合わせたかのように並べられている。

▼STARRY NIGHT 星月夜

ボシー・スレッド社所蔵
256×312mm、クロス・ステッチ
14カウントのアイーダに25番刺しゅう糸を使用

渦巻くような星空の風景。
ヴィンセント・ヴァン・ゴッホの有名な絵画を模写した刺しゅう。

動物をモチーフにした作品

生き物を刺しゅうする場合、リアルに、生きているかのようなデザインにすることもできますし、抽象化してデザインに取り込むこともできます。猫やシマウマなどはなじみのある動物なので、抽象絵画のように描いても、わかりやすいようです。

▲POLAR BEARS
シロクマたち
ジョアン・ルイーズ・サンダーソン所蔵
44×88mm
クロス・ステッチ、バック・ステッチ
14カウントのアイーダに25番
刺しゅう糸を使用

ていねいな輪郭線のステッチと微妙な陰影の色合いが、熊たちを生き生きと描き出している。ステッチを刺していないブルーの布地も、寒さ厳しい雰囲気を出すのに一役買っている。

▲RENAISSANCE CAT PILLOW
ルネッサンス・キャットのクッション
PATCHWORK CAT PILLOW
パッチワーク・キャットのクッション
ジョリー・レッド社所蔵
400×400mm
テント・ステッチ
10ゲージのキャンバスに
タペストリー・ウールを使用

キャンバスにテント・ステッチを刺すと、地がしっかりした丈夫な作品に仕上がるので、クッションなどに適している。「パッチワーク・キャット」は、パッチワーク風のデザイン、一方の「ルネッサンス・キャット」はパリのクリュニー美術館のタペストリーに着想を得たもの。

◀MARCH HARES PILLOW
3月の野ウサギのクッション
SPECKLED HENS PILLOW
ぶち模様のめんどりのクッション
ジョリー・レッド社所蔵
400×400mm
テント・ステッチ
10ゲージのキャンバスに
タペストリー・ウールを使用

枯れた感じの色調が、カントリー風の絵柄に雰囲気を添え、幅広の縁取り模様が、主役の絵柄を引き立たせている。

◀GEORGE THE GIRAFFE
キリンのジョージ
ボールド・シープ社所蔵
110×155mm
クロス・ステッチ
14カウントのアイーダに
25番刺しゅう糸を使用

様々な応用がきくクロス・ステッチを使い、子どもの絵をイラスト風のデザインにアレンジしている。

◀▲NOAH'S ARK
ノアの箱船
ボシー・スレッド社所蔵
120×120mm
クロス・ステッチ
14カウントのアイーダに
25番刺しゅう糸と丸小ビーズを使用

シンプルなクロス・ステッチにビーズや飾りボタンを付けて、ノアの箱船の物語を表現している。

◀KINGFISHER
カワセミ
ジョアン・ルイーズ・サンダーソン所蔵、70×75mm
クロス・ステッチ、バック・ステッチ、フレンチ・ノット
14カウントのアイーダに25番刺しゅう糸を使用

自然描写にブルー系とオレンジ系の点描を用い、生き生きとした鳥の姿を表現している。

植物などをモチーフにした作品

花や葉、貝殻など、自然界にあるものを取り入れた装飾的な絵柄は、刺しゅうのデザインとして、昔から人気があります。自然ならではの流れるような情景を描くには、ひとつひとつのステッチを正確に刺さなければならず、それだけやりがいもあります。

◀ASSISI POPPIES
アッシジ刺しゅうのポピー
ダフニー・アシュビー所蔵
225×125mm
クロス・ステッチ、
ホルベイン・ステッチ
14カウントのアイーダに
25番刺しゅう糸を使用

アッシジ刺しゅうの伝統的な技法を使った花のデザイン。黄色の雄しべ以外、花びらと葉に色付けはせず、背景をステッチで埋めている。

◀FLORAL ALPHABET
花のアルファベット
クレア・クロンプトン所蔵
360×560mm
ブラックワーク
14カウントのアイーダに
25番刺しゅう糸を使用

それぞれのアルファベットは、異なるブラックワークの模様で刺してあり、その文字で始まる名前の花か植物が添えられている。文字の縁取りには小さな葉を並べ、植物のラテン名と英語の一般名を組み合わせている。

◀▲BLACKWORK
TULIPS チューリップ
HONEYSUCKLES
スイカズラ
レオン・コンラッド所蔵
100×100mm
ブラックワーク
18カウントのアイーダに、
パールコットン、ラメ糸、ガラスビーズ、
水晶玉を使用

4方向に花をあしらったブラックワーク。黒糸を使って輪郭を、ラメ糸でフィリングをステッチしている。仕上げに小さなビーズと水晶を散らした。

▶CARIBBEAN SHELLS
カリブの貝殻

シャーロット・ウェブ・ニードルワーク社所蔵
253×325mm
クロス・ステッチ、バック・ステッチ、分数ステッチ
32カウントのアイーダに25番刺しゅう糸を使用

シンプルなステッチと抑えた色数で、自然界の驚異を表現している。

▲RHODODENDRON
シャクナゲ

▶SEA PINK ハマカンザシ

シャーロット・ウェブ・ニードルワーク社所蔵
188×225mm
クロス・ステッチ、バック・ステッチ、分数ステッチ
32カウントのアイーダに25番刺しゅう糸を使用

植物はクロス・ステッチのテーマとして人気があり、緻密な正確さで描かれるデザインも多いが、この作品は軽いタッチで仕上げられている。チャールズ・レニー・マッキントッシュの水彩画を模倣したもの。

▼IRIS アイリス

クレア・クロンプトン所蔵
200×445mm
ブラックワーク
14カウントのアイーダに25番刺しゅう糸を使用

それぞれの花びらや葉を、違う種類のステッチで埋めている。縁取りにも複数の模様を用い、伝統的なモチーフと一緒に虫のモチーフを使っているのが面白い。

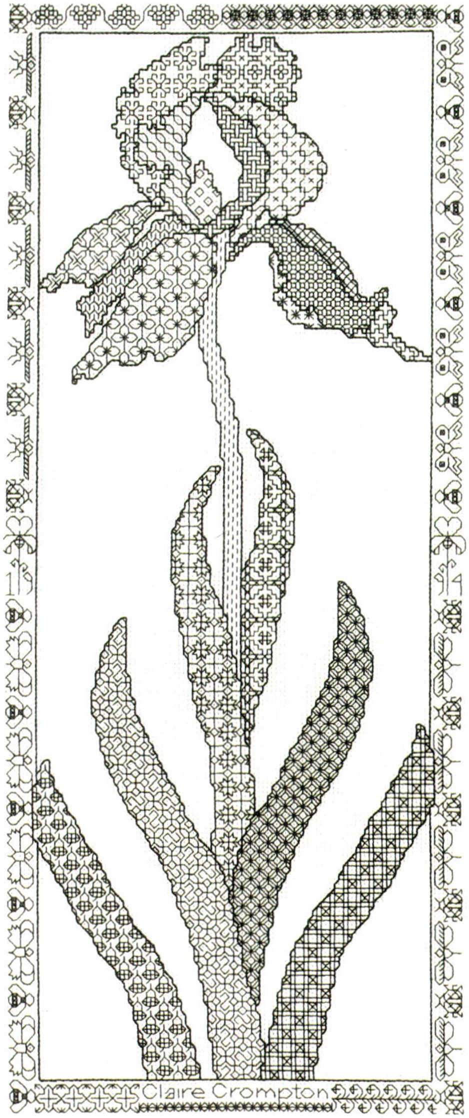

新しいスタイルを求めて

様々なステッチやテクニックの可能性を試そうとする人もいれば、ひとつのテーマを追求するのに熱心な人もいることでしょう。よいアイディアが浮かんだときには、小さめの試作品を作ってみます。自分のアイディアをステッチで表現するとどのようになるか、大きな作品にとりかかる前に試してみるとよいでしょう。

▲MOON DAISYムーンデイジー

ベティ・バーンデン所蔵、210×310mm
ハーダンガー技法のステッチ各種、サテン・ステッチ、ホルベイン・ステッチ、レゼー・デージー・ステッチ、クロス・ステッチ
20カウントの平織り布に、パールコットン、25番刺しゅう糸、ビスコースを使用

花の中心はハーダンガー、花びらの部分は様々なカウント・ステッチを使っている。背景はクロス・ステッチで、グラデーションに仕上げている。

▲BLACKTHORN
サンザシ
JAPONICA ボケ

シャーロット・ウェブ・
ニードルワーク社所蔵
257×375mm
クロス・ステッチ、
バック・ステッチ、分数ステッチ
32カウントのアイーダに25番刺しゅう糸を使用

チャールズ・レニー・マッキントッシュの作品をデザインに取り入れ、限られた色と繊細なステッチを駆使して自然の優美さを表現している。輪郭線だけの部分とステッチで埋めた部分をバランスよく配置し、淡い、軽妙なタッチを生み出している。

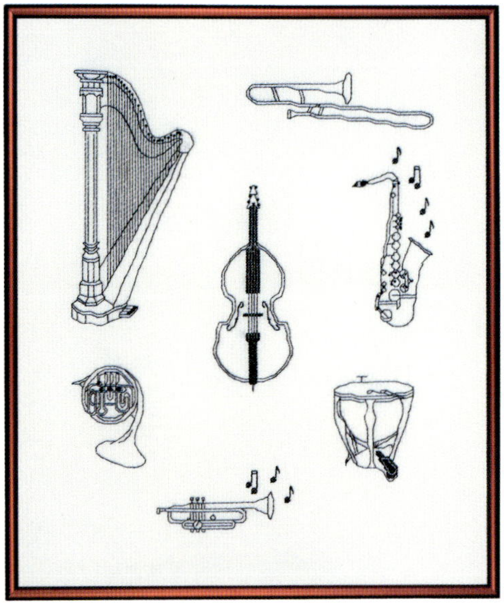

◀THE RIGHT NOTE
ザ・ライト・ノート

シャーロット・ウェブ・
ニードルワーク社所蔵
238×288mm
クロス・ステッチ、バック・ステッチ、分数ステッチ
32カウントのアイーダに
25番刺しゅう糸を使用

黒のシンプルな輪郭線で、楽器の形を非常に細かいところまで描き出している。

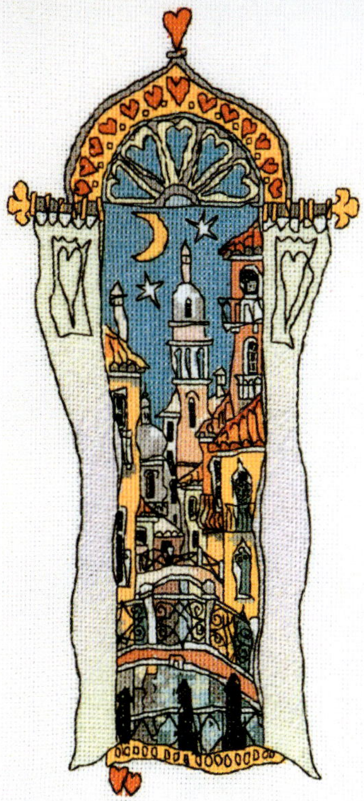

◀VENICE WINDOWS

ベニスの窓辺

マイケル・パウエル所蔵
150×300mm
クロス・ステッチ、バック・ステッチ
14カウントのアイーダに25番刺しゅう糸を使用

マイケル・パウエルの作品は、自身の絵画をデザインに取り入れたものが多い。大胆なまでに流動的なラインや、豊かなまばゆい色彩を使ったスタイルが、クロス・ステッチとバック・ステッチによって見事に表現されている。

▼LINEN BAG WITH ADDED PATCH

パッチパネルのついたリネンバッグ

クレア・クロンプトン所蔵
パネルの大きさ　113×113mm
クロス・ステッチ、ロング・ステッチ
14カウントのアイーダに、
25番刺しゅう糸、ビーズ、
型抜きメタルを使用

型抜きメタルをモチーフの上に乗せ、周囲をロング・ステッチで留めている。モチーフの背景にはクロス・ステッチを使い、中央の正方形には小さい丸ビーズを散りばめ、縁飾りに竹ビーズと小粒のビーズを使った。

刺しゅう作品の保管と手入れ

Care of Embroidery

刺しゅう作品は、額に入れて飾るものでも、クッションのように実用的なものでも、ちょっと手入れをするだけで色味をあざやかに、布地やキャンバスもよい状態に保つことができます。自分の作品を長く楽しむことができるよう、手入れ法を知っておきましょう。

作品を飾る場合

額に入れても入れなくても、直射日光には当てないようにしましょう。色あせの原因になります。ほこりや湿気なども避けたほうがよいでしょう。

保管

作品を保管する場合、何枚か重ねた薄紙で包んでおくのがいちばんよい方法でしょう。作品を平らにして、暗い場所にしまっておきます。

大きめの作品は、厚紙の筒(太ければ太いほどよい)などを薄紙で巻き、作品の表を外側にして巻き付けます。さらに薄紙で包んで保管します。

折りたたまないと保管できない大きな作品の場合は、薄紙を間に入れてたたむようにします。時々広げて、折り目の位置を変えてたたみ直したり、防虫剤を入れておくのもよいでしょう。

掃除機を使って作品をきれいにする

キャンバスの刺しゅうの場合、掃除機でほこりを取ることができます。じゅうたん用のノズルをナイロンの布などで覆って輪ゴムで留め、吸引力を減らしてほこりを取ります。

糸がほつれやすい作品の場合は、平らな場所に広げ、ナイロンの布などで覆い、まち針で留めておきます。布地から掃除機のノズルを離したまま吸引するようにします。

ドライクリーニング

たいていの布地やキャンバスなら、ドライクリーニングに出しても問題はありません。同じ素材のサンプルがあれば、先にテストしてからクリーニングするとよいでしょう。

自分で作品を洗う

裏布や裏貼りなどが付いたものは、取り外せるものは取り外しておき、別々に洗ってあとで付け直します。特にキャンバス地の作品の場合は、あとでもう一度ブロッキングする必要があります。椅子のカバーなどのように、大きさや形の決まっているキャンバス作品であれば、あらかじめ型紙を作っておいてもよいでしょう。あとで同じサイズにブロッキングするときに役に立ちます。

　次に色落ちしないかどうかの確認をします。テストにちょうどいいサンプルがなければ、脱脂綿を湿して、作品の裏側のすみなど、目立たない場所で試してみます。脱脂綿に色が付くようなら、洗うのはやめましょう。色落ちの確認は、すべての色に行ってください。

用意するもの

作品を広げることができる大きさのバット

ぬるま湯

刺激の少ない石けん、またはおしゃれ着洗い用の中性洗剤（弱アルカリ性洗剤は不可）

スポンジ

タオル

1 バットの中に5～6cmの深さのぬるま湯を用意します（熱湯は使わないでください）。石けんか洗剤をぬるま湯に入れ、完全に溶かします。

2 作品の裏側を上にして、バットの中にゆっくりと沈めます。スポンジを使って、ゆっくりと押し洗いします。こすったり絞ったりしてはいけません。作品に折り目やしわが寄らないように気を付けます。

必要なら、新たに石けん（または洗剤）を溶かしたぬるま湯を用意して、もう一度洗います。ぬるま湯を替えるときは、濡れた作品を入れたまま、バットから流れ出てしまわないように気を付けながら湯を流します。

3 洗い終わったら冷たい水ですすぎます。泡が消えるまで何度か水を替えてすすぎましょう。シャワーを使って洗い流す場合は、激しい水流が作品に当たらないように注意します。

4 タオルの上に、表を上にして作品を寝かせます。乾いたスポンジで、余分な水気をゆっくりと吸い取っていきます。

　キャンバスの場合は、ここで67ページの方法でブロッキングをします。必要なら型紙を当て、元の大きさになるよう整えます。

　完全に乾くまで作品を寝かせたまま、陰干しします。

キーワードで知る 刺しゅうのテクニック

アイーダ 正方形のブロックが特徴の、縦横均一な目数で織られた布地。クロス・ステッチをはじめとするカウント・ステッチに最適。「カウント」という単位を使って、1インチ（25mm）あたりいくつのブロックがあるかを示す。カウント数が多くなるほど、布目が細かくなる。

アイーダ・テープ リボン状に仕上げてあるアイーダ。様々な幅、色があり、必要な長さを購入することができる。

アッシジ刺しゅう 中心となる絵柄はステッチせずに残し、周囲をクロス・ステッチで埋めて絵柄を浮き上がらせる刺しゅう。絵柄の輪郭線には、ホルベイン・ステッチを用いる。イタリア、アッシジ地方の伝統刺しゅう。

当て布 アイロンが直接布地に当たらないよう保護するために、布地の上に重ねる白く清潔な布。当て布の上からアイロンをかける。薄手の木綿地が向いている。

糸束 糸をゆるく巻いて、かせ状にしたもの。一般的な25番刺しゅう糸などは、この形にラベルを巻いて売られている。

糸をくぐらせる 刺しゅうの途中や最後に、針を裏側に刺して、裏側の糸の間を通して糸を引くこと。糸が表にひびかない方法。

裏打ち布（紙） 布地の裏側にさらに布、不織布などを貼り、補強したり裏映りを防いだりするためのもの。紙、フェルトなども使う。接着芯もこの一種。

オープンワーク 布地の一部の糸を引き抜いたり切り取ったりする種類の刺しゅう。ハーダンガー刺しゅうなども含まれる。

織り目 織物など、糸と糸が交差した透き間のこと。刺しゅうでは、この透き間に針を入れて模様を構成していく。布目。

カウント 平織り布やアイーダで、1インチ（25mm）あたりの織り目の数を表す単位。158ページ参照。

カウント・ステッチ 布地の織り目やブロックを数え、模様を繰り返し刺していく刺しゅうの技法の総称。区限刺しゅうともいう。

返し縫い 縫い目をしっかりさせて、ほつれないよう、ひと針ごとに針を元に戻して縫う方法。

かがり縫い 糸でからげて縫うこと。糸そのものが見える縫い方で、主に布地の裏側の処理などに使う縫い方。また、模様のように見せるため、表側で使うこともある。

キャンバス 刺しゅう糸や毛糸で刺すためのネット織りの布地。1インチ（25mm）あたりのマス目が、縦・横とも均一にメッシュ状に織られている。麻、木綿、プラスチックなどの材質で作られたものがある。縦・横1本ずつを交差させたシングルメッシュ・キャンバスや、2本ずつを交差させて織られたダブルメッシュ・キャンバスなどがある。

キャンバスワーク キャンバスのマス目を数えながら、規則的にステッチを配置する刺しゅう。

きわ 布地の端、ぎりぎりのところを指す。「きわを縫う」は、折り返した布の端を縫うこと。「きわにしるしを付ける」などともいう。

クロス・ステッチ針 縫い針に比べ、針穴が大きく、糸を割らないように針先を丸くした、中から太めの針。タペストリー針ともいう。

ゲージ キャンバスで、1インチ（25mm）あたりのマス目の数を表す単位。また、ニットでは10×10センチの範囲に、織り糸の数と、段数がいくつあるかを表す単位。

コーチング 太い糸やロープなど（レイドスレッド）を固定するため、別の細い糸（タイイングスレッドまたはコーチングスレッド）で縫い留めること。コーチング・ステッチ。

コンビネーション・ステッチ 複数の異なる糸を針に通して刺す技法。微妙な色の変化を出すことができる。

サンプラー 様々なステッチや図案を刺した見本の布地。書籍や印刷技術のない時代に、教本やデザイン見本として作られ、個人では、練習用に自分で刺したものを代々残しておいた。ステッチ見本。

刺しゅう枠 「スクロールフレーム」「フープ」の項参照。

しつけをかける 実際に布地を縫う前に、縫い目がずれないよう粗く縫っておくこと。縫い位置より、少しずらして縫うと、しつけ糸をほどきやすく始末がしやすい。この本では、図案の中心線を表すときにも、しるしとして使う。

スクロールフレーム 長方形の刺しゅう枠で、大きな布地を2本のローラーで調整して張る。用途は丸い刺しゅう枠（フープ）と同じ。

捨て玉どめ 刺し始めの糸の始末

のひとつ。玉結びを作り、本来の位置から離れたところで糸を留め、刺し終えてから玉結びを切り取る。

接着芯（または芯地） 表地を補強したり、厚みをもたせたり、透けないようにするためにも使う。布地、不織布など素材や厚さ、色が豊富にあり、アイロンで接着して使う。

裁ち目の始末（裁ち目かがり） 布地を裁断したときの布端がほつれないようにすること。手縫いや、ミシンで端を縫う。「端をかがる」「ジグザグ・ミシンをかける」なども、この始末の一種。「かがり縫い」の項を参照。

玉結び 刺しゅうを始める前と後に、糸が抜けないようにする技法。布地の裏側で留めるが、あえて表側に作ることもある。

中心位置（センターライン） 個々の模様や図案の中心を示すしるし。また、しつけ糸で縫い取った布地の中心位置。

透明シート 図案をコピーしたり、家庭のプリンターで印刷したりすることができるシート。OHPシートなどの名称で販売されている。

中表 二枚の布地の表同士を重ねること。重ねた内側が表になる。

25番刺しゅう糸 6本の細い綿糸を甘くより合わせて一本にした、最も広く使われている刺しゅう糸。絹もある。刺しゅうの種類によって、2本取り、3本取りなどのように、6本を分けて使うこともある。

抜きキャンバス 布目が数えられない布地にカウント・ステッチをするときに用いるキャンバス。ステッチをした後で取り除くが、湿らせてのりを取り除いて引き抜くタイプと、濡らさずそのまま1本ずつ引き抜けるタイプとがある。

布地補正 「ブロッキング」の項参照。

ハーダンガー布 ハーダンガー刺しゅう用に織られた布で、22カウント・24カウントが一般的。糸を切って引き抜く技法に適している。

ハーダンガー刺しゅう 織り糸の一部を切って引き抜き、格子状の、幾何学的な透かし模様を作るカウント・ステッチの一種。ノルウェーのハルダンゲル地方が発祥の地。

パートステッチ クロス・ステッチで、交差する糸を違う色に替えて刺すこと。ステッチに奥行きが出る。

パーフォレイティド・ペーパー ステッチできるように、均一に小さなパンチングを施した、紙製のキャンバス。

ピコット 小さなループで作る飾りのこと。

平織り布 縦糸と横糸を一本ずつ交差させ、1インチ（25mm）四方の織り糸の本数が均等になるように織られた布地。

フィリング ブラックワークなどで、単独または複数のステッチで一定の面積を埋めること。または、クッションやピローの中に詰める素材（繊維）を指すこともある。

フープ サイズの違う輪の間に布地をはさみ、ステッチするときに布地を張って使う刺しゅう用具。木製、プラスチック製がある。「スクロールフレーム」の項参照。

不織布 糸を織ったものではなく、化学繊維を接着させたシート状のもの。布地のように扱うことができる。のりを付着してあり、アイロンの熱で布地などに貼る「接着芯」もある。

プラスチック・キャンバス プラスチック製のキャンバス。素材がしっかりしているため、箱など、形を保ちたいものを作るのに向いている。

ブラックワーク 目の細かい直線ステッチで構成するカウント・ステッチの一種。白い麻布に黒い糸でステッチするのが伝統的な手法。イギリス、エリザベス一世に好まれ大流行した。

フランス刺しゅう針 元はヨーロッパの刺しゅうをフランス刺しゅうと呼んだことからこの名が付いた。刺しゅう全般に使うが、クロス・ステッチ針より先が鋭くとがっているため、細かい刺しゅうに向いている。シャープ針ともいう。

ブロッキング 布地のゆがみを直すために、刺しゅうした作品を湿らせ、ボードの上にピンで留めて形を整えること。ブロッキングボードを使う。アイロン台でも代用できるが、ブロッキングボードを格子柄の布地で作れば、柄を使って布地補正がしやすい。

分数ステッチ ステッチの輪郭をなめらかに見せる、または整えるときに用いる、クロス・ステッチをアレンジした技法。スリークォーター（3／4）・クロス・ステッチやクォーター（1／4）・クロス・ステッチなど。

まつる（まつり縫い） 布の端を折り、表地の織り糸1、2本だけをすくって縫い進める方法。表側からはほとんど糸が見えない縫い方。

三つ折り縫い 布端を二度折って、縫うこと。二度折ることで布地が三枚になる。手縫いでまつるか、ミシンで縫う。

索引

あ

アイーダ 19
アイロンのかけ方 66
アウトライン・ステッチ（ステム・ステッチ） 54
アッシジ刺しゅう 74, 75, 95
アップライト・クロス・ステッチ 35, 39, 40
アップライト・クロス・フイリング 38
アブローダー（つや消しコットン糸） 16
アルジェリアン・アイ・ステッチ 40, 52
アルジェリアン・アイ・バリエーション 40
アルジェリアン・アイ・フィリング 38
アルファベット 46〜49

い

イタリアン・クロス・ステッチ 34
糸通し 21
糸の扱い方 18
糸の色を替える 64
糸のねじれをとる 65
糸の分け方 18
糸ホルダー 69
糸を選ぶ 62
糸を識別する 72
糸を準備する 69
糸をほどく 66
イメージの図案化 98
イメージを形に 96, 97
いろいろなクロス・ステッチ 32〜35
色分け図案 68, 69
色を混ぜる 71
インディアンクロス 19

う・え・お

ウォーブン・バー 43
エンブロイダリー・リボン 17
オーバーキャスト・バー 43
オブリーク・ループステッチ・フイリング 45
オリジナルのグリーティング・カードを作る 114〜117

か

カウント 19, 158
カウント・ステッチ 8
　刺しゅうの始まり 8
　技術の発達と社会への広まり 9
　商品・文化としての刺しゅう 9
鏡にフレームを付ける 128, 129
拡大鏡 22
角枠（スクロールフレーム） 22, 61
壁掛けを作る 120〜123
紙製のキャンバス（パーフォレイティド・ペーパー） 132, 133
カラー転写用シート 101

き

基本のステッチ 26〜31
キャンバス 20, 58
キャンバスに色付けする 100
キャンバスの裁断 20
90度回転模様 87
鏡像 111
鏡像模様 87
キルト芯（芯地） 116
ギンガムチェックにステッチする 90

く

クォーター・クロス・ステッチ 28, 69
クォーター・リピート 87
クッション・カバーを作る 124, 125
クロス・ステッチ 26, 39, 41, 46, 68〜71
クロス・ステッチ針 21
クロスター・ブロック 42, 43

け・こ

ゲージ 20, 158
現代のカウントステッチ 13
格子模様にステッチする 90, 91
コーチング・ステッチ 55
コーチング・スレッド 55
ゴムスタンプを使う 101
コンビネーション・ステッチ 71
コンピュータ・ソフトを使う 106, 107

さ・し

裁断 58
刺し終わりの始末 63
刺し間違えたときには 66
サテン・ステッチ 41, 51
サテン・ステッチ・フラワー 38
刺しゅう糸 16〜18
刺しゅう糸の色を選ぶ 98
刺しゅう作品の保管と手入れ 152, 153
刺しゅう枠 21, 60, 61
七宝かがり 44
市販のものに手を加える 136
ジャバクロス 19
定規 23
照明 22
シンブル（指ぬき） 22
シンメトリー・ハーフ 87

す・せ・そ

図案の写し方 99, 101
図案の作成 102〜107
図案の転写 99
図案の見方 68
垂直に刺す技法 64
スクロールフレーム（角枠） 22, 61
スター・ステッチ 35
スタンド付きのフープ 65
捨て玉どめ 63

ステッチを変える 88
ステッチを始める 63
ストレート・ループステッチ・フィリング 44
スリークォーター・クロス・ステッチ 28, 69
セーターにステッチ 137
セントジョージ・クロス・ステッチ 35
素材を変える 90

た

ダーニング・アワーグラス 37
ダーニング・ジグザグ 37
ダーニング・ステッチ 37, 40, 52, 53
ダーニング・ステッチとそのバリエーション 52
ダーニング・ブロック 37
タイイング・スレッド 55
対角線模様 87
タオルの縁飾り 136
裁ち目の始末 58
縦・横の連続模様 85
ダブスアイ・フィリング 45
ダブル・クロス・ステッチ 35, 39
ダブルサイド・クロス・ステッチ 34
ダブルランニング・ステッチ 31
タペストリー・ウール 17
玉結び 63
単色図案 68, 69
段違い模様 86

ち・つ・て・と

チェーン・ステッチ 54
チャコペン・チャコペンシル 23
中心線にしるしを付ける 59
長方形のマス目の図案 108
つや消しコットン糸 16
デザインのアイディア探し 94
デザインの手法 95
デザインをプリントした布地・キャンバスを使う 72, 73
デビル・ステッチ 35
転写紙を作る 100, 101
転写ペン・転写ペンシル 100
テント・ステッチ 29, 30
透明シートを使う 102
特殊な刺しゅう糸 17

に・ぬ・の

25番刺しゅう糸(シルク) 17
25番刺しゅう糸(綿) 16
ナプキンをコーディネイト 136
ニットにクロス・ステッチをする 91
抜きキャンバス 20, 76, 77
布地 19, 20, 58
布地・キャンバスの端の始末をする 59
布地・キャンバスを準備する 58, 59
布地の糸を抜く(ハーダンガー刺しゅう) 43
布地の裁断のしかた 20
布地の準備と仕上げ 112
布地補正 66
ノット 50

は

ハーダンガー刺しゅう 42～45, 82～84, 95, 109, 110
ハーダンガー刺しゅうの図案 109, 110
ハーダンガー刺しゅう用布 19
パート・ステッチ 71
ハーフ・クロス・ステッチ 28, 29
ハーフドロップ・アレンジ 86
パールコットン 16, 42
箱を作る 130, 131
ハサミ 22
バック・ステッチ 30, 31, 40, 41, 47, 48
バッグを作る 134, 135
針 21
針に糸を通す 62
針を選ぶ 62

ひ

ビーズを使う 89
ピコット 44
平織り布 19
ピン・クッションを作る 126, 127
ピンカ 19
ピンセット 22

ふ

フィリング 36, 45
フィリング・パターン 36
フープ 21, 60
フォト・フレームを作る 129, 132, 133
複数のステッチを組み合わせて刺すパターン 39

普通の方眼紙を使う 104, 105
プラスチック・キャンバス
20, 128〜131
ブラック・ワーク 78〜81, 95
フィリング・パターン 36〜41
フリー・ステッチ 78, 80
目を数えるステッチ 78, 79
濃淡をつける 81
ブランケット・ステッチ 53
フランス刺しゅう針 21
ブリック・アレンジ 86
フリンジ 114, 122
フレームに入れて飾る 118, 119
フレンチ・ノット 47, 50
ブロッキング 66, 67
ブロッキング・ボード 23
分数ステッチ 28, 69, 79

へ・ほ

ベビーウェアーのデコレーション
137
ヘリングボーン・ステッチ 32
ペルシャン・ウール 17
ホイップ・ダーニング 53
方眼のトレーシング・ペーパーを使う 103
ホルベイン・ステッチ
31, 39, 41, 47, 48, 74, 75
ホルベイン・スプリング 36, 37
ホルベイン・トレリス 36
マーキング・クロス・ステッチ 33

ま・め・も

マスキングテープ 23, 59
まち針 22
メジャー 23
メタリック糸 17
メリヤス編みに刺しゅうをする
91, 108
模様のアレンジ 88〜91

ゆ・よ

指ぬき(シンブル) 22
用具 21〜23
横の連続模様 85
4分割模様 87

ら・れ・ろ

ラメ糸 17
レイド・スレッド 55
レース・ダーニング 53
レーヨン刺しゅう糸 17
れんが模様 86
連続模様・縁や角の飾り模様の図案 111
連続模様を作る 85〜87
ロシアン・クロスステッチ 32

わ

ワイヤー・メッシュ 20, 90

ここがポイント [TIP]

糸番号を記録する 16
ワイヤー・メッシュの活用 20
針の保管とピンクッション 22
図案に文字を加える 47
フレンチ・ノットのこつ 50
デリケートな布地にフープをはめる
60
糸のねじれのとり方・針の刺し方
65
しつけのかけ方のこつ 66
クロス・ステッチの糸のそろえ方
71
抜きキャンバスのしつけのかけ方
76
図案の写し取り方 97
テスト転写のやり方 101
鏡のフレームのアレンジ 129
プラスチック・キャンバスの扱いのこつ 130
紙製キャンバスの扱い方 133
ロープの作り方 134
ナプキンに刺しゅうするには 136
アイーダテープに刺しゅうするには
136
伸縮性のある布地に刺しゅうするには 137
セーターに刺しゅうするには 137

アドバイス [NOTE]

フリンジを付けるときの布地のサイズ 115
カードに仕上げるには 117
壁掛けに仕上げるには 120
クッションの布地を用意するには
124
プラスチック・キャンバスのサイズ
128

■布地のカウントの見方

カウントは、1インチ(25mm)四方に織り目がいくつあるかを表しています。カウントの数が多くなればなるほど、布目は細かくなります。アイーダ、平織り布で広く使われているのは、以下のようなカウントの布地です。1cmあたりの目数はおよそ、次のようになっています。キャンバスのゲージも同様に1インチあたりの目数を表します。

アイーダ		平織り布	
11カウント	4目/cm	12カウント	5目/cm
14カウント	5.5目/cm	25カウント	10目/cm
16カウント	6目/cm	28カウント	11目/cm
18カウント	7目/cm	32カウント	12目/cm

刺しゅう材料は、下記の専門店でもお買い求めいただけます。
通信販売等については、それぞれのお店にお問い合わせください。

越前屋
〒104-0031 東京都中央区京橋1-1-6
TEL 03-3281-4911　FAX 03-3271-4476
http://www.echizen-ya.co.jp

亀島商店
〒542-0085 大阪市中央区心斎橋筋1-4-23
TEL 06-6245-2000　FAX 06-6241-0006
http://www.kameshima.co.jp　Eメールkamesima@gold.ocn.ne.jp

ドヰ手芸品
〒650-0021 神戸市中央区三宮町1-5-22
TEL 078-331-1573　FAX 078-331-1410
http://www.doishugei.com　Eメールinfo-doi@bp.iij4u.or.jp

尚、コンピュータ関連用品・画材などは、それぞれの専門店でお求めください。

すてきなカウント・ステッチ

クロス・ステッチからハーダンガー刺しゅうまで

The Encyclopedia of Counted Thread Embroidery

2004年12月1日　初版第1刷発行

著者／ベティ・バーンデン
日本語版監修者・訳者／大塚あや子

発行者／田中 修
発行所／株式会社小学館
〒101-8001 東京都千代田区一ツ橋2-3-1
電話 編集 03-3230-5450
制作 03-3230-5333
販売 03-5281-3555
振替 00180-1-200

カバー印刷／共同印刷株式会社
ブックデザイン／堀渕伸治◎tee graphics
本文DTP／井上有紀＋荻原雪◎tee graphics
翻訳協力／太田久美子・府川由美恵
編集協力／会田晃子
取材協力／堀口三枝子

©2004 Shogakukan, Otsuka Ayako
ISBN4-09-310366-6
Printed in China

製本には十分注意しておりますが、万一、落丁・乱丁などの不良品がありましたら、
小社制作局あてお送りください。送料小社負担にてお取り替えいたします。
本書の全部または一部を無断で複製・転載することは、
法律で認められた場合をのぞき、著作者および出版社の権利の侵害になります。
あらかじめ小社あて許諾を求めてください。なお、本書の内容についてのお問い合わせは、小社編集部へお願いいたします。